bell hooks
Dazugehören

AF637004

UNRAST

bell hooks, am 25. September 1952 als Gloria Watkins in Hopkinsville, Kentucky geboren und Ende 2021 verstorben, war eine afroamerikanische Literaturwissenschaftlerin, Autorin und Aktivistin. Schon als junge Studentin schloss sie sich der feministischen Bewegung an und machte sich 1981 gleich mit ihrem ersten Buch *Ain't I a Woman: Black Women and Feminism* einen Namen. In den nachfolgenden Jahrzehnten hat sie zahlreiche Werke veröffentlicht, in denen sie sich mit Rassismus, Sexismus und Klassismus beschäftigt, und ist dafür mehrfach ausgezeichnet worden.

bell hooks

Dazugehören

Über eine Kultur der Verortung

Aus dem amerikanischen Englisch
von Helene Albers

UNRAST

Bibliografische Information der Deutschen Bibliothek
Die Deutsche Bibliothek verzeichnet diese Publikation in der Deutschen Nationalbibliografie; detaillierte bibliografische Daten sind im Internet über https://dnb.de abrufbar.

bell hooks: Dazugehören
1. Auflage, Oktober 2022
ISBN 978-3-89771-186-0

© *UNRAST* Verlag, Münster 2022
www.unrast-verlag.de | kontakt@unrast-verlag.de
Mitglied in der assoziation Linker Verlage (aLiVe)

Titel der Originalausgabe
Belonging. A Culture of Place, 2nd Edition
Erstveröffentlichung Routledge, 2009
Copyright © 2019 Taylor & Francis
Alle Rechte vorbehalten
Autorisierte Übersetzung der englischsprachigen Ausgabe, herausgegeben von Routledge, einem Mitglied der Taylor & Francis Group LLC

Umschlag: Unrast Verlag
Satz: Unrast Verlag
Druck: Multiprint, Kostinbrod

Inhalt

Vorwort: Wissen, wohin ich gehe

Die Idee von einem Ort, wo wir hingehören, ist für viele von uns ein wichtiges Thema. Wir alle möchten wissen, wie es möglich ist, in Frieden auf dieser Erde zu leben, wie es möglich ist, das Leben zu unterstützen. Können wir ein Ethos der Nachhaltigkeit schaffen, bei dem es nicht nur um den angemessenen Umgang mit den natürlichen Ressourcen, sondern auch um die Gestaltung eines sinnhaften, lebenswerten Lebens geht? Tracy Chapman verleiht dieser Sehnsucht in ihren Liedtexten Ausdruck, wenn sie singt: »I wanna wake up and know where I'm going.« (»Ich möchte aufwachen und wissen, wohin ich gehe«). Auf meinen Reisen bin ich immer wieder verblüfft, wie viele Bürger:innen unseres Landes sich verloren und orientierungslos fühlen, das Gefühl haben, dass sie nicht sehen können, wohin unsere Reisen uns führen, dass sie nicht wissen, wohin sie gehen. Viele Menschen haben kein Gefühl für ihren Ort. Was sie kennen, was sie haben, ist ein Gefühl der Krise, des drohenden Untergangs. Sogar die Älteren, deren Leben schon viele Jahrzehnte währt, sagen, dass das Leben in diesen Zeiten anders sei, »sehr seltsam«, dass unsere heutige Welt eine Welt des »Zuviel« sei – dass dieses Zuviel eine Verwirrung des Geistes bewirke, eine alltägliche Angst hervorrufe, die die Lebensgewohnheiten der Verlorenen, Umherziehenden und Suchenden bestimmt.

Mamas Mama Baba (Sarah Oldham) würde sagen, »eine Welt mit zu vielen Wünschen und zu viel Verschwendung«. Sie lebte ein einfaches Leben im Einklang mit den Jahreszeiten: Der Frühling bedeutete Hoffnung und Aussaat, der Sommer war da, um zu sehen, wie alles wächst, um spazieren zu gehen und auf der Veranda zu sitzen. Der Herbst war die Zeit zu ernten und Vorräte anzulegen, der tiefe Winter die Zeit für Stille, Zeit um zu nähen und sich auszuruhen. Während meiner gesamten Kindheit und auch anfangs noch, als ich erwachsen wurde und nicht mehr bei meiner Familie wohnte, lebte Baba sicher in ihrem zweistöckigen Holzhaus, das ihre Zuflucht auf dieser Erde, ihr Zuhause war. Sie fuhr kein Auto. Es gibt keine Notwendigkeit Auto zu fahren, wenn man möchte, dass der Platz auf der Erde, wo man hingehört, zu Fuß umrundet werden kann. Es gab mehrere dieser Leute in der Welt meiner Kindheit, Menschen, die lieber mit beiden Beinen fest auf dieser Erde herumspazierten als hinter dem Lenkrad eines Autos zu sitzen. Als Kinder waren wir fasziniert von diesen Leuten, die beim Gehen ihre Arme schwangen und große Schritte machten, um sich rasch fortzubewegen. Sie legten mehrere Meilen am Tag zurück, aber immer nur auf bekanntem Terrain, weggehend, aber immer wieder in die vertraute Umgebung zurückkehrend, unterwegs mit einer klaren Absicht – dem Willen, im heimischen Grund verwurzelt zu bleiben, und in der Gewissheit, ihren Platz zu kennen.

Wie viele Menschen heutzutage sehne ich mich danach, meinen Platz in dieser Welt zu finden, das Gefühl zu haben, nach Hause zurückzukehren, mit einem Ort verheiratet zu sein. Auf der Suche nach einem Ort, wo ich hingehöre, mache ich eine Liste der Dinge, die ich brauche, um mir festen Boden unter den Füßen zu verschaffen. Ganz oben auf der Liste steht: »Ich muss irgendwo leben, wo ich gehen kann. Ich muss in der Lage sein, zu Fuß zur Arbeit zu gehen, zum Einkaufen, an einen Ort, wo ich sitzen kann, Tee trinken und Gemeinschaft erfahren kann. Indem ich gehe, werde ich ganz im Hier und Jetzt präsent sein, als eine Person, die die Erde beansprucht und ein Gefühl des Dazugehörens, eine Kultur der Verortung schafft.« Ich machte auch eine Liste von Orten, an denen ich vielleicht gerne wohnen würde: Seattle, San Francisco, Tucson, Charleston, Santa Fe – das waren nur einige der Städte auf meiner Liste. Ich reise an diese Orte auf der Suche nach einem Gefühl der Zugehörigkeit, der Ahnung davon, dass man hier zuhause sein könnte. Ironischerweise stand mein Heimatstaat Kentucky nicht auf dieser Liste. Und damals wäre es mir nie in den Sinn gekommen, nicht im Entferntesten, zu überlegen, an meinen Geburtsort zurückzukehren. Dennoch war es letztlich Kentucky, wo die Suche nach einem Ort für mich endete.

Dieses Buch *Dazugehören* stellt gewissermaßen eine Chronik meines Nachdenkens über Themen wie Verortung, Zugehörigkeit und Verbundenheit dar. Vergangenheit und Gegenwart sind hier miteinander verschmolzen, um die Stationen meiner Rundreise nachzuzeichnen – sich wiederholend, rundherum im Kreis, von einem Ort zum anderen, nur um wieder dort zu enden, wo ich gestartet bin, in meiner alten Heimat in Kentucky. Wiederholung macht mir Angst. Sie scheint etwas Statisches an sich zu haben, so als ob man feststeckte. Sie erinnert mich an die langsamen, trägen, heißen Sommertage meiner Kindheit, an denen sich dieselben Lebensmuster immerzu wiederholten. Es gibt viele Wiederholungen in diesem Buch, das mein ganzes

Leben umfasst. Und es erinnert mich daran, wie die Älteren in meiner Familie mir dieselben Geschichten wieder und wieder erzählten. Dieselbe Geschichte immer aufs Neue zu hören, macht es unmöglich zu vergessen, und so erzähle ich hier meine Geschichte wieder und wieder und wieder. Fakten und Ideen wiederholen sich, denn jeder Essay in diesem Band wurde als Einzelstück geschrieben und stellt jeweils eine ganz spezielle Momentaufnahme dar.

Viele der hier versammelten Essays fokussieren auf das Themenfeld Land und Landbesitz. Ausgehend von der Tatsache, dass neunzig Prozent aller Schwarzen im agrarischen Süden der USA lebten, bevor zu Beginn des 19. Jahrhunderts die Massenmigration in die Städte des Nordens einsetzte, schreibe ich über afroamerikanische Farmer:innen der Vergangenheit wie auch der Gegenwart, die sich um die lokale Produktion natürlicher, unverfälschter Nahrungsmittel kümmerten und die in der Natur Trost fanden. Natürlich wäre es undenkbar, diese Themen zu behandeln, ohne über *race*[1] und Klasse zu sprechen. Es wäre unmöglich, über die Vergangenheit Kentuckys zu schreiben, ohne die düstere Geschichte der Sklaverei in diesem Staat zu beleuchten und aufzuzeigen, wie stark das Leben der Schwarzen in Kentucky gegenwärtig immer noch durch eine rassistische Politik bestimmt wird. Ich denke darüber nach, wie der fortwährende Rassismus sich in der Welt von Grund und Boden niederschlägt und schreibe über die Segregation des Wohnens, über ökonomisch rassifizierte Zonen. So beginnen diese Essays zwar mit Kentucky als Ausgangspunkt, aber die Perspektive wird erweitert auf die politische Praxis des Rassismus und Klassismus in unserem gesamten Land.

Ähnliches gilt für die Essays über Umweltschutz und Nachhaltigkeit, deren Bedeutung weit über Kentucky hinausreicht. Sie zeigen Wege auf, wie wir dafür kämpfen können, die Balance des Planeten wiederherzustellen, indem wir unsere Beziehung zur Natur und den natürlichen Ressourcen ändern. Ich

---

1 Anm. d. Ü.: Der englische Begriff *race* wird im Folgenden nicht übersetzt, denn er ist nicht das Synonym zum deutschen Begriff ›Rasse‹. Der deutsche Begriff ›Rasse‹ ist biologistisch und so konnotiert, dass er fälschlicherweise die Existenz von ›Menschenrassen‹ behauptet. Außerdem ist er mit der nationalsozialistischen Ideologie aufs Engste verwoben. Beim englischen Begriff *race* hingegen schwingt mit, dass es sich um ein ideologisches Konstrukt handelt, das überwiegend kulturell und soziopolitisch konnotiert ist. Außerdem hat er sich zu einem emanzipatorischen Begriff entwickelt, weshalb er gegenwärtig auch im deutschen Sprachraum verwendet wird. Vgl. James Baldwin (2022): Von einem Sohn dieses Landes. Nachbemerkung der Übersetzerin Miriam Mandelkow, S. 231.

lote die Verbindungen zwischen Schwarzer[2] Traumabewältigung und Ökologie aus. Wenn ich anspreche, dass für die Kohlegewinnung ganze Bergkuppen abgetragen werden, schreibe ich über die Notwendigkeit der Schaffung eines sozialen und ethischen Kontextes, in dem die Sorgen der Menschen in den Appalachen als wichtige Belange aller amerikanischen Bürger:innen erachtet werden. Darüber hinaus schreibe ich hier über Familie und entwerfe dabei eine Art Poesiealbum mit Erinnerungen an die Menschen, die mich aufgezogen und meinen Geist genährt haben.

Seit ich nach Hause zurückgekehrt bin, denke ich über Fragen geografischer bzw. regionaler Verortung nach und reflektiere mein Verständnis davon, was es heißt, eine Schriftstellerin aus Kentucky zu sein. Aus diesem Grund wird die Aufsatzsammlung abgerundet durch mein Gespräch mit dem visionären Schriftsteller, Dichter, Essayisten und Kulturkritiker Wendell Berry aus Kentucky. Als ich aus Kentucky fortgezogen war, in meinem ersten Jahr am College, entdeckte ich erstmals Wendells Schriften. Was mich am meisten an ihm faszinierte, war seine unbedingte Vorliebe für die Poesie (zu dieser Zeit war Lyrik der zentrale Schwerpunkt meines eigenen Schreibens). Nichtsdestotrotz setzte er sich in seinen Essays mit einer breiten Palette von Themen auseinander, die von Grund auf radikal und sehr vielschichtig waren. In Wendells Fußstapfen zu treten, war von Anfang an ein Weg, der mich zurück an meinen Heimatort Kentucky führen würde. Das erste Seminar, das ich am Berea College abhielt, handelte von Berrys Diskussion der rassistischen Politik in *The Hidden Wound*. In unserem Dialog reflektieren wir über sein Leben und Werk – und über meines – sowie darüber, wie unsere Wege sich ungeachtet unserer altersmäßigen und ›ethnischen‹[3] Differenzen kreuzen.

Auf dem Weg zu Wendells Farm in Port Royal, Kentucky, sah ich viele schöne Scheunen, gefüllt mit frisch geerntetem Tabak. Diese Bilder waren

2 Anm. d. Ü.: »Dass ›Schwarz‹ nachfolgend immer großgeschrieben wird, soll darauf aufmerksam machen, dass es kein wirkliches Attribut ist, also nichts ›Biologisches‹, sondern dass es eine politische Realität und Identität bedeutet. Auch hat ›Schwarz‹ den Vorzug, dass es ein selbstgewählter Begriff ist und keine Zuschreibung. (…) Bei ›weiß‹ handelt es sich ebenfalls um eine Konstruktion. Da dieser Begriff aber im Gegensatz zu ›Schwarz‹ keine politische Selbstbezeichnung aus einer Widerstandssituation heraus ist, wird er im Buch als Adjektiv kleingeschrieben.« (Noah Sow (2018): *Deutschland SchwarzWeiß*); vgl. bell hooks (2020): *Die Bedeutung von Klasse*, S. 8, Anm. 2).

3 Anm. d. Ü.: Die Begriffe ›ethnisch‹ und ›Ethnie‹ werden in dieser Übersetzung häufig verwendet, um den Begriff ›Rasse‹ zu umgehen. Sie sind in einfache Anführungszeichen gesetzt, um zu verdeutlichen, dass auch sie nicht frei von rassistischen Konzepten sind.

der Auslöser für die ebenfalls in diese Sammlung aufgenommene kurze Abhandlung über die Tabakpflanze.

Loyal Jones hebt in seinem Werk *Appalachian Values* als einer der seines Erachtens zentralen Eigenschaften Kentuckys die Bedeutung der Familie hervor und kommentiert: »Wir denken in Kategorien von Personen, wir erinnern uns an Leute, die uns vertraut sind und wir sind wenig interessiert an Abstraktionen und Menschen, von denen wir nur gehört haben.« Daher beginnen viele Essays in diesem Band – besonders die über Kreativität, Ästhetik und den künstlerischen Prozess – mit Familienmitgliedern und Verwandten, die mir am vertrautesten sind. Über die Vergangenheit zu schreiben, birgt nicht selten das Risiko, in Nostalgie zu schwelgen und das Leben damals zu idealisieren. Raum für Echtheit und Aufrichtigkeit zu schaffen, wenn ich mich an Vergangenes erinnere und dies mit Idealvorstellungen und Sehnsüchten der Gegenwart zu verbinden, war von großer Wichtigkeit in meinem Schreibprozess. Indem ich die Vergangenheit als Rohmaterial benutze, das mich dazu zwingt, kritisch über meinen Geburtsort, über Ökologie und Nachhaltigkeit nachzudenken, kehre ich wieder und wieder zu den Erinnerungen an meine Familie zurück. Während der Niederschrift dieser Essays begann Rosa Bell, meine Mutter, ihre Erinnerung zu verlieren und sich rasch fortzubewegen an einen Ort des Vergessens, von dem es keine Wiederkehr gibt. Dadurch, dass ich ihre tiefe und andauernde Trauer über diesen Verlust miterlebe, erfahre ich wieder und wieder, wie kostbar das Erinnern ist.

Wir werden geboren und leben unser Leben an einem Ort der Erinnerung. Unser Dasein ist geprägt von allem, woran wir uns erinnern, vom banalsten Moment bis hin zum majestätischsten. Durch die Kunst und den Akt des Erinnerns erkennen wir uns selbst. Zudem bieten Erinnerungen uns eine Welt, in der es keinen Tod gibt, in der alles durch Rituale der Wertschätzung und des Gedenkens weiterlebt. In *Dazugehören* begegne ich der Vergangenheit mit Respekt, denn sie ist eine Ressource, die uns als Basis dienen kann, um unser Engagement für die Gegenwart zu hinterfragen und zu erneuern. So können wir die Welt zu einem Ort machen, an dem alle Menschen ein gutes und erfülltes Leben leben und sich zugehörig fühlen können.

1 Kentucky ist mein Schicksal

Wenn man sich entschieden hat, achtsam zu leben, dann ist es nicht nur wichtig, sich genau zu überlegen, wo und wie man leben will, sondern auch den Platz zum Sterben mit Bedacht auszuwählen. Seit der Entscheidung, aufs Land und in die Landschaft meiner Kindheit, nach Kentucky, zurückzukehren, tröstet mich der Gedanke, dass ich hier, wo ich aufgewachsen bin, auch sterben könnte. So stelle ich mir ›mein Ende‹ vor: Ich schließe meine Augen und sehe Hände, die eine Urne halten, eine Person den Kentucky-Hügel, den ich mein eigen nenne, hinaufsteigend, meine sterblichen Überreste verstreuend, als ob es Samen wären und keine Asche, eine verbrannte Gabe für den festen Grund, der Wind und Regen ausgesetzt ist – alles, was von meinem Körper übrig ist: dahin. Meine Existenz ist verwandelt; ich bin dahingeschieden und bewege mich fort in die Ewigkeit. Diese Abschiedsszene stelle ich mir vor und finde Trost darin.

Die Hügel Kentuckys waren der Ort, wo mein Leben begann. Sie stehen für Verheißung und Möglichkeit und sind zugleich der Ort all meiner Ängste, der bösen Geister, die mich bis in meine Träume verfolgen. Ich durchstreife die Hügel meiner Kindheit und fühle mich frei, laufe vor Schlangen und sonstigen verbotenen Schrecken der Natur davon – sowohl vor den realen als auch den imaginierten. Dabei lerne ich, mich sicher zu fühlen, in dem Wissen, dass ich immer in Sicherheit sein werde, wenn ich mich nur meiner Angst stelle und sie überwinde. Dieses Wissen gibt mir ein unerschütterliches Vertrauen in die Kraft der Natur, die verführerisch und aufregend, freudvoll und tröstlich ist.

Für mich war die Natur immer ein echtes Refugium, ein heiliger und heilender Ort. Dem Ruf folgend, eins mit der Natur zu sein, kehrte ich in den einzigen Staat zurück, in dem ich eine Kultur der Zugehörigkeit erfahren hatte. Meine Kindheit in Kentucky ist durch Demarkationslinien geteilt, die ein Davor und Danach sauber voneinander abgrenzen: Das Davor war das isolierte Leben, das wir als Familie in den Hügeln Kentuckys führten, ein Leben, in dem die Trennlinien von *race*, Klasse und Gender keine Rolle spielten. Was eine Rolle spielte, war die Grenzlinie zwischen Stadt und Land – die Natur war entscheidend. Mein Leben in der Natur war dieses Davor, und das Danach war das Leben in der Stadt, wo Geld und Status alles bestimmten. Auf dem Land war unsere Klassenzugehörigkeit ohne jede Bedeutung. In unserem Zuhause waren wir von Hügeln umgeben. Nur die vorderen Fenster unseres Hauses schauten auf die einsame Landstraße, gebaut für die Männer, die nach Öl suchten; alle anderen Fenster waren den Hügeln zugewandt. In unserer Kindheit war die selten befahrene Straße uninteressant. Die Hügel hinter unserem Haus waren der Ort der Magie und der Möglichkeiten, ein üppig grünes, verwunschenes Grenzland, wo nichts Menschengemachtes uns etwas anhaben konnte, wo wir frei waren und stets bereit für das nächste Abenteuer.

Als wir die Berge verließen, um uns in der Kleinstadt niederzulassen, wo angeblich die Schulen besser sein sollten, wo wir in die große, bedeutende Kirche, die Virginia Street Baptist, gehen konnten (alles Dinge, von denen man uns sagte, sie würden uns besser machen und uns helfen, jemand Wichtiges zu sein), erlebte ich meinen ersten schrecklichen Verlust, meine erste tiefe Trauer. Ich wollte in der Abgeschiedenheit jener Hügel bleiben. Ich sehnte mich nach Freiheit. Diese Sehnsucht war dort in den Hügeln in mein Bewusstsein eingebrannt worden und schien zu behaupten, dass alles Gute im Leben zu uns käme, wenn wir nur nach Freiheit strebten. Die Menschen in Kentucky schätzten Unabhängigkeit und Selbstbestimmung mehr als alles andere.

Waren meine frühen Vorstellungen von Identität zwar vom anarchischen Leben in den Hügeln geprägt, so habe ich mich doch nie mit Kentucky identifiziert. Die rassistische Segregation, die Ausbeutung und Unterdrückung von Schwarzen durch Weiße waren so weit verbreitet, dass dies mein ohnehin bereits gebrochenes Herz noch mehr leiden ließ. Allein die Natur war der Ort, wo man der Welt der menschengemachten Konstruktionen von *race* und Identität entkommen konnte. In unserem isolierten Leben in den Bergen hatten wir sehr wenig Kontakt mit der Welt der weißen Dominanzkultur. Außerhalb der Berge hingegen waren wir der Vorherrschaft der Weißen und ihrer Macht über unser Leben ohne Unterlass ausgesetzt. Damals wussten alle Schwarzen, dass der Staat mit all seiner Macht Weiße privilegierte, während er sich um das Wohlergehen der Schwarzen nicht kümmerte. Was wir in den Bergen gelernt hatten, war, für uns selbst zu sorgen, indem wir Nahrungsmittel anbauten, Tiere hielten und tief mit der Erde verwurzelt lebten. Wir hatten in den Bergen gelernt, selbstbestimmt zu leben. Die Natur war die Basis für unsere anti-hegemoniale Schwarze Subkultur, der Ort des Sieges. In der natürlichen Umwelt hatte alles seinen Platz, Menschen eingeschlossen, und alles war scheinbar durch die Gegenwart des Mystischen beeinflusst. Hier konnte das System des imperialistischen kapitalistischen Patriarchats weißer Vorherrschaft keine absolute Macht ausüben, denn in dieser Welt war die Natur mächtiger. Nichts und niemand konnte sie ganz unter seine Kontrolle bringen. In meiner Kindheit erlebte ich die Verbindung zwischen einer heilen natürlichen Welt und der menschlichen Sehnsucht nach Freiheit.

Die in den Hügeln lebenden Menschen strebten nach einem Leben in Freiheit. Die Hillbillys[4] entschieden sich, jenseits des Gesetzes zu leben und glaubten an das Recht jedes und jeder Einzelnen, das eigene Leben selbst zu bestimmen. Bei den Menschen in den Bergen Kentuckys erfuhr ich zum ersten Mal, was es heißt, in einer auf Anarchie basierenden Kultur zu leben. Die Leute dort waren davon überzeugt, dass Selbstbestimmung Freiheit bedeutete. Sie mussten vielleicht mit wenig auskommen, womöglich in einer selbstgezimmerten Hütte leben, dennoch fühlten sie sich ermächtigt, weil sie die Lebensgewohnheiten, die den Alltag ausmachten, entsprechend eigener Werte und Vorstellungen gestalten konnten. So hatten die Menschen in den Hügeln das Gefühl, dass sie selbst die Kontrolle über ihr Leben hatten. Sie machten ihre eigenen Regeln.

Jenseits dieses abgeschiedenen ländlichen Raumes, in der Stadt, wurden die Regeln von anderen, von Unbekannten gemacht; sie wurden den Menschen aufgezwungen und durchgesetzt. In den Bergen meiner Kindheit hatten Weiße und Schwarze oft zusammengelebt; es gab hier keine Segregation, eher Grenzen, die dadurch bestimmt waren, welches Territorium man für sich beanspruchte. Die Vorstellung von ›Privateigentum‹ war den Leuten fremd; die Berge gehörten allen, so schien es mir wenigstens in meiner Kindheit. Denn in den Bergen gab es keinen Ort, an dem ich nicht umherstreifen konnte oder den ich nicht betreten durfte.

Als ich in der Stadt lebte, lernte ich, wie tiefgreifend die Unterdrückung der Schwarzen durch Weiße war. Wir wurden zwar nicht in Reservate gesteckt, aber Schwarze wurden gezwungen, innerhalb bestimmter städtischer Grenzen zu leben, die zwar nicht formal abgesteckt waren, aber durch weiße Gewalt gegen Schwarze Menschen markiert wurden, sobald man es wagte, sie

---

4 Anm. d. Ü.: ›Hillbilly‹ ist eine abfällige Bezeichnung für eine Person, die in einer ländlichen Gegend wohnt, in der deutschen Sprache etwa vergleichbar mit ›Hinterwäldler:in‹ oder ›Landei‹.

zu übertreten. Unsere segregierten Schwarzen Wohngegenden waren von den anderen abgeschottet. Nur manchmal grenzten sie an die Wohnviertel armer und mittelloser Weißer. Jedoch lebten weder Schwarze noch weiße Arme in der Nähe der wirklich mächtigen und privilegierten weißen Eliten, die unser Leben regierten.

In der städtischen Schule wurde uns beigebracht, dass Kentucky im Amerikanischen Bürgerkrieg zu den sogenannten *border states* zählte. Damit war gemeint, dass es ein Bundesstaat war, der keine eindeutige Stellung zu den rassistischen Vorstellungen von der Überlegenheit der Weißen, zur Sklaverei und der fortwährenden Herrschaft mächtiger Weißer über die Schwarze Bevölkerung bezog. In der Schule lehrte man uns, zu glauben, dass Kentucky nicht so sei wie der tiefe Süden. Dabei war es offenbar egal, dass die mit Gewalt durchgesetzte rassistische Segregation diese Institutionen des Lernens prägte, dass die Schulausflüge die Kinder regelmäßig zum Jefferson-Davis-Denkmal führten, oder an andere Orte, wo die Konföderation und die Flagge der Konföderierten geehrt wurden. Den Schwarzen kam es seltsam vor, dass mächtige Weiße in Kentucky so tun konnten, als ob die extreme weiße Vorherrschaft in ›ihrem‹ Staat nicht existierte. Wir sahen kaum einen Unterschied zwischen der Ausbeutung und Unterdrückung der afroamerikanischen Bevölkerung in Kentucky und anderen Südstaaten wie Alabama, Mississippi und Georgia. Bis ich die Highschool abgeschlossen hatte, war meine Sehnsucht, Kentucky zu verlassen, immer stärker geworden. Ich wollte die gnadenlose, das Leben der Schwarzen so beeinträchtigende rassistische Segregation hinter mir lassen. Ich wollte einen Ort der Freiheit finden.

Und doch war es meine Flucht aus Kentucky, meine weite Reise an die Westküste, nach Kalifornien, die mir offenbarte, wie sehr mein Denken und Fühlen von geografischen Kategorien geprägt war. In dem Jahr, als ich mein Grundstudium an der *Stanford University* begann, gab es dort nur wenige Studierende aus Kentucky. Ich war mit Sicherheit die einzige Schwarze Studentin aus Kentucky, und entsprechend den vorherrschenden gesellschaftlichen Sitten und Gebräuchen des Rassismus suchten weiße Studierende aus Kentucky meine Gesellschaft nicht. Es war auch bereits in diesem ersten Jahr, dass mir die gängigen Stereotypen und Vorurteile über Kentucky begegneten. Nur wenige wussten in Stanford etwas über das Leben in Kentucky. Für gewöhnlich erntete ich Gelächter, wenn ich gefragt wurde, woher ich stammte, und darauf Kentucky als meinen Heimatstaat nannte. – Oder man reagierte mit der Frage: »Kentucky – wo ist das denn?«

Hin und wieder traf ich während meines Grundstudiums auf Kommiliton:innen, die wirklich ernsthaft etwas über das Leben in Kentucky erfahren wollten, und dann erzählte ich von der Natur dort, von der Üppigkeit unserer Landschaft, dem Wasserfall am *Blue Lake*, wo ich als Kind spielte. Ich sprach über die von den zwangsumgesiedelten *Cherokee* verlassenen Höhlen und ihren Pfaden. Ich erzählte von den Appalachen, die weiß *und* Schwarz waren, von den Schatten aus Kohlestaub auf den Körpern der Schwarzen Männer, wenn sie von der Arbeit in den Minen nach Hause zurückkehrten. Auch sprach ich über Tabakfelder und Pferde, die das blau schimmernde Gras in Kentucky in eine Märchenlandschaft verwandelten. Stolz erzählte ich von den Schwarzen Jockeys, die bei den Pferderennen im Mittelpunkt standen, bevor der imperialistische Kapitalismus weißer Vorherrschaft strenge Regeln der Segregation aufstellte und auf diese Weise Schwarze aus der öffentlichen Sphäre des Pferdesports in Kentucky verbannte.

Die Verdrängung von Afroamerikaner:innen, insbesondere Schwarzer Jockeys, aus der Arena des Pferdesports ging Hand in Hand mit der immer stärkeren Verbreitung rassistischer Vorstellungen von der Überlegenheit der Weißen.

Für uns hieß das, in einer Kultur der Angst zu leben, in der wir das Land, die Tiere zu fürchten lernten, in der wir Angst vor den feuchten, kauenden Mäulern der Pferde bekamen, die Schwarze Jockeys nur noch selten reiten durften. Diese Trennung von der Natur und die damit eingehende Furcht, die Angst vor der Natur und vor dem Weißsein wurde zum alles bestimmenden Trauma im Leben Schwarzer Menschen.

In unserer Psychohistorie, d.h. in der Kultur der Schwarzen Südstaatler:innen, die die Ära der brutalen, legal sanktionierten rassistischen Apartheid miterleben mussten, wird das Gesicht des Terrors immer weiß sein, und die Symbole dieses Weißseins werden immer Angst hervorrufen. So wird z. B. für Schwarze die Flagge der Konföderierten niemals für kulturelles Erbe stehen. Vielmehr weckt sie in den Köpfen älterer Schwarzer immer noch Ängste, denn für sie signalisiert die Flagge die Befürwortung des weißen rassistischen Angriffs auf das Schwarzsein.

Weiße, die ihre Leugnung der weißen Vorherrschaft verschleiern, indem sie Slogans wie »heritage not hate« (»Erbe statt Hass«) im Munde führen, um ihre fortgesetzte Treue zu dieser Flagge zu unterstreichen, wollen nicht einsehen, dass ihre Weigerung anzuerkennen, was dieses »Erbe« für Schwarze bedeutet, selbst ein Ausdruck weißer rassistischer Macht und Privilegien ist. Denn die Flagge der Konföderierten ist nicht nur für das »Erbe« ein Symbol, sondern auch für den »Hass«.

Die Geschichte der Konföderation wird immer die Erinnerung an die Unterdrückung der Schwarzen durch die Weißen wachrufen: Rebellenflaggen, Gewehre, Feuer und der Galgenstrick – alles Symbole des Hasses.

Selbst wenn viele arme und entrechtete Weiße in Kentucky, die sich durch das Minenfeld der kapitalistischen weißen Herrschaft kämpfen, an den historischen Traditionen der kolonialen Herrschaft festhalten wollen und diese Geschichte für sich beanspruchen, so können sie doch niemals wirklich an der Macht und dem Privileg des kapitalistischen Weißseins teilhaben. Sie mögen sich dieses Symbol aneignen, um sich mit eben jener Welt und Vergangenheit zu verbinden, die auch sie entmenschlichen, aber es wird niemals etwas an der Realität ändern, dass sie von eben diesen Kräften der weißen Hegemonie beherrscht werden.

In dieser Kultur Kentuckys, in der die rassistische Vergangenheit der Konföderierten verherrlicht wurde, wuchs ich auf, in einer Welt, die bestrebt war, die Geschichte der Schwarzen in Kentucky zu verschleiern und auszulöschen. Für mich konnte ich keinen Platz in diesem historischen Erbe finden, auch wenn ich jetzt im Nachhinein erkennen kann, dass es immer zwei konkurrierende Kulturen in Kentucky gab: eine kulturell dominierende Welt weißer kapitalistischer Macht und die Welt der trotzigen Anarchie, die Freiheit für alle wollte. Und die Tatsache, dass diese Kultur der Anarchie ausgeprägte antirassistische Dimensionen hatte, zeugt von der einzigartigen Kultur der Schwarzen in den Appalachen, die nur selten anerkannt wird. Es ist diese Kultur, über die Loyal Jones in *Appalachian Values* schreibt:

> »Ein großer Teil der Bevölkerung in den Bergen, sogar bis tief in den Süden nach Alabama und Georgia hinein, war gegen die Sklaverei eingestellt und kämpfte im Bürgerkrieg für die Union, und obwohl die Regierungen der ›Rekonstruction‹ ›Anti Schwarze‹-Gesetze erließen und uns so zur Segregation anhielten, waren die meisten Menschen in den Appalachen nicht mit den gleichen Vorurteilen gegenüber Schwarzen behaftet wie in anderen Südstaaten.«

Also verbrachte ich meine frühe Kindheit in der Nähe einer sich nicht offen rassistisch äußernden weißen Bergbevölkerung, und diese Welt der Integration in den Hügeln von Kentucky prägte meine Erziehung. Unser Umzug in die Welt des Mainstreams und seiner Werte jedoch bedeutete, dass jetzt die weiße Vorherrschaft unser Leben bestimmte. Es war dieses Erbe der rassistischen Bedrohung und des Hasses, das in mir den Wunsch auslöste, Kentucky zu verlassen und nie wieder zurückzukehren.

Als ich Kentucky verließ, glaubte ich, ich könne so den Terror des Weißseins hinter mir lassen, aber die Angst verfolgte mich. Weit weg von meinem Geburtsort lernte ich die unzähligen Gesichter des Rassismus, der rassistischen Vorurteile und des Hasses, die tausend Facetten der weißen Dominanz kennen. Während meines ersten Jahres an der *Stanford University* fühlte ich zum ersten Mal, wie Bürger:innen ein und desselben Landes durch unterschiedliche geografische Herkunft getrennt sein konnten. Ich empfand keine Zugehörigkeit zu der Universität, vielmehr fühlte ich mich ständig wie eine nicht willkommene Außenseiterin. Genau wie ich in Kentucky Trost in der Natur gefunden hatte, war mir die natürliche Umwelt in Palo Alto, Kalifornien, mit all ihren Bäumen, dem Gras, den Pflanzen und dem Himmel ein Ort des Trostes. Ich grub meine Hände in die kalifornische Erde, die so anders war als die feuchte, rot-braune Erde in Kentucky – und empfand Ehrfurcht. Von Staunen erfüllt sinnierte ich darüber nach, dass ich tausende Meilen gereist war und nun sogar der Boden unter meinen Füßen ein anderer war. Und es war mir unbegreiflich, wie in diesem seltsamen Land die Erde meine Zeugin sein konnte, wenn sie doch kein Spiegel der Welt meiner Vorfahr:innen, der Landschaften meiner Träume war. Wie konnte dieses neue Land mich aufrecht halten, mir die Sicherheit bieten, dass mein Dasein einen festen Grund hatte?

Auf der Suche nach einem intellektuellen Leben in der akademischen Welt wechselte ich in eine auf Prinzipien der Unsicherheit basierende Umgebung, eine opportunistische Welt, in der sich alles verändert und endet. Ich sehnte mich nach meinem Heimatort zurück, wo man sich strikt weigerte, Veränderungen zu akzeptieren. Kentucky ist einer der Staaten unseres Landes, die für ihre starrsinnige Weigerung, den Wandel willkommen zu heißen, bekannt sind. Früher wollten die Menschen in Kentucky, dass alles unverändert von einer Generation zur nächsten weitergegeben wurde. Diese Ablehnung von Veränderungen war am offensichtlichsten in Bezug auf die rassistischen Verhältnisse. Denn in Kentucky hielten die Weißen noch an der Segregation fest, als andere Staaten bereits deutliche Fortschritte in Richtung Bürgerrechte gemacht hatten.

Weiße Konservative in Kentucky redeten sich ein: »Die Schwarzen wollen gar keine Veränderungen – sie finden es gut, so wie es ist.« Nachdem die rassistischen Weißen die Schwarzen in einen Zustand traumatischer Machtlosigkeit versetzt hatten, war es für sie kein Problem, uns mit ihrem glühenden, sattsam bekannten Rassismus zu terrorisieren, im festen Glauben, dass sie die Einstellungen und Gefühle der Schwarzen kannten, dass sie unsere Wünsche bestimmen könnten. Die Bestrebungen seitens der konservativen Weißen in Kentucky, Schwarze auszubeuten und zu unterdrücken, gingen Hand in Hand mit dem Bemühen, die rebellische Grundeinstellung der weißen Menschen in den Bergen zu brechen und auszulöschen. Der anarchische Geist, der die Kultur der weißen Hillbillys prägte, war genauso bedrohlich für den imperialistischen weißen kapitalistischen Staat wie jede Art von ‚ethnischer' Gleichheit und Integration. Deshalb musste diese Kultur ebenso wie die besondere Lebensart der Schwarzen Agrarbevölkerung unterminiert und letztlich zerstört werden.

Als ich Kentucky verließ, wollte ich der Psychohistorie einer traumatischen Machtlosigkeit entfliehen. Was ich mitnahm von den Subkulturen meines Heimatstaates, von den Hillbillys in den Appalachen, war ein positives Verständnis davon, was es bedeutet, eine Kultur des Dazugehörens zu kennen, wie sie meine Vorfahr:innen lebten und als Vermächtnis an mich weitergegeben hatten. In ihrem Buch *Rebalancing the World* definiert Carol Lee Flinders die Kultur des Dazugehörens als »innige Verbindung mit dem Land, zu dem man gehört, empathische Beziehung zu den Tieren, Selbstbeherrschung, bewahrender Konservativismus, überlegtes Handeln, Balance, Klarheit, Ehrlichkeit, Großzügigkeit, Egalitarismus, Gegenseitigkeit, Affinität zu alternativen Denkweisen, Verspieltheit, Inklusion, gewaltfreie Konfliktlösung und eine Offenheit des Geistes«. All diese Arten von Zugehörigkeit wurden mir in meiner frühen Kindheit beigebracht, aber diese Prägungen wurden durch die Dominanzkultur mit ihrer einseitigen Schulbildung überdeckt. Dennoch war es dieses unterdrückte Wissen, das meinen Radikalismus als Erwachsene befeuerte.

Als ich fern von meinem Geburtsort lebte, wurde ich mir meiner Herkunft aus Kentucky stärker bewusst als zu der Zeit, als ich noch dort wohnte. Das ist es, was die Erfahrung des Exils bewirken kann, nämlich einen Bewusstseinswandel, eine völlige Veränderung der eigenen Wahrnehmung der Heimat. Die geografischen Unterschiede prägten meine Psyche und meine Lebensgewohnheiten nun deutlicher als zu Hause. In Kentucky hatte niemand gedacht, ich hätte einen Kentucky-Akzent; in Kalifornien hingegen machte mich das Sprechen in der weichen Schwarzen Südstaatenmundart, die unsere Alltagssprache war, zum Objekt unerwünschter Aufmerksamkeit. Innerhalb kürzester Zeit lernte ich mein Sprechen zu verändern, die Klänge und die Kadenz von Kentucky geheim zu halten, sie zu einer intimen Stimme werden zu lassen, die nur von Menschen gehört werden sollte, die sie verstehen konnten. Nicht in der Sprache meiner Vorfahr:innen zu sprechen, half mir dabei, Spott über Kentucky zum Verstummen zu bringen. Es war ein Weg, zu vermeiden, durch die allgegenwärtigen geografischen Hierarchien klein gemacht zu werden, die meinen Herkunftsort als ländlich-rückständigen und aus der Zeit gefallenen Ort betrachteten. Während meines Studiums, als ich das Porträt der mir so vertrauten Landschaft mit der stereotypen Außensicht auf Kentucky abgleichen musste, lernte ich mehr denn je über meinen Herkunftsstaat.

Meine wohl größte Entfremdung in diesem neuen liberalen Collegeumfeld resultierte aus der völligen Abwesenheit jeglichen offen ausgedrückten Glaubens an Gott und das Christentum seitens der Lehrenden und Studierenden. Tatsächlich war es damals viel cooler zu sagen, man sei Agnostiker:in oder Atheist:in, als über den Glauben an Gott zu sprechen. Ich kam aus einer bibeltreuen, bibelfesten Welt, in der die Heilige Schrift in Alltagsgesprächen ständig zitiert wurde, weshalb mir psychologisch die Ressourcen und das Know-how fehlten, in einer Welt, in der Spiritualität mit ebensolcher Geringschätzung beäugt wurde wie die Herkunft aus den Südstaaten, normal zu funktionieren. In meinem Wohnheim war der einzige Student, der offen in der Bibel las, ein stiller, weißer Mormone, der eher für sich blieb und isoliert war. Wir redeten miteinander und versuchten uns dadurch weniger wie Fremde in einem fremden Land zu fühlen. Wir sprachen über die Bibel, aber das war nicht stark genug, um die durch den Rassismus geschaffenen Barrieren zu überwinden, die uns lehrten, Differenz mit Argwohn zu betrachten. Darüber hinaus gab es an der Universität zwar organisierte christliche Gruppen, aber sie sprachen nicht die religiöse Sprache, die ich zu hören gewohnt war.

Gegen Ende meines zweiten Collegejahres begann ich den religiösen Glauben meiner Familie, die Art von Religion, die mir zuhause beigebracht worden war, zu hinterfragen. In dem spirituellen Umfeld des New Age in Kalifornien entwickelte ich eine Spiritualität, die für meinen Verstand und mein Herz Sinn machte. Meine religiöse Praxis stand in Einklang mit dem göttlichen Geist, wie ich ihn in meiner Kindheit in den Hügeln Kentuckys kennengelernt hatte. Als Kind war ich immer hin und hergerissen gewesen zwischen dem frommen Diktat des religiösen Fundamentalismus und den Doktrinen der organisierten Kirche einerseits und der naturverehrenden, ekstatisch-mystischen Spiritualität der Hillbillys andererseits. Meine gesamte Collegezeit hindurch, sogar in den Zeiten, in denen meine Seele von Zweifeln geplagt war, hielt ich im Kern daran fest, an die Macht des göttlichen Geistes zu glauben.

Während meiner Collegejahre fing ich an, mich zerrissen zu fühlen, und diese Gefühle bestimmten mein Leben, wohin ich auch zog: nach Kalifornien, Wisconsin, Connecticut, Ohio, New York. In meinem Herzen blieb ich ein Mädchen vom Lande, ein exzentrisches Produkt des Fühlens und Denkens der Hillbillys von Kentucky, auch wenn in dem Leben, das ich nun lebte, andere Werte, Moralvorstellungen und Glaubenssätze galten. Fernab von Kentucky war mein Leben voller Widersprüche. So passten etwa Themen wie Ehrlichkeit und Integrität, die das Leben während meiner Kindheit klar und einfach gemacht hatten, nicht mehr so recht in die akademische und literarische Welt, die ich mir jetzt erwählt hatte. Mit der Zeit begann ich die Zerrissenheit, die meine Psyche so sehr bestimmte, besser zu verstehen. Je erfolgreicher ich als Intellektuelle und Autorin wurde, desto stärker hatte ich das Gefühl, mich ständig anstrengen zu müssen, damit meine Kernwahrheiten gehört wurden – in einer Welt, in der die Werte und Vorstellungen, auf denen ich mein Leben gründen wollte, keine Bedeutung hatten. Trotz alledem hatte ich nicht das Gefühl, dass ich nach Hause zurückkehren konnte. Denn das Selbst, das ich in diesen anderen Welten erfunden hatte, schien zu unkonventionell für Kentucky zu sein, zu kosmopolitisch.

Wie bei vielen anderen Autor:innen, speziell aus den Südstaaten, die ihrer Heimat den Rücken kehrten und in einer Art mentalem Exil lebten, wirkte sich das Zerrissenheitsgefühl zerstörerisch aus und führte bei mir zu einem seelischen Zusammenbruch. Heilung zu finden hieß für mich, mich auf mein Selbst zu besinnen, die Puzzleteile meines Lebens in die Hand zu nehmen und wieder zusammenzufügen. Indem ich mich an meine Kindheit erinnerte und über mein früheres Leben schrieb, machte ich eine Bestandsaufnahme, entdeckte mich selbst und fand mein Zuhause. – Deutlich erkannte ich jetzt, dass Kentucky mein Schicksal war.

Es war mir nicht gelungen, die intensive suizidale Melancholie, die mich als Kind so gequält hatte und zum Teil eine Reaktion darauf gewesen war, dass ich die Hügel und die dortige Welt der Freiheit hatte verlassen müssen, abzustreifen. Sie verfolgte mich, egal, wohin ich ging. Und der allzu vertraute Schmerz, der mich nachts wachhielt, weinend und voller Sehnsucht, war immer präsent, wohin ich auch ging, und hinterließ die Erfahrung einer traumatischen Machtlosigkeit. Die Schrecken meiner Nächte in Kentucky, die wilden Pferde, die durch meine Träume galoppierten, mich verwirrt und schlaflos zurückließen, verfolgten mich. Die Schlaflosigkeit, die mich als Kind plagte, wurde sogar noch schlimmer, je weiter ich mich vom Zuhause meiner Kindheit entfernte. Viele Male lag ich, fernab von Kentucky, schlaflos in völlig dunklen Zimmern und überlegte, wie ich mir ein Zuhause schaffen könnte. Jedoch endeten all meine Versuche, neu zu beginnen, immer darin, mich in die Vergangenheit zurückzubringen, und ich ließ zu, dass sie die Grundlage für meine Gegenwart wurde.

Immer wenn ich Zweifel über die Richtung hatte, die mein Leben nehmen sollte, stellte ich mir vor, ich sei eine Filmemacherin, die einen autobiografischen Film mit dem Titel *Kentucky ist mein Schicksal* drehte. Die ersten Einstellungen dieses Films wären alle Aufnahmen von der Natur, von Tabakfeldern, -farmen und -scheunen. Ich trete in dieser Filmerzählung als Zeugin auf: Baba, die Mutter meiner Mama, bindet Tabakblätter zusammen und bereitet sie zum Aufhängen in Schränken und Truhen vor, um Motten und anderes Ungeziefer fernzuhalten. Ein Großteil dieses imaginären Films dreht sich um die Älteren, deren Präsenz meine Kindheit bestimmte.

Als ich meinen Geburtsortsort zum ersten Mal verließ, nahm ich zwei Dinge von Zuhause mit, die der Inbegriff meiner frühen Jahre waren: geflochtene Tabakblätter und die Patchwork-Decke, die meine Großmutter Baba mir als junges Mädchen geschenkt hatte. Diese zwei Totems sollten mich immer daran erinnern, woher ich komme und wer ich im tiefsten Inneren bin, und so stehen sie zwischen mir und dem herzzerreißenden Wahnsinn des Exils. Sie sind gegenwärtig in meinem neuen Leben, um mich vor dem Tod zu beschützen und mich daran zu erinnern, dass ich jederzeit nach Hause zurückkehren kann. Einmal im Jahr bin ich immer zu Besuch nach Hause gefahren, und dies war jedes Mal ein Übergangsritual, mit dem ich mich vergewisserte, dass ich immer noch dort hingehörte, dass ich mich nicht so sehr verändert hatte, dass ich gar nicht mehr nach Hause zurückkehren könnte. Meine Besuche zu Hause hinterließen in mir fast immer ein Gefühl der Zerrissenheit: Ich wollte bleiben, aber ich musste weg, auf ewig von Zuhause davonlaufen.

Der Wahnsinn wurde fern von Zuhause leichter akzeptiert. An den überwiegend weißen Colleges, die ich besuchte, war es nichts Ungewöhnliches, dass Studierende sich durch die Trennung von ihrer gewohnten Umgebung überwältigt fühlten, dass wir uns vielleicht entfremdet fühlten, dass wir sogar tatsächlich verrückt wurden. Ich lernte, dass Therapie der beste Weg war, um mich meinen psychischen Verletzungen zu stellen, der beste Weg zur Heilung. Eine meiner jüngeren Schwestern fragte mich neulich: »Wie konntest du wissen, dass du Hilfe brauchtest?« Ich antwortete: »Ich wusste, dass ich nicht normal bin. Ich wusste, dass es nicht normal war, sich umbringen zu wollen.« Intensive, traurige Selbstmordgedanken brachten mich zur Therapie, aber in jenen frühen Jahren half sie nicht. Ich konnte keine Therapie finden, die die Macht der geografischen Herkunft, der Prägungen durch die Vorfahr:innen, der rassifizierten Identität anerkannt hätte. Wie die meisten Leute bezogen offenbar auch die Therapeut:innen ihre Vorstellungen über die Kentucky-Hillbillys aus der Comedy-Serie *Beverly Hillbillies*. Und auf jeden Fall mangelte es mir in meinen frühen Collegejahren an einer angemessenen Sprache, um all das zu benennen, was mich geprägt und geformt hat.

Obwohl ich den Eindruck hatte, die Therapie würde nicht helfen, verlor ich nie den Glauben daran, dass ich gesund werden könnte, dass Heilung möglich war, wenn ich die Vergangenheit verstand und sie mit der Gegenwart verbinden konnte. Baba, meine Großmutter mütterlicherseits, fragte mich oft: »Wie kannst du nur so weit weg von deinen Leuten leben?« Wenn sie diese Frage stellte, hatte ich immer das Gefühl, dass da ein wenig Tadel mitschwang, ein leises Beharren darauf, dass ich illoyal sei, das Vermächtnis meiner Vorfahr:innen verraten hätte, als ich von Zuhause fortging. Die Frage, die ich mir stellte, war: »Wenn Kentucky dir so viel bedeutet, warum kannst du dann nicht einfach nach Hause gehen und dort bleiben?«

Als ich Anfang zwanzig war, begann ich die Vergangenheit narrativ zu kartieren, indem ich die meiner Auffassung nach prägenden Kindheitserfahrungen niederschrieb. Ich begann damit, Listen anzulegen – währenddessen ich über die Geschichten nachdachte, die ich einer Person erzählen würde, die ich gerade kennengelernt hätte und mit der ich mich Schritt für Schritt ganz vertraut machen wollte. Es war mir klar, dass ich dieselben Geschichten, die ich für bedeutsam hielt, wieder und wieder erzählte. Ich war mir sicher, dass, wenn ich diese Erinnerungen nur zu Papier bringen und sortieren könnte, es mir helfen würde, Ordnung in mein Leben zu bringen. Ich war davon überzeugt, dass ich, wenn ich einen klaren, detaillierten Bericht über das erstellte, was mein Selbst ausmachte, einen Schritt zurücktreten und mich in einem neuen Licht sehen könnte, nicht länger fragmentiert, sondern ganz und vollkommen.

Meine Kindheitserinnerungen aufzuschreiben, half. Es gab mir wieder Boden unter den Füßen. Ich sammelte diese Erinnerungen und veröffentlichte sie in meinen Memoiren *Bone Black*. Poetisch in Stil und Ton, sogar abstrakt sind sie, und während ich diesen Kindheitsbericht lese, kommt es mir vor, als sei die, die hier spricht, in Trance, entfernt und doch nahe. Einen Großteil meines Lebens außerhalb von Kentucky verbrachte ich in einem Trancezustand, als ob ich da und zugleich nicht da wäre. Deshalb stellte die Arbeit an meiner Heilung, an meinem Ganzwerden einen Prozess des Erwachens dar, des Übergangs von der Trance in die Realität, des Erlernens völliger Präsenz in der Gegenwart. Mein Zuhause zu verlassen, löste extreme Gefühle von Verlassenheit und Verlust aus. Es war wie sterben. Die Erinnerungen an Zuhause zu retten und die Puzzleteile zusammenzufügen war eine Rückwärtsbewegung, die es mir ermöglichte, mich vorwärtszubewegen. Alle meine Trancezustände waren ein Schutz gegen die Schrecken meiner Kindheit. Als ich mein Zuhause verließ, nahm ich ungelöste Traumata mit. Dadurch, dass ich die Stimmen meiner Vorfahr:innen an jeden Ort, den ich später mein Zuhause nannte, mit mir trug, hatte ich den erinnerten Schmerz fortwährend im Gepäck und ließ zu, dass er mich immer wieder mit sich fortriss. Dieses Gefühl, weggefegt zu werden, war wie ein Karussell, das nicht aufhörte, sich zu drehen.

Erst als dieses Gefühlskarussell, in dem ich mich befand, seit ich von Kentucky fortgezogen war, aufhörte, konnte ich klar sehen und geheilt werden. Dennoch hat mich diese Klarheit nicht direkt zur Rückkehr nach Kentucky bewogen. In der Tat befürchtete ich, dass ich, wenn ich nach Kentucky zurückkehrte, zerschmettert werden würde, dass Gefühle aufkämen, die mich aus dem Gleichgewicht bringen und zerbrechen würden. Am sichersten schien es mir, eine Frau aus Kentucky zu sein, wenn ich nicht in Kentucky war. Da mein Heimatort tatsächlich Ort und Ursprung der ernsten Störung war, die meinen Geist beeinträchtigt hatte, glaubte ich nicht, dass ich dort sicher sein könnte. Denn immerhin konnte ich den Zusammenhang zwischen der privaten familiären Dysfunktion und der politischen, vom Staat Kentucky verschuldeten Dysfunktion erkennen. Wayne Kritsberg bietet eine brauchbare Definition von Dysfunktion in seinem Buch *Healing Together*, in dem er erklärt:

> »Eine dysfunktionale Familie ist eine Familie, die dauerhaft nicht in der Lage ist, ein sicheres, nährendes Umfeld zu bieten. Durch ihre maladaptiven Verhaltensweisen entwickelt die Familie eine Reihe von Einschränkungen, die das soziale und emotionale Wachstum ihrer Mitglieder, insbesondere der Kinder, hemmt. Die gesunde Familie hingegen bietet ihren Mitgliedern Sicherheit und Fürsorge und unterstützt sie in ihrer Entwicklung, indem sie feste, aber vernünftige Grenzen setzt, anstatt starre Zwänge aufzuerlegen.«

Die fundamentalistisch-christliche, patriarchale Macht, die in meinem Heimatort die Sphäre der Öffentlichkeit und des Staates bestimmte, spiegelte sich in der Struktur meiner Ursprungsfamilie und ihrer Werte wider. Gleichzeitig prägte die weiße Vorherrschaft die Psyche von Schwarzen und Weißen in einer einschränkenden und deformierenden Weise.

Die Verbindung zwischen geografischen Lagen und psychologischen Seinszuständen herzustellen war hilfreich. Es ermächtigte mich, die schlimmen dysfunktionalen Aspekte der Südstaatenwelt, in der ich aufwuchs, zu erkennen, die Art wie der internalisierte Rassismus unsere emotionale Intelligenz, unser Gefühlsleben beeinträchtigte. Trotzdem konnte ich auch die positiven Aspekte meiner Kindheit und Jugend, die lebenserhaltenden Widerstandsstrategien erkennen. Auf jeden Fall ermächtigte die rassistische Segregation bzw. der Widerstand gegen Rassismus und weiße Vorherrschaft nonkonforme Schwarze, eine auf oppositionellen Werten basierende Subkultur zu schaffen. Jene oppositionellen Werte, die meiner Psyche während der frühen Kindheit eingeprägt wurden, befähigten mich, einen überlebenswichtigen Widerstandswillen zu entwickeln, der mir sowohl bei meinen Besuchen zu Hause, als auch in der geistigen Wildnis, in der ich mich fern von zu Hause aufhielt, zu Gute kam. Oppositionelle Lebensgewohnheiten, die ich in meiner Kindheit erlernt hatte, schufen eine Bindung an meinen Heimatort, die nicht gelöst werden konnte.

Dort, wo ich aufwuchs, gab es viele abtrünnige Schwarze und Weiße, die die abgelegenen Wälder, die natürliche Umgebung als einen Raum abseits der von Menschenhand geschaffenen Konstruktionen und der herrschenden Kultur wahrnahmen. Hier waren sie in der Lage, einzigartige Denk- und Lebensgewohnheiten zu entwickeln, die sich dem Status quo entgegenstellten.

Dieser Widerstandsgeist prägte einen Großteil der frühen Geschichte Kentuckys. Für die weißen Kolonisator:innen stellte das Land zu Beginn eine unberührte, wahrhaft wilde Wildnis dar, die sich der Zähmung durch die Kräfte des imperialistischen patriarchalen Kapitalismus weißer Vorherrschaft widersetzen würde. Obwohl diese Kräfte das Land letztlich doch ihren räuberischen Interessen unterordnen konnte, schufen sie kein geschlossenes System. So gelang es einzelnen Weißen und Schwarzen in Kentucky immer noch, Subkulturen zu schaffen – meist in Senken, auf Hügeln und Bergen –, in denen Überzeugungen und Werte herrschten, die denen der Mainstream-Kultur widersprachen.

Das freie Denken und das unangepasste Verhalten, das durch die Abgelegenheit gefördert wurde, war eine Bedrohung für das imperialistische kapitalistische Patriarchat weißer Vorherrschaft, und deshalb musste es untergraben werden. Deshalb wurde die Vorstellung verbreitet, dass die Menschen, die diese Räume bewohnten, Inzucht betrieben, ignorant, dumm, und unregierbar seien. Der hinterwäldlerische, anarchische Geist, der die Armen ermächtigte, einen anderen Lebensstil zu wählen als im Rest des Staates und der sogenannten zivilisierten Gesellschaft wurde als menschenunwürdig hingestellt und dadurch kaputt gemacht. Wenn er auch nicht ganz vernichtet werden konnte, so galt er fortan doch zumindest als kriminell oder suspekt.

Dieser Geist des Widerstands und der Revolution wurde in mir genährt durch Generationen von Schwarzen aus Kentucky, die sich für Eigenständigkeit und Selbstbestimmung statt für die Abhängigkeit von einer Regierung entschieden hatten, und er wurde zum Katalysator für meinen persönlichen Kampf um Selbstbestimmung. Der Kern dieser widerständigen, oppositionellen Kultur bestand im Beharren darauf, dass jede:r von uns ein Mensch mit Wert und Würde ist. Den eigenen Wert anzuerkennen, bedeutete, dass man sich entscheiden musste, ein aufrechter Mensch zu sein, zu seinem Wort zu stehen. In meiner Kindheit lehrten mich meine älteren Verwandten, von denen viele keine formale Bildung genossen hatten und denen es an grundlegenden Kenntnissen im Lesen und Schreiben mangelte, dass man als anständige Person immer die Wahrheit sagen und die Verantwortung für das eigene Handeln übernehmen musste. Insbesondere meine Großmutter mütterlicherseits, Baba, lehrte mich, dass diese Werte die Grundlage meines Wesens sein sollten, egal wo und in welchem Land ich lebte. Sie brachte mir bei, dass ich, um diese Werte zu leben, lernen musste, mutig zu sein, den Mut aufzubringen, zu meinen Überzeugungen zu stehen, Fehler einzugestehen und wiedergutzumachen, Stellung zu beziehen.

Mich immer der Wahrheit verpflichtet zu fühlen, eine Frau zu sein, die zu ihrem Wort steht, eine Frau von Integrität, das war es, worauf meine Großmutter beharrte. Im Nachhinein habe ich mich oft gefragt, ob ich mir ihre Lektionen so sehr zu Herzen genommen hatte, dass es mir schließlich unmöglich war, mich so weit fort von meinem Geburtsort und meinen Leuten zu Hause zu fühlen. Denn nach Integrität zu streben, machte es schwer, Freude an einem Leben fernab von den Leuten und der Landschaft meiner Kindheit zu empfinden. Und als die Alten, die so großzügig ihre Geschichten, ihre Weisheit und ihr Leben teilten, damit ich und Menschen wie ich ein gutes, reicheres Leben führen konnten, zu sterben begannen, war es nur eine Frage der Zeit, dass ich mich berufen fühlte, ihrer zu gedenken und ihr metaphysisches Vermächtnis in die Gegenwart zu tragen. Unter hinterwäldlerischen Analphabet:innen wurden mir Werte und Normen vermittelt, nach denen ich mein Leben führen sollte. Diese ethischen Standards hatten wenig Bedeutung in der Welt jenseits der kleinen Schwarzen Gemeinschaften in Kentucky, die ich mein Leben lang gekannt hatte.

Das Aufwachsen in einer extrem dysfunktionalen Herkunftsfamilie hatte mich zwar ›verrückt‹ gemacht, aber ich überlebte und schuf mir fern meiner Heimat ein neues Zuhause. Ich konnte schließlich auf die positiven Fertigkeiten zurückzugreifen, die ich während meiner Kindheit und Jugend erlernt hatte. Kentucky war der einzige Ort, an dem ich gelebt hatte, wo es Ältere gab, die den Jüngeren Werte vermittelten und zugleich deren Eigensinn akzeptierten. Durch ihr Beispiel ließen sie mich wissen, dass vollkommene Selbstverwirklichung der einzige Weg zu wahrer Heilung war und sie offenbarten mir, dass die Schätze, die ich suchte, bereits mein eigen waren. Die Erfüllung all meiner Sehnsucht nach Zugehörigkeit, nach einem Ort, an dem ich mich heimisch fühlen konnte, das Ziel all meines Suchens, von Stadt zu Stadt, nach Gemeinschaft mit Gleichgesinnten, wartete auf mich in Kentucky, wartete darauf, dass ich mich erinnerte und mein Erbe zurückforderte. Außerhalb meines Heimatstaates fand ich mich oft unter Leuten wieder, die meinten, ich hinge altmodischen Werten an, die mich bemitleideten, weil ich nicht wusste, wie man opportunistisch sein oder die Spiele mitspielen konnte, die mir geholfen hätten, voran zu kommen.

Ich werde an diese spannungsgeladene Dualität des Begehrens erinnert, wenn ich Lorraine Hansberrys Stück *A Raisin in the Sun* lese. In dem Stück dramatisiert sie die Konflikte, die entstehen, wenn die Werte der Zugehörigkeit, die alten Denkweisen, mit den Werten des Unternehmertums und des beruflichen Opportunismus kollidieren. Traurig darüber, dass ihr Sohn die Versicherungssumme, die sie nach dem Tod ihres Mannes erhalten haben, für sich nehmen will, sagt Mama, früher sei es die Freiheit gewesen, die Leben bedeutete. Sie fragt ihren Sohn: »Seit wann bedeutet Geld Leben?« Walter Lee antwortet: »Es war immer Leben, Mama. Wir haben es nur nicht gewusst.« Zweifellos lebten die Massen von Schwarzen, die aus dem agrarisch geprägten Süden vor rassistischer Ausbeutung und Unterdrückung flüchteten, von der sie glaubten, sie würde ihnen im industrialisierten Norden nicht widerfahren, in einem ständigen Wertekonflikt. Ihre ländliche Vergangenheit hinter sich zu lassen, bedeutete, Kulturen der Zugehörigkeit und Gemeinschaft, in der die Ressourcen geteilt wurden, zugunsten einer Kultur des liberalen Individualismus aufzugeben. Bislang wurden nur wenige Studien veröffentlicht, die die seelischen Turbulenzen behandeln, mit denen Schwarze durch diese Migration und die damit verbundenen neuen psychischen Anforderungen konfrontiert waren.

Als ich Kentucky mit seinen altmodischen Wertvorstellungen darüber, wie man sich in der Welt verhält, verließ, war ich überwältigt von dem Mangel an Integrität, dem ich außerhalb meiner Heimat begegnete. Die meisten Leute spotteten über die Vorstellung, dass es wichtig sei, ehrlich zu sein, eine Person zu sein, die zu ihrem Wort steht. Dieser Mangel an Anstand schien sich erst recht bemerkbar zu machen, als ich nach New York City zog, um meine Karriere als Schriftstellerin voranzutreiben. In diesen Jahren fern von meinem Herkunftsort fühlte ich oft Verwirrung und Verzweiflung. Meine christlich-fundamentalistische Erziehung hatte mich gelehrt, die Verfehlung des Ziels als Sünde zu betrachten. Damals hatte ich oft das Gefühl das Ziel zu verfehlen, nicht nach den Grundwerten zu leben, die meiner Meinung nach die Basis meiner Identität bilden sollten. Ich arbeitete daran, die Wunden zu heilen, die meiner Seele durch meine eigenen Sünden und der Sünden derjenigen, die mir Gewalt angetan hatten, zugefügt worden waren.

Als ich, fern von meinem Geburtsort, eine erfolgreiche Kulturkritikerin und Schriftstellerin wurde, war ich immer wieder erstaunt, dass Leser:innen und Kritiker:innen, die über meine Arbeiten schrieben, vergaßen zu erwähnen, wie sehr mein Schreiben und meine Visionen durch die kulturellen Eigenheiten meiner Heimat in Kentucky bestimmt waren. Weil ich überrascht war, dass die literarische Welt die Bedeutung meiner Wurzeln in Kentucky nicht (an)erkannte, fühlte ich mich genötigt, die Rolle meiner Herkunft in meiner künstlerischen Vision stärker zu artikulieren. Zwar sprach die Kritik öfter über meine Südstaatenwurzeln, aber nie wurde die genaue Region jener Wurzeln benannt.

Zu einem gewissen Grad hing dieses Versäumnis, auf Kentucky zu fokussieren, mit Mutmaßungen darüber zusammen, ob Kentucky überhaupt wirklich zum ›Süden‹ gehörte. Ich sagte dann immer, wenn man als Schwarze Person in Kentucky aufwuchs, fühlte sich das an, wie in den Südstaaten zu leben, nicht großartig anders als in Alabama oder Georgia. Es mag sein, dass die Kultur des Weißseins in Kentucky Charakteristika aufweist, die nicht als besonders typisch für den Süden gelten, aber mit Sicherheit waren und sind die afroamerikanischen Subkulturen geprägt durch ein Verständnis davon, was Schwarzsein in den Südstaaten bedeutete.

Denn trotz des ganzen Geredes über Kentucky als ›Grenzstaat‹ hatte sich die Kultur der Sklaverei, der rassistischen Segregation in diesem Staat durchgesetzt, auch wenn es einzelne Regionen gab, in denen sich die Menschen vehement für gleiche Bürgerrechte einsetzten. Bei der Lektüre der Biografien und Autobiografien von Schwarzen in Kentucky erfährt man jedenfalls von einer Welt, die von feudalen Kräften des imperialistischen Kapitalismus weißer Vorherrschaft geprägt war, aber man erfährt auch von all den erfinderischen Wegen, die Schwarze eingeschlagen haben, um inmitten von Ausbeutung und Unterdrückung zu überleben.

In den mehr als dreißig Jahren, in denen ich nicht in Kentucky gelebt habe, hat mir vieles am Leben in meinem Heimatstaat nicht gefallen: die grausame rassistische Ausbeutung und Unterdrückung, die von der Sklaverei bis in die heutige Zeit andauert, die Entrechtung der Armen und/oder Hillbillys, der unerbittliche Angriff auf die Natur – aber dies wurde schnell überall zur Norm. Die Entmenschlichung der Armen, die Zerstörung der Natur für die kapitalistische Entwicklung, die Entmündigung von People of Colour, insbesondere von Afroamerikaner:innen, das Wiederaufleben der weißen Vorherrschaft und der Plantagenkultur sind überall in unserem Land normal geworden. Doch nach all den Jahren, die ich in der Fremde gelebt habe, empfand ich bei meiner Rückkehr in meinen Heimatstaat ein Gefühl der Zugehörigkeit, eine Ahnung von der Bedeutung und Vitalität des geografischen Ortes.

All die positiven Aspekte einer Kultur der Zugehörigkeit, die Kentucky mir bot, gab es nicht an anderen Orten. Und vielleicht wäre mir die Rückkehr an meinen Herkunftsort schwerer gefallen, wenn ich nicht trotz der Entfernung ständig Kontakt zur Familie und Verwandtschaft gehalten hätte. Der Ort, an dem ich am längsten lebte, bevor ich schließlich wieder nach Kentucky zog, war New York City. Hätte früher, als ich jünger war, einmal jemand gesagt, dass ich eines Tages in Manhattan leben würde, hätte ich geantwortet: »Das wird nie passieren – weil ich ein Mädchen vom Lande bin, durch und durch.« Zugleich, hätte man mir gesagt, ich würde in meinen mittleren Jahren wieder nach Kentucky zurückziehen, hätte ich geantwortet: »Wenn sie meine Asche nach Hause schicken.« New York City war einer der wenigen Orte auf der Welt, an denen ich mich einsam fühlte. Ich schrieb dies der Tatsache zu, dass man dort mit so vielen anderen Menschen nah beieinander lebt, sich deshalb in eine Art Pseudo-Intimität flüchtet, hingegen nur selten Gemeinschaft erfährt. Mit Nachbar:innen so eng zusammenzuwohnen, sie jeden Tag zu sehen, aber nie wirklich in Kontakt zu kommen, war regelrecht deprimierend. Leute, die ich in der Stadt kannte, machten sich oft lustig über die Idee, dass ich in Gemeinschaft leben wollte – was sie an der Stadt liebten, war die große Anonymität, keine:n zu kennen und niemandem Rechenschaft ablegen zu müssen. Manchmal fühlte ich tatsächlich so etwas wie Gemeinschaft in der Stadt und bemühte mich, im *West Village* so zu wohnen, als ob es eine Kleinstadt wäre. Indem ich meine Gewohnheiten aus Kentucky überall mit hinnahm, wo ich mir ein Zuhause suchte, konnte ich meine Bindungen an die Heimat aufrechterhalten und schließlich auch dorthin zurückkehren.

Die Entscheidung mich wieder in Kentucky niederzulassen, traf ich nicht aus irgendeinem sentimentalen Glauben heraus, dass ich dort eine heile Welt vorfinden würde. Jedoch wusste ich, dass sich in dieser Region noch Vieles von all dem, was wundervoll an der Welt meiner Kindheit war, erhalten hatte und mich erwartete. Wenn ich während meiner Abwesenheit hin und wieder nach Kentucky zurückkehrte, empfand ich sofort jenes Gefühl der Zugehörigkeit, das ich so anderswo nie verspürte, und erlebte eine ungebrochene Verbundenheit mit dem Land, den Menschen dort und unserem Dialekt. Auch wenn ich so viele Jahre fern von meinen Leuten gelebt hatte, hatte ich das Glück, dass es einen Ort und Menschen gab, zu denen ich zurückkehren konnte, wo ich willkommen war. Ich kehre also an meinen Herkunftsort zurück und ergebe mich mit wahrer Liebe der Tatsache, dass »Kentucky mein Schicksal ist« – meine erhabene Heimat.

2 Von Bergen berührt

Das Leben ist voll von Höhen und Tiefen, Triumphen und Schwierigkeiten. Wir fügen uns oft selbst Leid zu, weil wir nur in einer gleichförmig ebenen Welt leben wollen, einer Welt ohne Kampf und Probleme, ohne Steigungen und Hürden – und möglichst ohne Veränderungen. Unterschiede und Diversität wollen wir nicht wahrhaben. Wir weigern uns, anzuerkennen, dass unsere vermeintlichen Konstanten in einem Rahmen existieren, in dem sich alles ständig verändert. Wir stellen uns dem Wandel entgegen. Wären wir jedoch in der Lage, uns der Realität von Höhen und Tiefen zu stellen und sie gleichermaßen als notwendig für unsere volle Entwicklung und Selbstverwirklichung anzuerkennen, könnten wir tief in uns jenes Wohlbefinden spüren, das die Grundlage für inneren Frieden ist. Unterschiede und Vielfalt wertzuschätzen, Leid als zentral für die Erfahrung von Freude anzunehmen – solch ein Leben entspricht dem, was wir in unserer natürlichen Umgebung vorfinden.

Die Erde ist ein diverses Ökosystem. Berge, Hügel und Täler, Flüsse und Seen sowie Wälder befinden sich von Natur aus alle in einer organischen Balance. Wir, die wir diese Umwelt bewohnen, sind Zeug:innen dieser Diversität und Ausgeglichenheit und können viel daraus lernen. Die Indigenen Nord- und Südamerikas glaubten, dass die Natur uns lehren wird, wenn wir ihr zuhören. Wie auch immer, wenn wir die Naturlandschaften, die uns umgeben, einfach als leere Schiefertafeln betrachten, die nur dazu da sind, dass der Mensch sie nach seinem Gutdünken beschriften kann, dann können wir nicht in lebenserhaltender Harmonie mit der Erde leben. Wir können uns dann nicht mit unseren Anliegen an die Natur wenden wie der biblische Psalmist, der ausruft: Ich erhebe meine Augen zu den Bergen: Woher kommt mir Hilfe?« Der Psalmist wollte uns wissen lassen, dass wir geistige Kraft gewinnen können, indem wir einfach die natürliche Welt betrachten, denn der Blick auf die Wunder der Natur bedeutet, den göttlichen Geist zu sehen. Heutzutage jedoch kommt die Entfremdung von unserer natürlichen Umwelt geradezu einem Wettstreit der Kulturen gleich, in dem Gewalt gegen die Erde akzeptiert und für normal gehalten wird. Wenn wir die Erde nicht als Kraft sehen, die uns zum göttlichen Geist führt, dann können wir nicht erkennen, dass der menschliche Geist leidet, wenn die natürliche Umwelt verletzt und zerstört wird.

Nichts versinnbildlicht diese Gewalt heutzutage mehr als das Abtragen ganzer Bergkuppen (um Kohle zu gewinnen) und die Verwüstungen, die damit einhergehen. In seinem Essay »Bringing Down The Mountain« erklärt Stephen George, wie das Ganze abläuft: »Bergkuppen abzutragen ist ein einfaches Verfahren: Man pflügt die Bäume einfach um (ohne sich darum zu kümmern, sie zu ernten), ebenso wie alles andere, was auf einem Berg lebt, sprengt den Gipfel ab (normalerweise 800 bis 1.000 Fuß), holt die Kohle heraus und hinterlässt eine eingeebnete Fläche ...«. Ein großer Teil des Bergbaus findet heute genau so in den Appalachen statt, die trotzdem weiterhin zu den ärmsten Regionen unseres Landes zählen. In Dollar gemessen ist der Reichtum unserer natürlichen Welt nicht unermesslich, aber er wäre es, wenn die Menschen diese kostbare Ressource nicht missbrauchen und verschwenden würden. Wie George erklärt, ist das bemerkenswerte Naturerbe der Appalachen bedroht: »eine prächtige Landschaft mit sanften Hügeln und grünen Bergen, wie es sie nirgendwo sonst auf der Welt gibt, wird systematisch zerstört, damit eine nicht nachhaltige Lebensweise in unseren Städten fortgesetzt werden kann.«

Die Kohle ist eines der größten Geschenke der Erde. Während meiner Kindheit in Kentucky wohnte unsere Familie in einem alten Haus im viktorianischen Stil, dessen moderne Heizung nicht besonders effektiv war. Um es in den eiskalten Monaten warm zu haben, verbrannten wir Kohle in den kleinen Kaminen, die zu diesem alten Baustil selbstverständlich dazugehörten. Wenn wir die Kohle brennen sahen und ihre Wärme spürten, waren wir Kinder voller Staunen. Kohle war fantastisch: Sie war tiefschwarz und sowohl schön als auch funktional. Doch sie kam nicht ohne enorme Opfer und Risiken in unsere Häuser und in unser Leben.

Wenn die Männer aus der Nachbarschaft, die Kohle abbauten, am frühen Abend von der Arbeit nach Hause zurückkehrten, waren ihre Körper mit Kohlestaub bedeckt. Sie hatten Lichter an ihren Helmen und Brotdosen in den Händen. Wir folgten ihnen, ohne zu verstehen, dass sie erschöpft und todmüde waren und nicht in der Stimmung zu spielen. Es gibt kein Kind, das im Milieu des Kohlebergbaus aufgewachsen ist und nicht versteht, mit welchen Risiken die Kohlegewinnung verbunden ist. In der Welt des Kohlebergbaus ohne große Maschinen hat die Kohleförderung ein menschliches Gesicht. Der Mensch ist in seiner körperlichen Leistungsfähigkeit begrenzt, und so kann er nur eine begrenzte Menge fördern, Maschinen hingegen können immer mehr und noch mehr abbauen.

Das kleinste Kind kann den Unterschied erkennen zwischen einer durch konventionellen Bergbau veränderten natürlichen Umwelt und dem, was der maschinelle Abbau ganzer Bergkuppen anrichtet. In der Einleitung zu der Essaysammlung *Missing Mountains* erzählt Silas House, wie stolz er war, in einer Bergarbeiterfamilie aufgewachsen zu sein. Zu Beginn stellt er fest: »Der Kohlebergbau ist ein Teil von mir«, und er blickt auf eine lange Tradition von Bergarbeitern in der Familie zurück. Obwohl er sich gegen das Abtragen von Bergkuppen ausspricht, äußert er diese wichtige Einsicht:

> »Wir sind nicht gegen die Kohleindustrie. Kohle wurde jahrzehntelang abgebaut, ohne die gesamte Region völlig zu zerstören. Meine Familie ist Teil dieses Erbes des Kohlebergbaus, aber das Abtragen ganzer Bergkuppen bedeutet, dass immer weniger Menschen im Bergbau arbeiten, weil er so stark mechanisiert ist. Wenn das Abtragen von Bergkuppen verboten wäre, könnte es tatsächlich mehr Arbeitsplätze im Bergbau für die hart arbeitenden Menschen in Kentucky geben. Und darüber hinaus könnte der Seele des Landes und seiner Bewohner:innen endlich wieder der gebührende Respekt entgegengebracht werden.«

Ohne eine nachhaltige Vision für die Kohlenutzung und ohne bewusstseinsbildende Maßnahmen, die es unserem Land ermöglichen, sich aus der ungesunden Abhängigkeit von der Kohle zu lösen, können wir der Erde und dieser reichen Ressource ihre Würde nicht zurückgeben.

Der Abtrag von Bergkuppen raubt der Erde diese Würde. Er beraubt die Menschen, die in der dadurch geschaffenen landschaftlichen Ödnis leben, ihrer Selbstachtung und der göttlichen Herrlichkeit. Wenn man aus nächster Nähe miterlebt, wie dieser Angriff auf die natürliche Umwelt den menschlichen Geist verwüstet, welche Ängste er bei den Menschen auslöst, die täglich mit dem Trauma des Bergabbaus konfrontiert sind, verändert dies alles. Wir, die wir abseits dieses Prozesses leben, sind zu Empathie und Solidarität aufgerufen, dazu, unsere Ressourcen, unsere spirituelle Kraft und unsere fortschrittlichen Visionen einzubringen, um auf dieses Leiden aufmerksam zu machen und es zu beenden.

Daymon Morgan, der Ältere, ist ein leuchtendes Vorbild für uns alle und verkörpert den ungezähmten Geist eines wahren Revolutionärs aus Kentucky. Er ist ein engagierter Naturschützer und Umweltaktivist, jemand, der sich dem Kampf gegen den Abtrag von Bergkuppen verschrieben hat. Als er aus dem Zweiten Weltkrieg zurückkehrte, kaufte er Land am Lower Bad Creek in Leslie County, Kentucky. Dort gründete er eine Familie, baute Kräuter auf seinem Land an und ließ es zu, von der Erde zu lernen und ihr Zeuge zu werden. Er ist etwas Besonderes, in vielerlei Hinsicht repräsentativ für die einfachen Bürger:innen, die sich aus Liebe zum Land und zu ihrer Gemeinschaft zu politischem Handeln berufen fühlen. Der Appalachen-Studiengang am *Berea College* hat in letzter Zeit dafür gesorgt, dass die Dozent:innen und Mitarbeiter:innen, vor allem die neuen, an einer Tour durch die Appalachen teilnehmen, damit sie unsere Region besser verstehen und die Gelegenheit erhalten, diesen erstaunlichen, integren Mann kennenzulernen, der für alles steht, was in einem demokratischen Land richtig und wunderbar ist. Die Teilnahme an der Tour bot mir die Gelegenheit, Herrn Morgan zu treffen, in seiner Nähe zu sein, von seinem Wissen zu lernen. Noch bevor er den Mund öffnet, strahlt die Kraft und Stille seines Wesens Herrlichkeit aus. In der buddhistischen Tradition lernen Schüler:innen, dass bereits die einfache Gegenwart bedeutender Lehrer:innen sie verändert.

Sowohl durch seinen Vortrag als auch in meinem kurzen Gespräch mit Herrn Morgan, sah ich in seinem Gesicht und hörte in seinen eigenen Worten, wie sehr der Kampf gegen den Abtrag der Berggipfel seinen Geist zermürbt. Als besonders anstrengend empfindet er es, wenn dieser Widerstand es erfordert, Verwandten entgegentreten zu müssen, die vorhaben, das Land, ihr Erbe, dem Großkapital zu überlassen. Bevor ich Daymon Morgan kennenlernte, hatte ich aus seinem Buch *Moved by Mountains* gelernt, dass es mehrere Millionen Jahre dauert, bis die organische Substanz des Waldes sich biologisch zersetzt und zu Kohle wird. Wenn diese Erde angegriffen wird, erfüllt ihn dies regelrecht mit Trauer: »Es ist sehr beunruhigend für mich, zu sehen, wie die Dinge, die ich liebe, zerstört werden. Ich habe meine Medizin und mein Essen aus diesen Bergen geholt, und das tue ich immer noch. Hier unten gibt es einen Ort, wo ich mich hinlegen und aus diesem Bach trinken kann, und ich möchte, dass das so bleibt, weil oben alles kahl ist. Ich habe das Gefühl, in eine Ecke gedrängt zu werden.« Nur zwei Jahre später hielt Morgan einen Vortrag und wir hörten, welche emotionale Anstrengung der Widerstand erfordert. Dennoch erzählte er mit Stolz, dass der Kampf auch Freude macht, dass er weiterkämpft, weil er diesem Land in Kentucky etwas schuldet. Der wechselseitigen Beziehung zwischen ihm und der Erde erweist er die Ehre, indem er daran arbeitet, die Welt um ihn herum zu schützen und zu erhalten. Ich fragte ihn, wie er dieses Erbe über das Grab hinaus erhalten wolle. Aber ganz gleich, ob er Schritte unternimmt, um noch über seinen Tod hinaus Widerstand zu leisten, seine Anwesenheit im Hier und Jetzt bewegt etwas.

Im Gegensatz zu anderen Reisegruppen aus den Appalachen, die Morgans Haus besucht haben, konnten wir nicht mit unserem Bus auf den Berg, und so kam er den Berg hinunter, um mit uns zu sprechen. Währenddessen wurden wir von Bergarbeitern, die in Fahrzeugen saßen, beobachtet. Ihre Überwachung grenzte an Schikane, und es war ihre Absicht, uns daran zu hindern, Straßen zu benutzen, die es uns ermöglichen würden, die Verwüstung aus unmittelbarer Nähe zu sehen. Sie wollten uns daran hindern, das traurige Werk der abgetragenen Bergkuppen zu sehen. Die Sorge um unsere Sicherheit war das Wichtigste für Mr. Morgan. Dennoch konnten wir sehen und erleben, wie er täglich der Bedrohung von Menschen ausgesetzt ist, denen das Überleben unserer Kultur sowie unseres Landes in Kentucky und das Leben der meist armen und arbeitenden Bevölkerung dort völlig egal ist. Der Mangel an Empathie für die Menschen, deren Leben durch den Abtrag der Berggipfel zerstört wird, erinnert uns an die allgemeine Krise der menschlichen Werte, die durch die Dominanzkultur, durch das imperialistisch-kapitalistische Patriarchat weißer Vorherrschaft verursacht wird.

Ein wesentliches Kennzeichen dieser Dominanzkultur ist der Wille zur Macht, welcher der menschlichen Suche nach Sinn diametral entgegensteht. Letztere gilt in unserer Kultur als entscheidend für das seelische Gleichgewicht, und wenn sie an erster Stelle steht, behält das menschliche Leben seine Würde. Die Fähigkeit des Menschen, Gemeinschaft zu schaffen, Beziehungen zu knüpfen und zu lieben, wird so genährt und aufrechterhalten. Für diejenigen von uns, die an einen göttlichen Geist, an höhere Mächte glauben, ist das Abtragen von Bergkuppen wie insgesamt jede Praxis, bei der die Erde geplündert und die Umwelt zerstört wird, ebenso ein spirituelles Thema wie ein politisches. Um die entmenschlichenden Praktiken des Kohleabbaus zu rechtfertigen, muss die imperialistisch-kapitalistische Welt des Big Business den Anschein erwecken, dass das angegriffene pflanzliche und menschliche Leben keinen Wert hat. Hier kommen die tief verwurzelten Stereotype über die Bergbewohner:innen (Hillbillys), insbesondere die armen, gerade recht: Es wird suggeriert, dass diese Leute verdorben, ignorant, böse und zügellos seien, und dieses gezeichnete Bild steht, wie unschwer zu erkennen ist, in enger Verbindung zu der verbreiteten Ansicht, dass es nichts Ehrenwertes an ihren Lebensgewohnheiten gäbe, dass ihre Kultur es nicht wert sei, bewahrt zu werden.

Die Darstellung armer Menschen in den Massenmedien vermittelt den Eindruck, dass sie lediglich aufgrund eigener falscher Entscheidungen in eine missliche Lage geraten sind. Es werden Bilder verbreitet, die suggerieren, dass die häufige Abhängigkeit der Armen von Zucker, Alkohol oder Drogen auf angeborene Charakterschwächen zurückzuführen ist. Wenn in den Massenmedien über arme Bewohner:innen von Bergregionen geschrieben wird, sind die negativen Vorurteile und Projektionen ganz besonders übertrieben. Kein Wunder also, dass manche an Umweltfragen Interessierte sich leichter mit der bedrohten Natur und dem Leben der Armen in weniger entwickelten Ländern identifizieren können als mit der Ausbeutung der hiesigen Umwelt, sowohl der natürlichen als auch der kulturellen Welt der Menschen hier in unserer Gesellschaft, insbesondere in den Appalachen.

In Alice Walkers jüngstem Buch, *We Are The Ones We Have Been Waiting For,* beschreibt sie den Seelenmord in der Dominanzkultur als »Schmerz, der jeden unserer Versuche untergräbt, uns von äußerer und verinnerlichter … Beherrschung … zu befreien, der Schmerz, der unseren Wunsch, frei zu sein, tötet«. Sie führt aus: »Es ist ein Schmerz, der unerbittlich zu sein scheint. Ein Schmerz, der kein Aufhören und kein Ende zu haben scheint. Ein Schmerz, der letztlich ein großzügiges, lebensfrohes Volk heimtückisch in ein Volk verwandelt, das keine Empathie mehr für die Welt empfindet. Wir werden von unserem Leiden aufgefressen«. Walker spricht hier zwar über das Schicksal der Schwarzen, aber ihre Worte adressieren den menschlichen Zustand in unserer Kultur schlechthin, insbesondere das Leben von ausgebeuteten und unterdrückten Menschen aller Hautfarben.

Um wirklich einen sozialethischen Kontext zu schaffen, in dem sich die Masse der amerikanischen Bürger:innen in die Lebenserfahrungen der Menschen in den Appalachen einfühlen kann, müssen wir konsequent die entmenschlichenden öffentlichen Darstellungen von Armut und Armen infrage stellen. Wir müssen in unserem Land das Verständnis wiederherstellen, dass Menschen materiell arm sein und dennoch ein reiches Leben führen können, in enger Verbindung mit der Natur, der lokalen Kultur und spirituellen Werten. Dies ist für jeden fortschrittlichen Kampf gegen den Abtrag von Berggipfeln unerlässlich. Diese Fülle zu sehen und zu verstehen, bedeutet nicht nur, dass wir kollektiv als Nation unser Denken über Armut ändern müssen, sondern auch, dass wir einen Wert im Leben sehen müssen, der über Profitinteressen hinausgeht. Gewiss ist das eine schwierige Aufgabe in einer materiellen Kultur, in der Bürger:innen aller Klassen einen großen Teil ihres täglichen Lebens davon träumen, durch einen Lottogewinn reich zu werden, und tatsächlich einen Großteil ihres Einkommens für den Kauf von Lotterielosen ausgeben.

Diese Situation wäre ein Grund zum Verzweifeln, wäre da nicht die Erziehung zum kritischen Bewusstsein, die bereits dazu geführt hat, dass viele Amerikaner:innen ihr Leben neu bewerten. In allen Klassen werden die wirtschaftlichen Ressourcen knapper, was aus dem Verlust des Arbeitsplatzes, niedrigen Löhnen, hohen Wohnkosten usw. resultiert. All dies führt dazu, dass die Menschen ihr Leben neu überdenken, was oft auch eine Rückbesinnung auf spirituelle Werte, die die Menschen wieder mit der Natur verbinden, mit sich bringt. Walker sagt uns in ihrem jüngsten Werk, dass wir nur den Geist haben, uns zu leiten, dass »der Geist unser Land ist, weil er letztlich unsere einzige Heimat« ist.

Einer der unbeabsichtigten Vorteile, die mit der weit verbreiteten Wiedergeburt des religiösen Fundamentalismus einhergehen, ist das Entstehen neuer Denkansätze in Bezug auf die Armen. Denn diese wiederauferstandene Theologie fordert diejenigen, die wirklich nach dem biblischen Wort leben wollen, auf, sich mit den Armen zu identifizieren und zu versuchen, ein einfaches Leben zu führen. Der Aufruf zu einem einfachen Leben beginnt oft mit einer wiedererwachten Ehrfurcht vor der natürlichen Umwelt und dem Bewusstsein für unsere tiefe Verbundenheit mit der Natur. Die Bibel fordert die Gläubigen auf, sich immer wieder der Natur zuzuwenden, um das Wesen der geistigen Werte zu verstehen. Und natürlich würdigen alle Weltreligionen die Rolle, die die Natur in unserem Menschsein und unserer spirituellen Selbstverwirklichung spielt. In ihrem Essay »Turning Slowly Nature« teilt Diane Glancy folgende Einsicht mit uns: »Es scheint mir, dass die Natur eine unerlöste Welt ist. Eine Welt, die nach Wiedergutmachung seufzt, sich nach Befreiung von Angst und ständiger Vorsicht sehnt, nach Erlösung aus einem Zustand permanenter Wachsamkeit gegenüber einem rücksichtslosen Raubbau. Die Natur sehnt sich nach Erlösung. Die Schöpfung sehnt sich nach Erlösung wie die Menschheit, die sie bewohnt. Im Buch der Römer (8.21) heißt es: »Aber die ganze Schöpfung hofft auf den Tag, an dem sie von Tod und Vergänglichkeit befreit wird zur herrlichen Freiheit der Kinder Gottes«.

Wenn wir daran arbeiten, die Natur zu erlösen, unsere natürliche Umwelt zu retten und zu bewahren, damit auch künftige Generationen hier zu Hause sein können, finden wir im Achtgeben und Beschützen unser eigenes Heil. In ihrem Essay »Becoming Metis« schreibt Melissa Nelson darüber, wie sie ihre sowohl indigenen als auch europäischen Wurzeln miteinander in Einklang bringt. Sie erzählt, wie ihr Engagement für Tiefenökologie eine Perspektive war, die ihr ebenso diente wie die stärker ganzheitlichen Visionen der indigenen Traditionen, die ihr eine spirituelle, philosophische und politische Grundlage boten, auf der sie wachsen konnte. Sie erklärt:

> »Für indigene Völker sind die grundlegenden Lehren der Tiefenökologie nur eine Neuerfindung sehr alter Prinzipien, nach denen sie seit Jahrtausenden gelebt haben, bevor ihre Lebensweise durch die Kolonialisierung gestört und in vielen Fällen zerstört wurde. Um zu lernen, wer ich bin auf diesem Land, auf dem ich lebe, musste ich mich wieder auf dieses Erbe besinnen und ein multikulturelles Selbst verwirklichen ... Durch das Studium des Prozesses, den andere durchlaufen haben, um den kulturellen Reichtum verschiedener Hintergründe anzunehmen, habe ich verstanden, wie wichtig es ist, meinen Geist zu dekolonisieren.«

Wir alle müssen unseren Verstand in der westlichen Kultur dekolonisieren, um in der Lage zu sein, anders über die Natur und die Zerstörung, die der Mensch verursacht, zu denken.

Mit prophetischem Weitblick erklärt Enrique Salmon in *Sharing Breath*, dass »kulturelles Überleben daran gemessen werden kann, inwieweit Kulturen eine Beziehung zu ihren natürlichen Lebensräumen pflegen. Ökolog:innen und Umweltbiolog:innen haben erkannt, dass es einen engen Zusammenhang zwischen kultureller und biologischer Vielfalt gibt ... In der Sprache drückt sich die Kultur und Geschichte des Landes aus. Sie markiert die Umrisse des Mensch-Land-Bewusstseins.« In unserem Dialekt, der Sprache Kentuckys, schwingen der Reichtum und die Wärme unseres Landes mit. Wenn wir den Mund aufmachen, kann man frühere Generationen sprechen hören, als würden wir tatsächlich »mit ihren Zungen sprechen«. Unbewusst halten wir so die kollektive Erinnerung an unsere Vorfahr:innen und ihre Liebe zum Land wach. Es ist diese Liebe, die uns immer wieder dazu bringen muss, alles zu tun, um die Abtragung der Bergkuppen zu stoppen, um die schönen Seiten der Kohle und ihren Nutzen wertzuschätzen und sie so abzubauen, dass dabei nicht die ganze Erde verwüstet wird. Die Kultur der Appalachen kann nicht überleben, wenn unsere Berge tot sind. Wir können nicht zu den Bergen aufblicken und darin Kraft finden, wenn wir dort nur eine zerstörte Landschaft vorfinden.

3 Die Erde berühren

»Ich möchte leben, weil Leben das umfasst, was gut ist, das, was schön ist und das, was Liebe ist. Weil ich all diese Dinge kennengelernt habe, finde ich, sie sind Grund genug zu leben – und ich möchte leben. Mehr noch, weil dies so ist, wünsche ich mir, dass die anderen leben, für Generationen und Generationen, Generationen und Generationen.« (Lorraine Hansberry, To Be Young, Gifted, and Black)

Wenn wir die Erde lieben, können wir uns selbst mehr lieben. Daran glaube ich. Meine Vorfahr:innen haben mich gelehrt, dass es so ist. Als Kind spielte ich gerne im Dreck, mit der schweren Erde Kentuckys, die ein Quell des Lebens ist. Bevor ich irgendetwas von der Ausbeutung und dem durch das Pachtsystem in den Südstaaten verursachten Schmerz begriffen hatte, verstand ich bereits, dass die erwachsenen Schwarzen das Land liebten. Oft stand ich bei meinem Großvater Daddy Jerry und ließ den Blick über Felder mit Gemüse, Tomaten, Mais und Blattkohl schweifen, und ich wusste, dass all dies durch seiner Hände Arbeit entstanden war. Ich konnte den Stolz in seinem Gesicht sehen, wenn ich mit Begeisterung das Wunder des Anbauens und Wachsens bestaunte. Meine Großmutter Baba hatte einen Küchengarten, von dem ich wusste, dass er sie mit Bohnen, Süßkartoffeln, Kohl und Kürbis versorgte. Stolz spazierte sie durch die unzähligen Reihen von selbst gezogenem Gemüse und zeigte uns dabei, was die Erde uns alles gibt, wenn wir sie nur liebevoll behandeln.

Vom ersten Moment an, als die Indigenen Amerikas auf die Menschen aus Afrika trafen, war ihnen der Respekt vor den lebensspendenden Kräften der Natur und der Erde gemeinsam. So brachten etwa die afrikanischen Siedler:innen in Florida den u. a. aus der Creek Nation stammenden ›Seminol:innen‹, bei, wie man Reis anbaut. Amerikanische Indigene lehrten die gerade angekommenen Schwarzen alles über den Mais und seine vielfältigen Verwendungsmöglichkeiten. (Das Maisbrot, das wir von klein auf zu essen gewohnt waren, war über die Indigenen Amerikas auf den Speisezettel des Schwarzen Südens gekommen.) Indem sie die Ehrfurcht vor der Erde teilten, halfen sich Schwarze und indigene Menschen dabei, nicht zu vergessen, dass das Land allen gehört, egal wie ›der weiße Mann‹ sich aufführte. Hört auf diese Worte, die der Chief Seattle 1854 gesagt haben soll:

> »Wie könnt ihr den Himmel kaufen oder verkaufen, die Wärme des Landes? Diese Vorstellung ist uns fremd. Wenn wir die Frische der Luft und das Sprudeln des Wassers nicht besitzen, wie könnt ihr sie dann kaufen? Jeder Teil dieser Erde ist meinem Volk heilig. Jede einzelne schimmernde Piniennadel, jedes Sandkorn am Strand, jeder Nebel in den dunklen Wäldern und jedes summende Insekt ist heilig in der Erinnerung und Erfahrung meines Volkes ... Wir sind Teil der Erde und die Erde ist ein Teil von uns. Die duftenden Blumen sind unsere Schwestern; das Wild, die Pferde, der großartige Adler, das sind unsere Brüder. Die felsigen Bergrücken, die saftigen Weiden, die Körperwärme des Ponys, und der Mensch – alles gehört zur selben Familie.«

Das Gefühl von Verbundenheit und Harmonie mit der Natur, das sich hier ausdrückt, findet sich in den Lebenszeugnissen von Schwarzen wieder, die zwar das Dasein in der neuen Welt als sehr hart erlebten, aber in der Beziehung zur Erde Frieden fanden. In der mündlich tradierten Autobiografie der Hebamme Onnie Lee Logan, die ihr ganzes Leben in Alabama verbrachte, spricht sie vom Reichtum des Landlebens – Gemüse anbauen, Hühner halten und Fleisch räuchern. Sie berichtet:

> »Wir hatten ein glückliches, gemütliches Leben, jetzt, als die Zeiten der Sklaverei vorbei waren. Ich kannte nichts anderes als die Farm, so dass es eine glückliche Zeit war und wir glücklich waren. ... Wir konnten nichts tun, außer glücklich zu sein. Wir nahmen die Tage, wie sie kamen und wie sie waren, – Tag für Tag, bis man nicht mehr sagen konnte, dass es eine besonders harte Zeit gewesen wäre. Wir übersahen das einfach. Wir dachten uns nichts dabei. Wir haben einfach weitergemacht. Wir hatten alles, was wir zum Leben brauchten und was uns ermöglichte unserer Wege zu gehen.«

Weil wir jetzt in einer modernen Gesellschaft ohne Sinn für Geschichte leben, wird gerne vergessen, dass die Schwarzen in erster Linie auf dem Land und auf Bauernhöfen lebten. Man macht sich häufig nicht klar, dass zu Beginn des 20. Jahrhunderts die überwiegende Mehrheit der Schwarzen US-Bevölkerung in den agrarischen Südstaaten lebte.

Da die Schwarzen so nah mit der Natur lebten, waren sie in der Lage, einen Geist von Ehrfurcht und Wertschätzung dem Leben gegenüber zu kultivieren. Indem sie die Lebensmittel für ihren Unterhalt und Blumen für ihre Seelenfreude selbst anbauten, konnten sie eine dauerhafte und lebensbejahende Verbindung mit der Erde herstellen. Sie waren Zeug:innen der Schönheit. In seinem wichtigen Buch *The Unsettling of America* diskutiert Wendell Berry die Beziehung zwischen Landwirtschaft und dem spirituellen Heil der Menschen und erinnert uns daran, dass uns das Arbeiten mit dem Land einen Ort eröffnet, an dem wir ein Gefühl von persönlicher Stärke und Wohlbefinden erfahren können:

> »Unsere Arbeit ist gut, wenn wir uns selbst einbringen als Mitgeschöpfe der Pflanzen und Tiere, der Dinge und Menschen, mit denen wir arbeiten. Solch eine Arbeit ist verbindend, heilsam. Sie hilft uns Stolz und Verzweiflung zu überwinden und stellt uns verantwortungsbewusst in den Dienst des Menschen. Sie definiert uns als das, was wir sind: nicht zu schade, um mit unserem Körper zu arbeiten, aber zu schade, um schlecht oder freudlos oder eigensüchtig oder allein zu arbeiten.«

Es gibt so gut wie keine Forschungen über die psychischen Folgen der Massenabwanderung der Schwarzen Bevölkerung aus dem agrarischen Süden in die industrialisierten Nordstaaten. Toni Morrisons Roman *Sehr blaue Augen* versucht auf fiktive Weise die seelischen Verletzungen der Schwarzen durch diese Migration zu dokumentieren. Entfremdet von einer natürlichen Welt, in der es Zeit für Stille und Kontemplation gab, verliert Pauline, eine der entwurzelten Schwarzen in Morrisons Roman, ihre Fähigkeit, die sinnliche Welt um sich herum zu erfahren, als sie die Südstaaten verlässt, um in einer Stadt im Norden zu leben. In ihrem Kopf ist der Süden mit einer Welt sinnlicher Schönheit assoziiert, die ihren besonderen tiefen Ausdruck in der Natur findet. Als sie sich tatsächlich zum ersten Mal verliebt, kann sie diese Erfahrung nur in Worte fassen, indem sie Bilder des Ländlichen heraufbeschwört, nicht nur direkt aus der agrarischen Welt, sondern auch aus der angrenzenden Wildnis in ihrer natürlichen Pracht:

> »Wie ich Cholly zum erstenmal gesehen habe, da muss man wissen, daß es so war wie all' die Farbfleckchen von damals zu Hause, als wir Kinder nach einem Begräbnis alle Beeren pflücken gingen, und ich tat welche in die Tasche von meinem Sonntagskleid, und sie wurden zermatscht und machten Flecke auf meinen Hüften. Mein ganzes Kleid war purpurrot befleckt und es ging nie wieder raus. Aus dem Kleid nicht und aus mir auch nicht. Ich konnte dieses Purpurrot tief in mir fühlen. Und diese Limonade, die Mama machte, wenn Pap vom Feld nach Hause kam. Kühl ist sie und gelblich, und unten schwimmen die Kernchen. Und dieser grüne Blitz, den die Junikäfer auf den Bäumen machten an dem Abend, wie wir von zu Hause weggingen. All die Farben waren in mir. Sie saßen einfach da.«

Sicherlich war es ein harter Schlag gegen die kollektive Psyche der Schwarzen, als sie sich im Kampf ums Überleben im industriellen Norden, weit weg von ihrem Land, wiederfanden. Der Industriekapitalismus hat nicht einfach nur die Art des Schwarzen Arbeitsalltags verändert, sondern auch die gemeinschaftlichen Praktiken, die für das Überleben in den agrarischen Südstaaten so wichtig waren. Und er veränderte auf fundamentale Weise die Beziehung der Schwarzen Menschen zu ihren Körpern. Es ist der Verlust jeglicher Fähigkeit, den eigenen Körper trotz aller Makel wertzuschätzen, unter dem Pauline leidet, als sie in den Norden zieht.

Die Beweggründe der Schwarzen, die Südstaaten zu verlassen und nach Norden zu wandern, waren sowohl materiell als auch psychologisch. Die Schwarzen wollten dem allgegenwärtigen, unverhohlenen Alltagsrassismus der Südstaaten entfliehen. Darüber hinaus suchten sie Zugang zu materiellen Gütern – zu einem Wohlstandsniveau, das im agrarischen Süden, wo die Weißen ihre Teilhabe an der ökonomischen Macht begrenzten, nicht erreichbar war. Natürlich fanden sie bald heraus, dass das Leben im Norden seine eigenen perversen Härten mit sich brachte, dass der Rassismus dort genauso virulent war, dass es für Schwarze sehr viel schwieriger war, Landbesitz zu erwerben. Ohne die Möglichkeit, Lebensmittel selbst anzubauen, in Einklang mit der Natur zu leben und dadurch das harte Los der Armut besser ertragen zu können, verfielen die Schwarzen in tiefe Depression. Sie mussten unter Bedingungen arbeiten, in denen ihr Körper nur als Werkzeug betrachtet wurde (wie unter der Sklaverei), was zu einer tiefgreifenden Entfremdung zwischen Körper und Geist führte. Die Art, wie der Körper nach außen erschien, wurde wichtiger als der Körper selbst. Es war egal, ob es dem Körper gut ging, Hauptsache er sah gut aus.

Die Entfremdung von der Natur und die Verstrickung in die Trennung von Körper und Geist begünstigten, dass Schwarze sich die Theorie von der Weißen Überlegenheit immer mehr zu eigen machten. Indem sie lernten, das Schwarzsein zu verachten, litten die, die aus dem Süden in den Norden verpflanzt wurden, doppelt: am Kulturschock und am Verlust ihrer Seele. Diese verlorene Verbindung kommt in dem populären Gedicht des Lyrikers William Waring Cuney, »Images«, in dem die Härten des Stadtlebens mit der agrarischen Welt kontrastiert werden, zum Ausdruck:

»Sie ahnt ihre Schönheit nicht
Sie denkt, ihrem braunen Körper
gebühre keine Ehre.

Wenn sie nackt tanzen könnte,
unter Palmen
und ihr Bild im Fluss sehen könnte,
dann wüsste sie es.
Aber es gibt keine Palmen auf der Straße,
und Abwaschwasser reflektiert keine Bilder.«

Noch viele Jahre lang, sogar bis heute, sind Generationen von Schwarzen, die dem Leben in den Südstaaten entkommen wollten und deshalb nach Norden gewandert waren, auf der Suche nach spiritueller Erfüllung und Heilung wieder in den Süden zurückgekehrt. Sie sehnten sich danach, die eigene Verbindung mit der Natur wiederherzustellen, ein kontemplatives Leben zu leben, in dem man sich Zeit nehmen, auf der Veranda sitzen, spazieren gehen, angeln und Glühwürmchen fangen konnte. Wenn wir uns das Stadtleben als einen Ort vorstellen, an dem Schwarze lernten, den Geist vom Körper abzuspalten, was den Missbrauch des Körpers ermöglichte, können wir das Anwachsen des Nihilismus und der Verzweiflung in der Schwarzen Seele besser verstehen. Und wir können dann wissen, dass, wenn wir über die Heilung dieser Seele sprechen, wir auch über die Wiederherstellung unserer Verbindung zur Natur sprechen müssen.

Wo immer Schwarze leben, wir können unsere Verbindung zur Natur wiederherstellen, indem wir uns die Zeit nehmen, mit ihr Zwiesprache zu halten, und die anderen Geschöpfe, die mit uns Menschen den Planeten teilen, wertschätzen. Sogar in meinem kleinen Appartement in New York City kann ich innehalten, um den Singvögeln zu lauschen, einen Baum zu finden und ihn zu betrachten. Wir können Pflanzen anbauen – Kräuter, Blumen, Gemüse. Jene Romane von afroamerikanischen Autor:innen, die von der Schwarzen Migration aus den agrarischen Südstaaten in den industrialisierten Norden erzählen, beschreiben detailliert, wie die Leute Platz schufen, um Blumen und Gemüse zu ziehen. Obwohl ich von Landbewohner:innen abstamme, die einen ernstzunehmenden grünen Daumen hatten, habe ich immer geglaubt, ich könnte nicht gärtnern. In den letzten Jahren habe ich festgestellt, dass ich es kann und dass jeder Garten anders ist und es auch sein darf. Ich fühle mich mit meinen Ahnen verbunden, wenn ich ein Essen mit selbstgezogenem Gemüse auf den Tisch stelle. Am liebsten pflanze ich Blattkohl an; er ist robust und leicht anzubauen.

In den modernen Gesellschaften gibt es eine Tendenz, die Verbindung zwischen dem Kampf um die kollektive Selbstermächtigung der Schwarzen und den ökologischen Bewegungen zu übersehen. Letztere sind bestrebt, den Planeten wieder in die Balance zu bringen, indem sie unsere Beziehungen zur Natur und zu den natürlichen Ressourcen ändern möchten. Gegenwärtig sind sich viele Schwarze unserer Geschichte des Landlebens im Einklang mit der Natur nicht bewusst oder achten sie gering, weshalb sie keinen Sinn darin sehen, ökologische Bewegungen zu unterstützen. Oft werden Ökologie und der Kampf gegen Rassismus sogar als konkurrierende Anliegen wahrgenommen. Wir Schwarze müssen uns des Vermächtnisses unserer Vorfahr:innen erinnern. Sie wussten, dass die Art und Weise, wie wir die Natur und das Land betrachten, Ausmaß und Qualität unserer Selbstsorge bestimmt. Wir Schwarzen müssen unser spirituelles Erbe beanspruchen, indem wir unser Wohlergehen an das Wohlergehen der Erde knüpfen. Dies ist eine notwendige Dimension der Heilung, an die Berry uns erinnert:

> »Nur wenn wir die zerstörten Verbindungen wieder herstellen, können wir Heilung erfahren. Verbindung ist Gesundheit. Unsere Gesellschaft tut alles, um vor uns zu verbergen, wie einfach, wie allgemein und leicht verfügbar Gesundheit ist. Wir verlieren unsere Gesundheit – und erschaffen uns profitable Krankheiten und Abhängigkeiten – indem wir die direkten Verbindungen zwischen Leben und Essen, Essen und Arbeiten, Arbeiten und Lieben übersehen. Beim Gärtnern z. B. arbeitet man mit dem Körper, um den Körper zu nähren. Die Arbeit, wenn sie mit Sachverstand ausgeführt wird, schafft exzellente Nahrung. Und sie macht einen hungrig. Die Arbeit bewirkt also, dass Essen nährend und zugleich freudvoll, nicht nur bloßes Konsumieren ist. Sie verhindert, dass die Essenden dick und schwach werden. Diese Gesundheit, Ganzheitlichkeit, ist ein Quell der Freude.«

Kollektive Schwarze Selbstheilung findet statt, wenn wir beginnen, unsere Beziehung zur Erde zu erneuern, wenn wir uns auf die Lebensweise unserer Ahn:innen besinnen. Wenn die Erde uns heilig ist, können uns auch unsere Körper heilig sein.

4 Das Erbe zurückfordern – Versöhnung zulassen

Obwohl ich mich von klein auf immer als Südstaatlerin verstanden habe, begann ich erst, als ich meinem Heimatstaat Kentucky verlassen hatte, über die Unterschiede zwischen den Nord- und Südstaaten der USA nachzudenken. In diesem Zusammenhang beschäftigte ich mich mit der Geschichte der afroamerikanischen Landbevölkerung. Ich selbst stamme aus einem ländlichen Umfeld; meine Vorfahr:innen waren allesamt Farmer:innen, und so war ich, nachdem ich Kentucky verlassen hatte, anfangs immer wieder erstaunt, wie die Schwarze Erfahrung an den Universitäten benannt und beschrieben wurde, nämlich als die einer Großstadtbevölkerung, und entsprechend wurde die Schwarze Identität definiert. Das Leben der ländlichen Schwarzen Bevölkerung kam nicht vor, obwohl vor 1900 neunzig Prozent aller Schwarzen im agrarischen Süden lebten. In den Tiefen unserer Psychohistorie ist unser Leben über lange Zeiträume landwirtschaftlich geprägt gewesen. Unser Zuhause war die Erde, und unsere Arbeit war die Landarbeit. Städte sind nicht unser organisches Zuhause. Wir sind kein organisches Stadtvolk, vom Ursprung her sind wir keine Stadtmenschen.

Obwohl die Männer und Frauen in unserer Familie Landwirtschaft betrieben und davon lebten, wurde ich nicht als zukünftige Landwirtin oder Ehefrau eines Landwirts erzogen. Meine Hände waren weder geschickt genug zum Quilten noch zur Land- und Gartenarbeit. Ich konnte nicht viel mit der Handarbeitsnadel anfangen und auch nicht mit dem Pflug. Nie bin ich den Tanten, Onkeln, Neffen und Cousinen in die Tabakfelder gefolgt oder habe beim Lockern der Tabakblätter geholfen. Nie hat die harte, niedrige und dreckige Arbeit des Tabakerntens mein Leben bestimmt. Mein Schicksal, so sagten es mir die Alten immer, sei ein anderes. Sie hatten es in ihren Träumen gesehen. In der Stille der Nacht hatten sie mit Gott gesprochen; das Göttliche ließ sie mein zukünftiges Los erkennen. Sie konnten mir zwar nichts Genaues über dieses Schicksal sagen, aber sie waren zuversichtlich, dass es sich zu gegebener Zeit offenbaren würde. Meine älteren Verwandten ermutigten mich, all das zu akzeptieren, was mich erwartete, meinen Anspruch darauf geltend zu machen, selbst wenn das bedeutete, mein Zuhause, meine Heimat verlassen zu müssen. Jesus, so sagten sie, musste sich von Mutter und Vater abwenden und seinen eigenen Weg gehen. Und war es nicht auch meine Bestimmung, dem Weg Jesu zu folgen?

Ich verließ das Land und meine Großeltern, die als Pächter:innen Massas Feld weiter pflügten, so als ob das Plantagensystem nie abgeschafft worden wäre,[5] oder die winzigen eigenen Parzellen beackerten, mit denen sie immerhin machen konnten, was sie wollten. Ich wandte mich zwar vom Land ab, aber ich hatte gelernt, mich als seine Beschützerin zu betrachten. Daddy Jerry lehrte mich, das Land wertzuschätzen. Von ihm lernte ich, die Natur, unsere natürliche Umwelt, als eine Kraft zu begreifen, die den ausgebeuteten und unterdrückten Schwarzen Leuten in einer von Weißen dominierten Welt Hilfe leistet. Die Natur war da, um uns, egal ob weiß oder Schwarz, die Grenzen der menschlichen Macht aufzuzeigen. Sie war da, um das Göttliche zu erfahren, uns das Mysterium und Versprechen der Erlösung zu vermitteln. Dies waren Daddy Jerrys Lektionen für mich, als er mich auf einen Esel setzte oder als wir an den endlosen Reihen seiner frisch gesetzten Jungpflanzen vorbeispazierten und dabei miteinander redeten.

Es war reines Glück, dass ich Hand in Hand mit starken Schwarzen Männern gehen durfte, die für meinen Körper und meine Seele sorgten, Männer aus dem ländlichsten Hinterland Kentuckys. Männer, die nie daran gedacht hätten, irgendjemandem etwas zu Leide zu tun. Diese Schwarzen Männer waren sanft und voller Hoffnung. Es waren Männer, die säten, ernteten, jagten und die Früchte ihrer Arbeit mit anderen teilten. Wenn ich einen kritischen Blick darauf werfe, was allgemein aus den Schwarzen Männern in diesem Land geworden ist – Niedergeworfene und Verzweifelte – erkenne ich den psychischen Genozid, der stattfand, als Schwarze Männer ihren ländlichen Traditionen entrissen wurden, um im industrialisierten Norden zu arbeiten. Farmer, Ernährer zu sein, sich um Pflanzen und Tiere zu kümmern, gab Schwarzen Männern früher einen Ort zum Träumen und Hoffen, jenseits von Hautfarbe und Rassismus, jenseits unterdrückerischer und grausamer weißer Herrschaft. Die Frauen arbeiteten ganz überwiegend Seite an Seite mit den Schwarzen Männern, manchmal auf den Feldern (es gab kein Geld,

---

5 Anm. d. Ü.: Ein Pachtsystem (engl. *sharecropping*) war nach Abschaffung der Sklaverei die übliche Art der Landbewirtschaftung in den Südstaaten; kleine Farmen wurden durch Pächter:innen bewirtschaftet, die ihre Pacht mit einem Teil der Ernte bezahlten.

um Landarbeiter zu bezahlen), meistens aber im Haushalt. In der Küche meiner Großmutter wurde Seife gesiedet, Butter hergestellt, Fleisch verarbeitet, Gemüse konserviert. Das Fleisch hing am Haken in der dunklen Vorratskammer und die Kartoffeln wurden in Körben gelagert. Als ich klein war, beherbergte diese Kammer die Früchte harter, aber guter, echter Arbeit. Sie war ein Symbol der Selbstbestimmung und der Fähigkeit, sich selbst mit dem Lebensnotwendigen versorgen zu können.

Es ist so wenig geschrieben worden über diese ländliche Schwarze Bevölkerung und die Kultur der Zugehörigkeit, die sie schuf. Meine Bestimmung, mein Schicksal ist es, sich an sie zu erinnern, eine der Stimmen zu sein, die ihre Geschichte erzählen. Wir haben die Schwarzen Farmer:innen vergessen, sowohl die aus der Vergangenheit als auch jene letzten unsichtbar verbliebenen, die immer noch das Land beackern. Ihre Geschichte zu verschweigen und auszulöschen, war im Interesse des imperialistischen kapitalistischen Patriarchats weißer Vorherrschaft. Denn die Geschichte unserer Vorfahr:innen – von den Zeiten der Sklaverei bis in die Ära der *Reconstruction*[6] und darüber hinaus – zeigt uns, wie ihr widerständiges Bewusstsein überdauert hat, wie ihre Sicht auf das Leben sie befähigte, sogar unter den härtesten und brutalsten Bedingungen ein positives Selbstwertgefühl zu entwickeln. Ihre Entschlossenheit und harte Arbeit war der lebende Gegenbeweis zum rassistischen Stereotyp, dass Schwarze faul und arbeitsunwillig seien, wenn sie nicht von Weißen kontrolliert würden.

Der Schwarze Schriftsteller Ernest Gaines beschwört in seinem Roman *Eine Zusammenkunft alter Männer* diesen subversiven Geist der Schwarzen, die das Land bearbeiteten, herauf. Er zeigt, wie bedrohlich ihr Vermächtnis für die herrschenden Weißen war und wie es infolgedessen ausgelöscht werden musste. Johnny Paul, ein Charakter dieses Romans, erkennt dies in aller Klarheit, wenn er ausruft:

> »Sie versuchen alle Beweise zu beseitigen, dass die Schwarzen dieses Land jemals mit Pflügen und Mauleseln bestellt haben – als ob sie gleich von Anfang an nur Maschinen und Motoren gehabt hätten ... Mama und Papa leisteten Schwerstarbeit auf diesen Feldern. ... Die Leute damals, unsere Mamas und Papas arbeiteten einfach zu schwer, nur dass jetzt so ein Traktor mir nichts,

6 Anm. d. Ü.: Als *Reconstruction* wird die Phase der sozialen, wirtschaftlichen und politischen Neuordnung der Südstaaten nach dem Sezessionskrieg (1861-1865). Die in diesen Jahren gesetzlich verankerte Gleichstellung der Schwarzen wurde allerdings sehr bald von rassistischen Ausführungsbestimmungen sowie diskriminierenden gesellschaftlichen Rahmenbedingungen unterlaufen.

dir nichts auf diesen Friedhof gefahren kommt und alle Beweise vernichtet, dass es sie jemals gegeben hat.«

In den Vereinigten Staaten wurde im Rahmen der imperialistischen kapitalistischen Kultur weißer Vorherrschaft immer wieder versucht, die Geschichte der Schwarzen Farmer:innen auszulöschen. Trotzdem offenbart sich die eindrucksvolle Wahrheit über die afroamerikanische agrarische Tradition in historischen Quellen immer wieder – in Urkunden, Gerichtsakten, mündlichen Überlieferungen und in den seltenen schriftlichen Zeugnissen. Diese Quellen dokumentieren auch, wie die rassistischen Weißen die Schwarzen mit Willkür und Terror von ihrem Land verjagten und dabei deren Häuser zerstörten. Heute wird diese Geschichte des modernen Kolonialismus endlich erzählt. So erschienen kürzlich auf der Titelseite des *Herald Leader*, der Zeitung von Lexington, Kentucky, Artikel, die die historischen Angriffe gegen Schwarze Landbesitzende herausstellten. In einem Abschnitt, der »Relikte einer rassistischen Vergangenheit« betitelt war, erzählt Elliot Jaspins Artikel »Was nicht in den Geschichtsbüchern steht«: »Beginnend mit dem Jahr 1864 und für die Dauer von ungefähr sechzig Jahren führten Weiße eine Serie rassistischer Pogrome durch und vertrieben Tausende Schwarze aus ihren Häusern, um die Communitys schneeweiß zu machen.« Afroamerikanische Kleinbäuer:innen waren ein bevorzugtes Ziel für Weiße, die sich immer mehr Land aneignen wollten.

Auch meine Familie verlor das Land in harten Zeiten. Die Schwarzen Eliten, die sich für die Verbesserung der afroamerikanischen Lebensbedingungen engagierten, achteten die kleinbäuerliche Landwirtschaft gering; sie hatten ebenso wenig Respekt für diese Arbeit wie die wohlhabenden Weißen. Auf die armen Schwarzen im Agrarsektor herabzuschauen war im ausgehenden 19. Jahrhundert, als auch die afroamerikanische Bevölkerung nach Wohlstand zu streben begann, sehr verbreitet. W. E. B. DuBois' Vision vom ›talentierten Zehntel‹ schloss in der Landwirtschaft tätige Menschen aus.[7] Trotz seines internalisierten Rassismus war Booker T. Washington der einzige männliche Schwarze Anführer, der unsere agrarischen Wurzeln und die

7 Anm. d. Ü.: Im Jahr 1903 erschien ein Essay von W. E. B. Du Bois unter dem Titel »The Talented Tenth«. Der Autor propagierte dort die bereits von Weißen Reformer:innen vertretene Auffassung, man müsse nur zehn Prozent der afroamerikanischen Bevölkerung durch umfassende Bildung zu Führungspersönlichkeiten erziehen, die dann an leitender Stelle für die Verbesserung der Lebensbedingungen der Schwarzen insgesamt eintreten sollten, vgl. Ella F. Sloan (2016): *W. E. B. DuBois's ›Talented Tenth‹. A Pioneering Conception of Transformational Leadership.*

Bedeutung von Landbesitz verstand. Ihm war klar, dass das Wissen darum, wie man auf und mit dem Land überlebt, helfen konnte, ein selbstbestimmtes Leben zu führen. Er ging zwar fehl in der Annahme, dass der weiße Paternalismus nützlich und segensreich sei, aber trotzdem bleibt er einer der wenigen historischen Fürsprecher:innen der Schwarzen in der Landwirtschaft. Er erkannte den Wert und die Bedeutung des Bearbeitens und Besitzens von Land. Die Eliten favorisierten Washingtons Fokus auf Berufsausbildung nicht. Sie schätzten weder seine Arbeit mit amerikanischen Indigenen noch sein lebenslanges Engagement für das Schicksal der armen afroamerikanischen Bevölkerung. In seiner Autobiografie *Up From Slavery* (1901), drängte Washington die Schwarzen, sich für Selbstvertrauen und Eigenständigkeit zu entscheiden:

> »Geh' hinaus und werde Mittelpunkt, sei das lebensspendende Herz der ganzen Community. Wenn sich die Gelegenheit bietet, spende Leben, wo kein Leben ist, Hoffnung, wo keine Hoffnung ist, Macht, wo keine Macht ist. Fange klein an, und arbeite daran Institutionen aufzubauen, die Schwarze wieder auf die Beine stellen.«

Die Landwirtschaft war einer der Bereiche, in denen Afroamerikaner:innen nach Washingtons Vorstellung wirtschaftlich erfolgreich tätig sein und eine Kultur des Dazugehörens schaffen könnten. In *Rebalancing the World* zitiert Carol Lee Flinders die Wesensmerkmale einer solchen Kultur: »innige Verbindung mit dem Land, zu dem man gehört, empathische Beziehung zu den Tieren, Selbstbeherrschung, bewahrender Konservativismus, überlegtes Handeln, Balance, Klarheit, Ehrlichkeit, Großzügigkeit, Egalitarismus, Gegenseitigkeit, Affinität zu alternativen Denkweisen, Verspieltheit und eine Offenheit des Geistes.« Diese Grundwerte des Dazugehörens wurden mir von meinen Lehrer:innen und Professor:innen nicht vermittelt. Hochgehalten wurde vielmehr eine Businesskultur, jedenfalls in der Oberstufe und an der Universität: Was man uns beibrachte, sollte uns Erfolg im Leben bescheren. Zu keinem Zeitpunkt in meinem geisteswissenschaftlichen Studium wurde Landwirtschaft je erwähnt. Wenn ich am College Kentucky als meinen Herkunftsstaat erwähnte, war häufig Gelächter die Reaktion. Stereotype über Kentucky, über Hillbillys u. ä. waren normal. Niemand sprach über das Kentucky, das mir so vertraut war. Niemand erwähnte afroamerikanische Farmer:innen in meinen Seminaren an der Stanford Universität, und auch in der Ökologiebewegung, in der ich mich engagierte, kamen sie nirgends vor. Überall, wo ich als Umweltaktivistin hinkam, waren die Wahrnehmungen, was dieses Thema betraf, von rassistischer und klassistischer Apartheid geprägt. Niemals ging dort jemand davon aus, dass Schwarzen das Land und das Schicksal der Erde am Herzen liegen könnten.

Nach und nach verstarben in der kleinstädtischen Welt Kentuckys, wo ich aufgewachsen war, die Älteren alle, und die Jungen hatten weder Interesse am Land noch an der Landwirtschaft. Die kleinen ländlichen oder kleinstädtischen Farmen mit den dort gehaltenen Tieren und den quasi ökologisch bewirtschafteten Gärten, die die Lebensart meiner Großeltern ausmachten, stellten kein Vermächtnis dar, das irgendwer bewahren wollte. Und der bescheidene Wohlstand, den ihre Arbeit in unsere verarmte und bedürftige Welt brachte, war bald vergessen. Wo immer ich auch wohnte, habe ich mich bemüht, Gemüse zu ziehen, auch wenn es nur in irgendwelchen Töpfen war. Das Gärtnern war für mich wie ein Tribut, den ich den Alten und den ihnen heiligen agrarischen Traditionen zollte, aber auch eine Gelegenheit an diesen Traditionen festzuhalten. Wie meine Großeltern mütterlicherseits und väterlicherseits wollte ich eigenständig, selbstversorgt und einfach leben. Der Vater meines Vaters war Pächter. Von ihm hatte ich viel über Landwirtschaft und ländliches Leben gelernt. Meine Großeltern mütterlicherseits lebten zwar in einer Kleinstadt, aber so, als ob sie auf dem Land leben würden. Sie alle glaubten an die Würde der Arbeit. Sie alle lehrten mich, dass die Erde heilig sei.

Niemand sprach über die Erde als unsere Mutter. Die Welt wurde nicht in diese sauberen dualistischen Kategorien eingeteilt. Diese in der reformistischen Frauenbewegung wie auch in der Ökologiebewegung gängigen Konzepte waren meinen Großeltern fremd. Sie lehrten mich, dass die Erde wie die gesamte Natur lebensspendend, aber auch lebensbedrohlich und tödlich sein kann, weshalb sie großen Respekt vor den Kräften der Natur hatten. Beide Großelternpaare besaßen Land. Wie Booker T. Washington wussten sie, dass Schwarze, die ihre »vierzig Morgen Land und zwei Maulesel«[8] – oder auch

8 Anm. d. Ü.: Ein Dekret der US-Regierung von 1865 hatte nach Abschaffung der Sklaverei denen, die als Versklavte hatten leben müssen, vierzig Morgen Land und zwei Maulesel versprochen. Präsident Andrew Johnson – selbst ein ehemaliger Sklavenhalter – stoppte die Initiative nach weniger als einem Jahr. Im 10-Punkte-Programm der *Black Panther Party* vom Oktober 1966 wurde auf dieses Versprechen Bezug genommen; so hieß es unter Punkt 3: »Wir glauben, dass die rassistische Regierung uns beraubt hat und fordern nun die überfälligen Schulden von vierzig Morgen Land und zwei Mauleseln, die uns vor 100 Jahren als Wiedergutmachung für die Sklavenarbeit und den Massenmord am schwarzen Volk versprochen wurden« (Zit. n. Mumia Abu Jamal (2012): We want Freedom. Ein Leben in der Black Panther Party, S. 134).

nur ihren einen Morgen Land – besaßen, ihren Lebensunterhalt bestreiten konnten – durch Selbstversorgung und weil sie kein Geld für Miete aufbringen mussten. Baba und Daddy Gus, meine Großeltern mütterlicherseits, waren radikal gegen all jene sozialpolitischen Bestrebungen, die Schwarze den Respekt für das Land verlieren und die Sitten und Gebräuche der wohlhabenden Weißen imitieren ließen. Sie verstanden, wie unmenschlich das Dasein der Afroamerikaner:innen durch die weiße Vorherrschaft und die damit einhergehenden rassistischen Hierarchien wurde.

Für sie war es wichtig, ihre eigene Kultur zu schaffen – eine Kultur des Dazugehörens, die auf Wurzeln in der Erde gründete, und dies hatten sie mit den armen weißen Hillbillys in Kentucky gemeinsam. Über diese ›Hinterwäldler:innen‹ existierten manche Vorurteile, die von vielen, Schwarzen wie Weißen, verinnerlicht wurden. Diejenigen jedoch, die sich davon frei machen konnten, führten in den abgelegenen Bergen ein fast anarchistisches Leben nach einem anderen Wertesystem. Entgegen den negativen Stereotypen erwiesen sich diese anderen Einstellungen und Werte häufig als lebenserhaltend. In *Dreaming the Dark. Magic, Sex, and Politics* teilt die feministische Aktivistin Starhawk diese kraftvolle Einsicht mit uns:

> »Wenn wir wirklich begreifen, dass die Erde lebt und uns als Teil dieses Lebens erkennen, sind wir aufgerufen, unser Leben in Wahrhaftigkeit zu leben, unser Handeln an unseren Überzeugungen auszurichten, Verantwortung zu übernehmen das zu erschaffen, was wir in der Welt sehen wollen, die Arbeit der Heilung zu verrichten.«

Dies waren die Werte, die meine agrarischen Vorfahr:innen mich lehrten. Es ist ihre Weisheit, die mich immer wieder antreibt, auf die heilende Wirkung unserer Beziehung zur Natur aufmerksam zu machen. Kollektive Heilung kann für Schwarze in der Diaspora nur stattfinden, wenn wir uns bei der Suche nach Handlungsorientierung in unserem jetzigen Leben auf unsere agrarische Geschichte besinnen.

Schwarze, die vereinzelt auf dem Land oder in ländlichen Gemeinschaften wohnen und sich dem einfachen Leben verschrieben haben, müssen sich und uns Gehör verschaffen. Heilung beginnt mit Selbstbestimmung über den Körper, sowohl desjenigen, der die Erde ist, als auch unseres Körpers aus Fleisch und Blut. Viele Afroamerikaner:innen leben auf eine Weise, die ihr Leben zu verkürzen droht, weil sie Fast Food essen und an Krankheiten leiden, denen man mit richtiger Ernährung und Sport vorbeugen könnte. Meine Vorfahr:innen rauchten Kette und drehten meist ihre eigenen Zigaretten aus lokal angebautem Tabak. Viele von ihnen tranken zudem am Wochenende sehr viel Alkohol. Trotzdem aßen sie richtig, arbeiteten hart und hatten jeden Tag ihre Bewegung. Die meisten wurden über siebzig Jahre alt. Wir sollten vermehrt Initiativen gründen, um die Schwarze Selbstbestimmung zu fördern, solche, die auf unsere Beziehung zur Natur fokussiert sind und auf die Rolle, die die Umwelt im Widerstandskampf spielen kann. In dem Maße, wie die diverse Geschichte der Afroamerikaner:innen in der Landwirtschaft aufgedeckt wird, werden wir anfangen zu dokumentieren und zu lernen. In autobiografischen Werken, die auf den ersten Blick keine Hinweise bieten, dass in ihnen auch unsere ländliche Geschichte dokumentiert ist, erzählen uns viele Stimmen über diese Vergangenheit. In ihrem Buch *Call To Home: African Americans Reclaim the Rural South* berichtet die Anthropologin Carol Stack über Schwarze im Agrarsektor:

> »Nach dem Bürgerkrieg begannen freigelassene Sklav:innen, ohne jegliches Kapital Land zu bearbeiten, und erwirtschafteten sich stetig mehr Land, Parzelle für Parzelle. Im Jahr 1920 wurden mehr als 900.000 afroamerikanische Farmer:innen gezählt, fast alle im Süden der Vereinigten Staaten; sie stellten damit zwanzig Prozent der dortigen Agrarbevölkerung dar... Ein Viertel der Schwarzen in der Landwirtschaft waren echte Landbesitzer:innen. Der Umfang der von Schwarzen kontrollierten landwirtschaftlichen Fläche betrug insgesamt 15 Millionen Morgen.«

Stack beschreibt die Art, wie Schwarze kämpften und arbeiteten, um Land zu besitzen, auch wenn das Land nur eine kleine Farm war und laut Stack durchschnittlich nur ein Drittel der Fläche weißer Farmen umfasste.

Als ich die Autobiografie einer afroamerikanischen Hebamme aus dem tiefen Süden las, deren Familie von der Landwirtschaft auch in harten Zeiten gut leben konnte, wirkte das auf mich wie ein Katalysator, der mich drängte über mein Aufwachsen im ländlichen Süden der USA nachzudenken und zu schreiben. Vieles, was wir über diese Vergangenheit hören, ist gerahmt von Diskussionen über rassistische Ausbeutung und Unterdrückung. Nur wenig ist zu lesen über die Freude, die Schwarze dadurch erfuhren, dass sie in Harmonie mit der Natur lebten. In ihrem Buch *We Are The Ones We Have Been Waiting For* schreibt Alice Walker: »Ich erinnere mich genau an die Freude, die ich in den Gesichtern meiner Eltern und Großeltern sah, als sie den süßen Duft der Frühlingserde oder die belebende Frische des Windes genossen.« Weil wir uns an diese Freude erinnern, sind wir aufgerufen darüber Zeugnis abzulegen, damit wir das daraus resultierende Potenzial der Selbstermächtigung zurückfordern können. Dann verfügen wir über einen Freiraum, in dem wir wissen, dass wir mehr sind als unser Schmerz, wo wir unsere Verbundenheit und unser Einssein mit allen Wesen, mit dem Leben als solchem erfahren können.

Alice Walker fährt fort:

> »Wenn wir uns das abgewrackte Amerika heute anschauen, dessen Ruin all unsere unbezahlte Zwangsarbeit der letzten fünf Jahrhunderte nicht verhindern konnte, können wir nicht anders als uns danach zu sehnen, dass unser Volk, das so schrecklich gelitten und trotzdem nicht aufgegeben hat, wenigstens jetzt ein Leben in Freiheit und Freude erfahren möge. Und deshalb haben jene von uns, die vom Leben ausgewählt wurden, andere Wege zu beschreiten als die, die unseren Vorfahr:innen aufgezwungen wurden, das ganze bekannte Universum erkundet auf der Suche nach dem, was das größte Ausmaß an Frieden, Selbstakzeptanz und Befreiung bringt. Wir haben viel Inspirierendes in der Natur gefunden – im Wunder der Schöpfung selbst und ihrem bloßen Fortbestehen.«

Wir stellen uns in die Tradition unserer Vorfahr:innen und reklamieren deren Inspiration und Wünsche für uns, denn sie erkannten die Heiligkeit der Erde an. Die Kraft ihres Vermächtnisses ist entscheidend für unser Überleben in der Gegenwart. Immer wieder lesen wir in Erzählungen über die Zeit der Sklaverei, dass Schwarze sich auf der Suche nach Freiheit in die Berge flüchteten, in die tiefste Wildnis, um ihr Leid mit der natürlichen Umwelt zu teilen. Wir lesen darüber, wie sie Trost im Wilden fanden. Es ist kein Wunder, dass ich in meiner Kindheit Texte zu rezitieren lernte, die mich daran erinnerten, dass die Natur eine Verbündete sein kann in allen Bemühungen, den Geist zu heilen und zu erneuern. So lauschte ich den Worten des Psalmisten, der ausrief: »Ich erhebe meine Augen zu den Bergen: Woher kommt mir Hilfe?«

Weil ich Heilung suchte, musste ich in die Berge meiner Kindheit zurückkehren, in die vertrauten Landschaften Kentuckys. Es ist unmöglich im heutigen Kentucky zu leben, ohne Trauer zu empfinden über alles das, was Menschen getan haben, um dieses Land zu schwächen und zu zerstören. Doch selbst wenn wir trauern, müssen wir zulassen, dass unser Schmerz uns aktiv werden lässt, dass er uns dazu bringt, uns für die Rettung der Umwelt zu engagieren. Für mich nimmt dies mannigfaltige Formen an – vor allem, Land zu erwerben, um es brach liegen zu lassen, aber auch mich immer wieder zu bemühen, einfach zu leben, Essen selbst anzubauen. Ich liebe diesen Autoaufkleber, der uns so weise daran erinnert »einfach zu leben, damit andere einfach überleben können.«[9] Jetzt, da ich über fünfzig bin, kehre ich in ein

9 Anm. d. Ü.: Wörtlich heißt der Slogan im Englischen: »Live simply so that others may simply live«.

Kentucky zurück, wo meine alten Eltern leben. Ich sehe die wunderschönen Wohnviertel meiner Kindheit mit ihren akkurat gepflegten Rasen und den faszinierenden Blumengärten, die selbst die ärmste Hütte zu einem Ort der Schönheit machten, verwandelt in genozidale Kampfzonen, die Communitys im Inneren durch Drogen zerstört. Sucht hat nichts mit Verbundenheit zu tun, denn sie entfernt uns von der Gemeinschaft, von der richtigen Nahrung für Körper, Geist und Seele. Um unseren kollektiven spirituellen Körper zu heilen, müssen wir buchstäblich den Grund, auf dem wir stehen, zurückfordern. Auf sehr deutliche Weise teilt Wendell Berry in seinem Essay *The Body and the Earth* diese zentrale Einsicht mit uns:

> »Der Körper kann nicht für sich allein ganz sein. Personen können nicht für sich allein ganz sein. Es ist falsch zu glauben, körperliche Gesundheit sei kompatibel mit geistiger Verwirrung oder kultureller Unordnung, oder mit verschmutzter Luft, verseuchtem Wasser oder ausgelaugten Böden.«

Unsere visionären ländlichen Vorfahr:innen hatten das verstanden.

Tragischerweise gewinnt aber die entmenschlichende dominante weiße Kultur meistens die Oberhand über unseren kollektiven Willen, menschlich zu sein. In der Gegenwart gefallen sich Schwarze oft in der Opferrolle. Sie definieren sich darüber und geben somit ihre eigene Handlungsfähigkeit auf. Dieses Aufgeben kann den Weißen nicht angelastet werden. In den viel schlimmeren Jahren der Sklaverei und der Zeit danach gelang es Afroamerikaner:innen immer wieder an lebensbejahenden Werten festzuhalten. Sie benutzten ihre Vorstellungskraft. Sie erschufen Dinge. Wir müssen uns dieser Weisheit erinnern, um nicht in kollektive Verzweiflung zu verfallen. Wir müssen uns sowohl einzeln als auch kollektiv trauen, unsere gegenwärtige Beziehung zur Erde, zur Natur, zu den Ökosystemen, zur lokalen und globalen Umwelt neu zu überdenken.

Als ich über die Verbundenheit zur ländlichen Welt meiner Kindheit nachdachte, wurde mir klar, dass ich die fürsorgliche Beziehung zum Land wieder aufleben lassen musste, die meine Familie in Kentucky immer unterhalten hatte. Ich wuchs in einer ländlichen Gegend auf, in der viele ältere Schwarze Land besaßen. Einige waren von ihren weißen Arbeitgeber:innen für ihre treuen Dienste mit einem Geschenk von »einem Morgen Land oder zweien« belohnt worden. Manchmal war dies bei einzelnen Schwarzen Pächtern der Fall, die ebenbürtige Beziehungen zu ihren weißen Bossen entwickelt hatten. So etwas war natürlich nicht die Regel, aber es ist wichtig zu registrieren, dass Menschen eine Wahl haben, die von Ausbeutung und Unterdrückung erzeugte Entfremdung zu überwinden, um gemeinschaftliche Bande zu knüpfen. Während afroamerikanische Farmer:innen noch 1964 mehr als fünfzig Prozent der landwirtschaftlichen Bevölkerung ausgemacht hatten, war ihr Landbesitz in den Sudstaaten 1982 schon merklich geschrumpft. Stack bietet folgende Erklärung:

> »Als sich die Konzentrationsprozesse in der amerikanischen Landwirtschaft beschleunigten, wurden arme kleinbäuerliche Landwirt:innen aus dem Sektor stärker herausgedrängt, so dass in der Folge die Höfe von Schwarzen sechsmal schneller aufgegeben wurden als die von Weißen. Nach und nach fiel in jedem Bezirk, in allen Südstaaten das, was sich seit Generationen in Schwarzen Familien befand, in die Hände von Weißen.«

Und, was noch wichtiger war: Weiße haben viel Land billig erworben, besonders solches aus vormals afroamerikanischem Besitz, aber wollen jetzt kein Land an Schwarze verkaufen, noch nicht einmal zu hohen Preisen.

Vor Jahren kam ich einmal nach Hause an meinen Geburtsort, um einen Vortrag zu halten. Während der anschließenden Diskussion sprach ich über die weiße Vorherrschaft, die immer noch allgegenwärtig ist, wenn es um das Thema Landbesitz in Kentucky geht. Ich wies darauf hin, dass Weiße in Kentucky Land oft lieber an Weiße aus anderen Staaten verkaufen als an afroamerikanische Einwohner:innen des eigenen Bundesstaates. Es kommt nicht selten vor, dass, wenn Ackerland zum Verkauf steht, die Kaufangebote von Afroamerikaner:innen selbst dann abgelehnt werden, wenn diese aus Familien stammen, die bereits seit Generationen auf dem Land gearbeitet haben, das Weißen gehört. Diese Erfahrungen der Schwarzen in den Appalachen werden tatsächlich oft bestritten, meistens von Leuten, die wenig über Kentucky wissen oder die sich weigern, die Diversität dieser Geschichte und die wahren Geschichten der Diversität in diesen Bergen zu akzeptieren. Nicht weit weg von wo ich lebe, im Madison County, kenne ich einen Afroamerikaner, der dort sein ganzes Leben verbracht hat. Er bittet Weiße regelrecht auf Knien, ihm Land zu verkaufen, und er bietet sogar Barzahlung an – vergebens. Oft müssen die wenigen Schwarzen, die Ackerland oder Land in den Bergen kaufen, mehr bezahlen als Weiße je bezahlen würden. Früher, kurz nach dem Ende der Sklaverei und in der Ära der Reconstruction wurde dies als »Rassensteuer« bezeichnet – »Du kannst es kriegen, aber du musst mehr bezahlen.« Dass du mehr bezahlst, beruhigt die rassistische weiße Person, die das Land verkauft, dass die weiße Vorherrschaft noch immer funktioniert. Denn wieder einmal haben die Weißen bewiesen, dass sie die Schlaueren sind.

Als ich zum ersten Mal Land in den Bergen Kentuckys kaufte, trat ich zunächst nur als stille Partnerin eines befreundeten Weißen auf. Wir wussten nicht, ob der Besitzer des Landes Vorurteile gegen Schwarze haben würde, aber wir entschieden uns, unsere Partnerschaft nicht zu offenbaren, bevor der Verkauf unter Dach und Fach war. Viele meiner Weißen Freund:innen und Bekannten, die Land in den Bergen Kentuckys besitzen, sind schwul, auch wenn ihre Homosexualität nicht auf den ersten Blick erkennbar ist. Ihr Weißsein ermöglicht es ihnen, sich in Sphären zu bewegen, die Schwarzen aufgrund von Diskriminierung vorenthalten sind. Liberale und progressive Weiße, die denken, es sei »cool«, Land direkt neben offen rassistischen Nachbarn zu kaufen, müssen einsehen, dass sie der weißen Vorherrschaft damit weiter Vorschub leisten. Ich stelle mir manchmal vor, dass einmal eine Zeit kommen wird, in der progressive Nicht-Schwarze, die Hunderte und Aberhunderte von Morgen Land besitzen, kleine Parzellen davon an Schwarze verkaufen, an diverse Gruppen von Menschen, sodass wir alle in liebevollen Communitys leben können, die die Differenz wertschätzen. M. Scott Peck beginnt sein Buch *Gemeinschaftsbildung – Der Weg zu authentischer Gemeinschaft* mit folgender machtvollen Einsicht: »Nur in und durch Gemeinschaft kann die Welt gerettet werden.« Laut Peck ist Gemeinschaft per definitionem einschließend.

In *The Hidden Wound*, das 1968 veröffentlicht wurde, und dann noch einmal im Nachwort der Auflage von 1988, schreibt Wendell Berry über Rassismus und erinnert uns, dass Themen wie Freiheit und Wohlergehen nicht vom »Thema der Gesundheit des Landes« getrennt werden können, »dass die psychischen Wunden des Rassismus unweigerlich auch das Land verletzt haben, sowohl den Boden als auch den Staat.« Meine eigenen tiefen Wunden, die Traumata meiner Kindheit in Kentucky, lassen sich letztlich alle zurückführen auf meine dysfunktionale Familie und das Chaos, dass das Denken und Handeln in Kategorien von Dominanz angerichtet hat, auf die kombinierte Wirkung von Rassismus, Sexismus und Klassismus. Als ich Kentucky verließ, hoffte ich den Schmerz dieser Wunden hinter mir lassen zu können, aber er blieb bei mir, bis ich begann, an meinem Ganzsein zu arbeiten und Liebe an die erste Stelle zu setzen. Der Schmerz verschwand erst, als ich zu einem tieferen Verständnis meiner selbst gelangte und auch die Bedeutung von Gemeinschaft klarer sah. Es war Liebe, die mich nach Hause hat zurückkehren lassen, zurück in die Berge meiner Kindheit, wo ich die Freiheit und die Einheit mit der Natur am intensivsten spürte. In diesen Momenten wusste ich immer, dass ich mehr als mein Schmerz war. Dadurch, dass ich nach Kentucky zurückkehrte und meinen Teil der Verantwortung für meine Heimat übernahm, bin ich endlich in der Lage, ein selbstbestimmtes Leben zu führen.

Jeden Tag schaue ich auf die Berge Kentuckys. Für mich sind sie eine stetige Erinnerung an die menschlichen Grenzen und Möglichkeiten. Viel Schlimmes wurde diesen Bergen in Kentucky angetan, aber sie sind immer noch da. Ungeachtet der Verwüstung und der vielen fehlgeleiteten Versuche von Menschen, diese Berge zu zerstören, werden sie überdauern und unseren Niedergang bezeugen. Eine Göttlichkeit ist hier gegenwärtig, ein Heiliger Geist, der Versöhnung verheißt.

5 Ganz sein und heilig

Ich lese in meinem Tagebuch, das ich führte, bevor ich Kentucky verließ und stoße dabei auf folgende Worte: »Mein Geist und mein Herz finden keine Ruhe, und so gehe ich in die Berge.« Die erhabenen, glücklichen Jahre meiner Kindheit verlebte ich damit, die Berge zu durchstreifen, weshalb ich auch in mein Tagebuch schrieb: »Die Berge sind mein Zuhause.« Als Familie lebten wir isoliert in den Bergen, inmitten der Natur, kein anderes Haus in Sicht. Die Häuser in den Tälern um uns herum wurden von Weißen bewohnt, von denen man uns sagte, sie seien tollwütige Rassist:innen. Sie waren nicht unsere Freunde. Selbst wenn sie sich zufällig einmal wie Nachbar:innen benahmen, wurde uns beigebracht, ihrer Freundlichkeit zu misstrauen, sie als bloße Geste zu betrachten, die darauf abziele, uns in eine Falle zu locken, in der wir verwundet und verletzt werden würden wie ein gefangenes Wildtier. Kein Wunder also, dass wir als Kinder Angst vor den Weißen Hillbillys hatten, gleichzeitig aber von ihnen fasziniert waren. Einzelne Schwarze rechtfertigten ihre Vorurteile gegen arme Weiße, indem sie sagten, sie würden sie genauso wenig mögen wie sie uns. Verächtlich nannten wir sie arme Schlucker, Knallköpfe und armes weißes Gesindel. Die Verachtung, mit der manche Schwarze arme Weiße betrachteten, war definitiv ein Erbe der weißen Vorherrschaft mit ihren Hierarchien.

So schauten privilegierte Weiße auf die ärmeren Weißen herab, weil sie nicht nach den üblichen Regeln lebten, und projizierten auf sie viele derselben Stereotype, mit denen sie Schwarze betrachteten. Arme Weiße bezeichneten sie als ignorant, faul und gesetzlos. Sie sprachen abfällig über deren Schrottautos im Hof, den Müll, die Art und Weise, wie sie ihre Umwelt mit jeder Menge Krempel verschandelten. Es überrascht daher nicht, dass viele der vollkommen kolonisierten Schwarzen, denen vom imperialistisch-kapitalistischen Patriarchat weißer Vorherrschaft beigebracht wurde, wie und was sie denken sollten, auf arme Weiße herabblickten und in ihnen ein abschreckendes Beispiel sahen. Von den Weißen, die die Armen aller Hautfarben dominierten, wurde den Schwarzen vermittelt, dass arme Weiße gemein und kaltherzig seien, die Art Leute, von denen man sich fernhalten sollte, weil sie schmutzig und ekelig seien.

In meinem Buch *Die Bedeutung von Klasse* habe ich darüber geschrieben, wie ich Schwarze Jugendliche erlebte, die sich über das einzige weiße Mädchen lustig machten, das mit uns im Schulbus fuhr. Sie ärgerten sie mit all den negativen Stereotypen über arme Weiße, laut rufend: »Sie riecht!« »Sie stinkt!« Geringschätzung und Verachtung schlugen ihr entgegen. Sie behandelten sie genauso wie rassistische Weiße aller Klassen, die auf Schwarze herabschauten. Diese einzelne Repräsentantin der weißen Arbeiterklasse bestieg täglich einen Bus, in dem sie oft allein sitzen musste. Wenn es keinen freien Sitz neben jemandem gab, der oder die nicht beleidigend und gemein war (häufig saß sie neben mir), blieb sie lieber stehen, jonglierte dabei ihre Bücher und klammerte sich ganz fest an den Haltegriff, denn sie wusste genau, dass, sollte sie hinfallen, ihre Peiniger:innen sie grölend auslachen würden.

Diese regelrechte Verfolgung eines einzelnen armen weißen Mädchens durch eine Gruppe afroamerikanischer Jungen und Mädchen zeigte, wie tief wir als kolonisiertes Schwarzes Volk den Rassismus verinnerlicht hatten. So sehr hatten wir die vermeintliche weiße Überlegenheit internalisiert, dass wir geradezu darauf konditioniert waren, jeder weißen Person, die uns ›freiwillig‹ begegnete und uns nahe kam, nahe genug, um unsere Haut zu berühren, mit solch großer Verachtung zu begegnen, dass es schon an Hass grenzte. Eine Reaktion wie diese offenbart das ganze Ausmaß des Schwarzen Selbsthasses. Denn es ist kaum möglich, uns selbst zu lieben und gleichzeitig die zu hassen, die uns in Lebensstil und Gewohnheiten am ähnlichsten sind.

In den Hügeln Kentuckys, die ich in meiner Kindheit durchstreifte, lebten Weiße und Schwarze nebeneinander. Weil sie sich außerhalb des Stadtbereiches befanden, stellte dies einen ganz anderen Möglichkeitsraum dar, denn die dort Lebenden konnten ihre eigenen Regeln aufstellen. In diesem abseitigen Raum konnte gegen Gesetze verstoßen und konnten Grenzen überschritten werden. Dort, in den üppigen grünen Bergen, konnte sich die angeborene Wildheit des menschlichen Tieres ausdrücken. Kein Wunder also, dass Schwarze und Weiße in jenen Hügeln sich gegenseitig fürchteten und gleichzeitig voneinander fasziniert waren.

Zu wenig wurde bislang über die Psychohistorie des Rassismus in den USA geschrieben, darüber, in welcher Art und Weise die aus Ausbeutung und Unterdrückung resultierenden Traumata ihre Spuren hinterlassen. Als ich nach Kentucky zurückkehrte und Land in den Bergen kaufte, war ich überrascht, dass meine sechs Geschwister (von denen die meisten in gefährlichen Stadtbezirken wohnten), sagten, dass sie Angst davor hätten, in den Bergen zu leben, Angst vor den armen Weißen von nebenan. Soweit ich weiß, war niemand von uns je von armen Weißen verletzt oder angegriffen worden, und doch hinterließ die Erinnerung an all die Lektionen unserer Kindheit, die uns lehrten, die Weißen als unsere Feinde zu betrachten, einen bleibenden Eindruck. Bei einigen meiner Geschwister ist dieser Eindruck so stark ausgeprägt, dass sie sagen, sie könnten noch nicht einmal eine Nacht lang in diesen Bergen bleiben. In dieselbe Kerbe schlagen meine afroamerikanischen Kolleg:innen am College. Dort an diesem College, mit seiner langen Tradition von anti-rassistischem Aktivismus, bin ich eine angesehene Honorarprofessorin für »Appalachian Studies«. Mit denselben Worten und Stereotypen aus meiner Vergangenheit warnen mich meine Kolleg:innen, dass es gefährlich sei so nahe bei den ›hinterwäldlerischen Proleten‹ zu wohnen. Obwohl ich mich nicht fürchte, erkenne ich an, dass dort einige Weiße sein könnten, die meine Anwesenheit dort ablehnen, die Weißen mit der Flagge der Konföderierten und Autoaufklebern, auf denen »Erbe, nicht Hass« (*»heritage not hate«*) steht. Meine Reaktion ist, jedem, der es hören will, zu erzählen, dass die Geschichte, für die die Konföderierten-Flagge steht, beides impliziert: »Erbe« und »Hass«.

Rassistischer Hass und die daraus hervorgehenden Taten sind nicht die exklusive Domäne armer Weißer. Wenn Leute, Schwarze oder Weiße, mich fragen, ob ich Angst in diesen Bergen Kentuckys verspüre, stelle ich zuerst eine Gegenfrage, nämlich, warum sie annehmen, ich sei sicher oder sicherer in dem vorwiegend weißen Mittelklasse-Wohnviertel, in dem ich lebe, wenn ich in der Stadt bin. Dass sie glauben, ich kann mich dort sicherer fühlen und treffe dort wahrscheinlich weniger auf rassistische Vorurteile, offenbart im Kern bloß ihre klassistischen Vorurteile. Tatsächlich habe ich erfahren, dass Rassismus in all den privilegierten weißen Wohnvierteln, in denen ich lebte, überall in den USA, auch in Kentucky, genauso an der Tagesordnung war wie in ärmeren Wohngegenden. Ungeachtet der sozialen Schichtung des jeweiligen Wohnviertels – entscheidend ist, dass diejenigen, die dem Vorurteil feindliche Akte folgen lassen, in der Minderheit sind. Und wenn diese Minderheit tatsächlich einmal aktiv rassistische Angriffe ausführte, musste ich immer wieder erleben, dass die Mehrheit kaum Courage zeigte und nicht dagegen aufstand – egal, ob die Wohngegend arm oder privilegiert war.

Der Schwarze Dichter Yusef Komaunyaka, der in dem Essay »Dark Waters« über seine Kindheit in der von Segregation geprägten Welt in den Kleinstädten Louisianas schreibt, bietet eine lebhafte Schilderung der Atmosphäre von Angst und Misstrauen als beherrschende Kraft in den Begegnungen zwischen Schwarzen und Weißen. Er erinnert sich:

> »Ich wuchs in einem Klima des Misstrauens auf. Schwarze trauten Weißen nicht, und manchmal war es schwierig, Wahrheit von Mythos und Folklore zu unterscheiden. Zum Beispiel würde keine Schwarze Person illegal gebrannten Schnaps verkaufen, aber es gab einen Weißen, der sein Gebräu an die Schwarzen verkaufte. Er verkaufte nicht nur unter der Hand, am Gesetz vorbei, sondern, so wurde gemunkelt, er panschte sogar seinen Maiswhiskey mit Abflussreiniger. Wir glaubten, dass einige von uns langsam vergiftet wurden. Dies war die Art von Geschichten, die Misstrauen nähren ... ›Es gibt nichts, was ein weißer Mann nicht tun würde, um einen Schwarzen unten zu halten‹, sagte man. ›Wenn er dich nicht legal in Ketten halten kann, wird er irgendeinen Weg finden, seinen Fuß in deinem Nacken zu behalten...‹ Dies war die Art von Alltagsweisheiten, die in unserer Gegend bereits den Kindern vermittelt wurden.«

Bislang ist so wenig über die Art und Weise geschrieben worden, wie das Leben unter der rassistischen Apartheid die Psyche Schwarzer Menschen angreift und in einigen von uns eine pathologische Furcht vor dem Weißsein ausgelöst hat, eine Angst, die von unverarbeiteten Traumata herrührt. Deshalb gibt es auch so wenige offenen Diskussionen darüber, wie diese Psychohistorie, das Erbe des Rassismustraumas, viele Schwarze in der Angst vor Weißen gefangen hält, in der Überzeugung, dass alle Weißen einen tiefsitzenden Willen haben, uns Böses anzutun. Diese Furcht und das daraus erwachsende tiefe Misstrauen sind besonders stark in der armen Bevölkerung ausgeprägt.

Früher, als rassistische Segregation noch die Norm war, erfuhr man meistens nur über Hörensagen etwas über Menschen mit anderer Hautfarbe, und das speiste sich meist aus Stereotypen, Klatsch und Tratsch, Fantasien und Projektionen. Heutzutage sind die Massenmedien der Ort, an dem die meisten Menschen Informationen über das ›Andere‹, das heißt über Menschen, die ›anders‹ sind als sie selbst, erhalten. Leider benutzt die massenmediale Kultur häufig nur existierende Stereotype und Vorurteile als Rohmaterial, weshalb die Informationen über arme Schwarze und Weiße überwiegend negativ sind. Trotzdem stellen diese negativen Inhalte keineswegs ein geschlossenes System des Denkens und Lebens dar. Sich dafür zu entscheiden, über Menschen, die ›anders‹ sind als man selbst, Bilder zu betrachten oder über sie zu lesen – ungeachtet dessen, ob diese Bilder positiv oder negativ sind –, eröffnet die Möglichkeit, dass Neugier erweckt wird und dies zu einem positiven Kontakt führt.

Damals, als mein Bruder und ich die Berge in Kentucky durchstreiften und weiße Hillbillys trafen, fanden wir nicht, dass alle gleich waren, nicht alle gehässig. Dennoch, die Grenzen, die unsere beiden Welten trennten, schlossen die Möglichkeit von Freundschaft aus. Wie dem auch sei, vielleicht schufen jene frühen positiven Eindrücke eine Basis, die es mir heute ermöglicht, weißen Hillbilly-Nachbar:innen offen zu begegnen – mit dem Respekt, den sie verdienen. Genauso wenig, wie ich die Weißen in der privilegierteren Wohngegend, in der ich mich einige Zeit des Jahres aufhalte, vorverurteile, begegne ich auch meiner weißen Nachbarschaft in den Bergen ohne Vorurteil. An beiden Orten bin ich im Zweifelsfall auf der Hut, denn Rassismus ist eine aktive systemische Unordnung, die unser aller Leben beeinträchtigt, besonders regelmäßig das von People of Colour.

Obwohl ich meine Klassenkameradin Wilma, das weiße Mädchen aus einfachen Verhältnissen, das mit uns im Bus fuhr, zu meinen Freundinnen zählte, hielt ich später keinen Kontakt zu ihr. Natürlich habe ich mich gefragt, was wohl aus ihr geworden ist, und überlegt, ob die Belästigungen durch die Schwarzen Jugendlichen im Bus sie fürs Leben gezeichnet haben mögen. Ich habe mich gefragt, ob sie heute vielleicht eine negative Gesinnung gegenüber Schwarzen hegt, die ihre Teenagerzeit bis ins Erwachsenenalter überdauert hat – oder ob sie eher so wie ich war, eine, die die Verflechtung von *race* und Klassenzugehörigkeit früh begriffen hatte. Ich stelle mir nur zu gerne vor, dass sie die Gründe, warum sie angegangen wurde, verstand und ihre Peiniger:innen deshalb bemitleidete, dass sie verstand, wie der internalisierte Selbsthass deren Vorurteile befeuert hatte. Über die Jahre wurde mir klar, wie sehr die Kultur der weißen Überlegenheit die armen Schwarzen aus dem Süden von den Weißen derselben Klasse trennt. Während ich Freundschaft zu Wilma empfand, habe ich als Teenager nicht verstanden, dass unsere Nähe durch das Band einer gemeinsamen Klassenrealität entstanden war. Wir wurden zwar beide gelehrt, über *race* nachzudenken, aber nicht über Klasse.

Nachdem ich die Berge Kentuckys verlassen hatte, glaubte ich der harschen Welt der weißen Vorherrschaft, des rassistischen Hasses und Vorurteils den Rücken gekehrt zu haben und in einem aufgeklärteren Teil der Welt zu leben. Dabei war mir nicht wirklich bewusst, dass mein Weggang aus Kentucky auch etwas mit sozialer Mobilität zu tun hatte. In der Welt meiner Kindheit, wo Klassismus und Rassismus ineinanderflossen, gab es nur eine begrenzte

Palette an Möglichkeiten für ein Schwarzes Mädchen aus armen Verhältnissen. Ich konnte Lehrerin werden, Haushaltshilfe oder Hausfrau. Wenn es Schwarze College-Professor:innen in unserer Kleinstadt gegeben haben sollte, so kannte ich sie jedenfalls nicht. Genauso wenig wusste ich, dass, als ich mich entschied, Kentucky zu verlassen, um in Kalifornien zu leben und an der Stanford Universität zu studieren, dies der Beginn einer langen Reise war. Sie führte mich, die ich im Grunde genommen eine Schwarze Hillbilly-Frau mit niedrigem Sozialstatus war, fort aus der Arbeiterklasse, den Südstaaten und einem ländlichen Umfeld), hin zu einer neutraleren geografischen Verortung. Indem ich jene Marker ausradierte, schuf ich die Voraussetzungen dafür, nach sozialer Mobilität zu streben, die Karriereleiter immer weiter hinauf, hinauf und fort.

Dennoch habe ich es nie geschafft, von Kentucky wirklich »loszukommen«. In meiner Vorstellung bin ich immer wieder in die Hügel Kentuckys zurückgekehrt, um dort einen Weg zu finden, mein Dasein zu erden und spirituell genährt zu werden. Zu dieser inneren Landschaft, der hügeligen Welt in Kentucky, wo ich als Kind ein tiefes Gefühl von Freiheit empfunden hatte, kehrte ich im Geiste zurück, um meine Seele zu heilen, während ich ein Leben im Exil führte, weit weg von dem einzigen Ort, an dem ich mich wirklich zugehörig fühlte. Deshalb ist es kein Wunder, dass ich in jene Hügel zurückkehren musste, um das Gefühl der Verbundenheit mit dieser Erde wieder zu spüren.

Als ich die Berge Kentuckys verließ, um an einer prestigeträchtigen Universität im Westen zu studieren, wusste ich nicht, dass es mehr als dreißig Jahre dauern würde, bis ich wieder in den Staat zurückziehen sollte, der mich so sehr geprägt hat. Obwohl kein Jahr meines Lebens verging, ohne dass ich Kentucky wenigstens einmal besuchte, konnte ich mir meistens nicht vorstellen, jemals wieder dort zu leben. Jedes Mal, wenn ich nach Hause kam, erschien es mir, als ob sich fast nichts geändert hätte. Insbesondere kam es mir so vor, als ob die brutale rassistische Apartheid, die mich als Kind in Angst und Schrecken versetzt hatte, immer noch ungebrochen war.

Ich ging nie in die Berge, wenn ich einmal auf Besuch zu Hause war. Der Ort meiner Kindheit war zu lediglich einem weiteren zerstörten Fleck Erde verkommen, vergewaltigt, um neuen Baustellen Platz zu machen. All die Jahre, in denen ich zu Besuch nach Hause kam, suchte ich mein Heil im Haus meiner Eltern und wagte mich selten heraus. Hin und wieder traute ich mich auf die Veranda oder spazierte im Hinterhof, aber ich habe mich nie in die Berge aufgemacht. Ich wollte nicht wieder und wieder den Schmerz des

Abschieds durchleben. Da war kein Schmerz, wenn ich mich von der Familie verabschiedete. Nach Besuchen, die mir zeigten, dass mein altes Zuhause in Kentucky genauso dysfunktional war wie eh und je, verwandelte sich die Sehnsucht, die mich nach Hause getrieben hatte, in den verzweifelten Willen wieder abzureisen und nie wiederzukommen. Für mich war Familie immer der vertraute Ort, der Geborgenheit bietet, aber zugleich auch verletzt. Während ich weit weg von Zuhause war, träumte ich davon dort zu sein – und doch war ich sicher, nie wieder nach Kentucky zurückzuziehen.

Obwohl meine Kindheit in Kentucky mir über die Jahre immer wieder als Katalysator und Quelle für intimes autobiografisches Schreiben diente, erwog ich nie, in meinen Heimatstaat zurückzukehren. Das hätte Rückkehr zu Schmerz und Verletzungen bedeutet, für deren Aufarbeitung und Bewältigung ich Jahre gebraucht hatte. Meine Wunden resultierten aus dem Trauma einer dysfunktionalen Familie und dem Schmerz, in einer sozial segregierten Welt aufzuwachsen, geprägt von rassistischer Apartheid und Diskriminierung. Es war auch schwer mit anzusehen, wie die korrupte und von rassistischen Vorurteilen bestimmte Politik es dem Drogenhandel ermöglichte, die armen Schwarzen Wohnviertel zu zerstören. Die damit einhergehende Flucht der privilegierten Schwarzen aus unseren alten segregierten Nachbarschaften machte es dann noch einmal um vieles leichter, diese armen Viertel der Verwüstung preiszugeben.

In den Welten, in denen ich mich zu leben entschied, nachdem ich aus Kentucky weggezogen war, suchte ich mir keine segregierten Schwarzen Wohnviertel zum Wohnen aus. Meine Wohnorte gehörten überwiegend Milieus an, in denen konservative Wertvorstellungen vorherrschten. Jedoch wählte ich auch keine engstirnigen weißen Wohnviertel. Stattdessen zog es mich an Orte, die divers waren, Nachbarschaften mit ›ethnischer‹, religiöser und sexueller Diversität, solche, in denen Differenz akzeptiert wurde. Selbst wenn diese Wohnviertel überwiegend weiß waren, waren sie doch immer eher liberal und progressiv. Die Gegend, in der ich als Jugendliche lebte, war stark durch das soziale Konstrukt der patriarchalen weißen Vorherrschaft geprägt. Obwohl es dort diese vielfältige Schwarze Subkultur gab, die inner- wie außerhalb dieser rassistischen Norm existierte, war dies eine Welt, die weder Schwarzen noch Weißen erlaubte, ein Leben in Fülle und Freiheit zu leben. Viele anthropologische und soziologische Studien über die *return migration*, die Re-Migration der Schwarzen aus den Nordstaaten zurück in ihre Heimat in den Südstaaten, dokumentieren, dass viele im Süden geborene Schwarze sich nach den reichhaltigen Subkulturen ihrer Kindheit zurücksehnten und sich zugleich davor fürchteten, an diesen Orten wieder dem Rassismus alten Stils ausgesetzt zu sein.

Viele Schwarze aus den Südstaaten haben eine Sehnsucht nach dem alten gemeinschaftlichen Lebensgefühl mit Werten wie Verbundenheit, Anstand, Höflichkeit und gegenseitiger Fürsorge, die viele von uns in ihrer Kindheit kennengelernt haben. Es sind diese ethischen und moralischen Wertvorstellungen, die wir aus dem Süden mitnahmen und die wir versuchten, auch anderswo hochzuhalten. Ob ich in Kalifornien, Wisconsin, Florida oder Ohio lebte, stets dienten mir meine frühen Erfahrungen in Kentucky als Standard, an dem ich die tatsächliche Qualität meines Lebens maß. Vom Ort der Kindheit entfernt zu leben, fühlte sich wie ein Leben im Exil an. Der Begriff Exil ist durchaus angemessen, weil viele Schwarze aus den Südstaaten es so empfanden, dass der fortwährende bösartige Rassismus uns zwang, unsere Herkunftsregionen zu verlassen. Viele, die im Exil leben müssen (dieser Begriff ist durchaus angemessen, weil es sich für viele Schwarze aus den Südstaaten so anfühlt, dass der fortwährende bösartige Rassismus uns zwang, unsere Herkunftsregionen zu verlassen), entwickeln leicht eine idealisierte Sichtweise auf den Ort, den sie verließen.

Weg von zuhause, konnte ich meine Heimat anders betrachten, indem ich all das, was ich bewahren wollte, von dem trennte, was ich fürchtete und zerstört sehen wollte. Zurückzublicken war wie der Verkauf eines Landhauses, wo alle Habseligkeiten der Privatsphäre entrissen und öffentlich zur Schau gestellt werden, damit alle sie inspizieren und in ihnen herumwühlen können. Es wird entschieden, was behalten und was aussortiert wird, was endgültig bleiben darf, was weggegeben und was entsorgt wird. Ähnlich wie bei einem solchen Verkauf war ich, fort von zu Hause, in der Lage, die Vergangenheit offenzulegen und in mir vieles davon zu bewahren, was die Seele nährte. – Und ich konnte viel von dem unnötigen Leid und Schmerz loslassen.

Mithilfe von Therapie und Selbstanalyse erlebte ich befreiende Veränderungen in meinem Geist und meinem Herzen, so dass ich begann, mir all das, was an meinen Jahren in Kentucky kostbar war, wieder zu eigen zu machen. Indem ich das Gute daran schätzen lernte, konnte ich sehen, wie die Älteren und die Leute meines Alters, die unsere Heimat in Kentucky nie verlassen hatten, es auf verschiedenste Weise schafften, am Leben festzuhalten – trotz der Zumutungen des Systems des imperialistischen-kapitalistischen Patriarchats weißer Vorherrschaft.

Als ich meine Vergangenheit und unsere Beziehung zur Erde reflektierte, wurde mir klar, dass Generationen von Schwarzen in meiner Heimat daran gearbeitet hatten, eine tiefe Verbindung mit der Erde aufrechtzuerhalten. In der Einleitung zu seinem Sammelband *At Home on The Earth: Becoming Native to Our Place* beginnt der Herausgeber David Barnhill mit der Feststellung: »Unsere Beziehung zur Erde ist radikal: unser Bewusstsein und unsere Kultur wurzelt in ihr, ebenso wie jede Vorstellung von einem reichhaltigen und guten Leben.« Lange bevor unsere gegenwärtigen Sorgen um das Wohl des Planeten gehört wurden, äußerte der wohl bekannteste afroamerikanische Umweltschützer, George Washington Carver, ähnliche Empfindungen, und gerne sagte er: »Was ist Geld, wenn ich die ganze Erde besitze?« Carver wollte, dass jede Person, aber besonders Schwarze, sich darin engagierten, die Erde zu schützen und pfleglich mit ihr umzugehen.

Er kümmerte sich bereits um Nachhaltigkeitsthemen, als diese Anliegen noch wenig populär waren und arbeitete kontinuierlich daran, Respekt vor der Erde zu lehren. Carver verstand, wie die Weigerung, sich in der rechten Weise um die Erde zu kümmern, mit der Bereitschaft von Menschen zusammenhängt, sich gegenseitig auszubeuten und andere unmenschlich zu behandeln, weshalb er zeitlebens daran arbeitete, die lebensspendende Verbindung aufzuzeigen, die Menschen zur Erde und zu den Pflanzen haben können. Trotz seiner Anstrengungen glaubten viele Schwarze in den Südstaaten, dass Fortschritt für sie nur zu erreichen sei, indem sie sich von ihren ländlichen Wurzeln abwandten. Das Ende der Sklaverei, die Massenabwanderung aus den agrarischen Südstaaten in die Städte des Nordens, das Ende der kollektiven Präsenz Schwarzer Farmer:innen, all dies erzeugte ein trauriges Stillschweigen über unsere Beziehung zur Erde. Diese Stille zu durchbrechen, erschien einigen progressiven afroamerikanischen Südstaatler:innen lebenswichtig, so dass sie sich dafür engagierten, unser Denken zu dekolonisieren, besonders diejenigen unter uns, die sich bewusst für die Rückbesinnung auf unser Erbe entschieden, nämlich der Aufgabe, die Erde zu beschützen.

Die Geschichte der Schwarzen, die Land bewirtschafteten und so ihren Lebensunterhalt bestritten, wurde geleugnet, aber damit ebenso die Tatsache, dass das Leben in den von Weißen beherrschten Südstaaten auch positive Aspekte aufwies. Ende des 19. Jahrhunderts dominierten bereits die kulturellen Mythen, die Freiheit zu einem Synonym von Materialismus machten, was dazu führte, dass jeglichem agrarisch basierten Lebensstil seine Würde abgesprochen wurde. Die Schwarze Landbevölkerung, die sich diese Version des Amerikanischen Traums zu eigen machte, war ebenso eifrig wie ihr weißes Gegenstück bemüht, die ländliche Vergangenheit so schnell wie möglich hinter sich zu lassen, um Freiheit im industrialisierten Norden zu suchen. Denn das Leben der afroamerikanischen Farmer:innen war ein schweres, voller harter Arbeit und oft ohne nennenswerte materielle Entlohnung.

Schwarze – wie meine Großeltern mütterlicher- und väterlicherseits –, die daran glaubten, dass Landarbeit sie auf eine spirituelle, mystische Weise erdete, wurden von der Bewegung zur Verbesserung der Lebensbedingungen der Schwarzen nicht gesehen, verfolgte diese doch vor allem anderen das Ziel materiellen Erfolgs. Als George Washington Carver verstarb, gab es keine nennenswerten Schwarzen Anführer mehr, die den Schwarzen sagten, dass die Landwirtschaft ein guter Weg war, den Lebensunterhalt zu verdienen, in Carvers Worten durchaus geeignet, »die goldene Tür zur Freiheit für unser Volk« zu öffnen. Carver war davon überzeugt, dass insbesondere Schwarze Menschen Selbstbestimmung und Selbstversorgung erreichen konnten, indem sie in Harmonie mit der Erde lebten, aber seine transzendente Vision umfasste alle Menschen. In der Unterhaltung einer fürsorglichen Beziehung zur Erde und zur Natur sah er ein Instrument, um sich mit dem Göttlichen zu vereinen. Manches Mal sagte er so etwas wie: »Nichts ist schöner als die Wälder vor Sonnenaufgang, und zu keiner anderen Zeit habe ich so ein klares Verständnis davon, was Gott mit mir vorhat.«

Die spirituelle Verbindung mit der Erde ist einer der gegenhegemonialen Glaubenssätze, die den ausgebeuteten und unterdrückten Schwarzen in den Jahren der Sklaverei und der Reconstruction halfen zu überleben. Tatsächlich bestand in der Erfahrung des Göttlichen durch die Vereinigung mit der Natur eine Möglichkeit, den aufgezwungenen Irrglauben, die Hautfarbe sei der wichtigste Aspekte der eigenen Identität, zu überwinden. Als sie die ländliche Vergangenheit hinter sich ließen, begannen viele, sich der Natur und ihrer südlichen Wurzeln entfremdet zu fühlen, weil die organische spirituelle Erneuerung, die sich in direktem Kontakt mit der natürlichen Umwelt ergibt, im Alltag der gewöhnlichen Afroamerikaner:innen jetzt nicht mehr verfügbar war.

Während meiner Kindheit wusste ich bereits von dem tiefen Graben zwischen den Schwarzen auf dem Land und in der Stadt. Schon als junges Mädchen erfuhr ich, dass es Konflikte zwischen diesen beiden Kulturen in Kentucky gab – der ländlichen Welt der Hügel und abgelegenen Wäldern einerseits und der Welt der Stadt, in der Zivilisation, Recht und Ordnung herrschten, andererseits.

Eine der traumatischsten Erfahrungen meiner frühen Jahre war der Umzug unserer Familie vom Land in die Stadt. In meiner kindlichen Vorstellung war das Landleben gleichbedeutend mit Naturverbundenheit, Freiheit, Abenteuer und Sicherheit, während die Stadt für Eindämmung und Bewegungseinschränkung stand und eine viel zu dicht bebaute, gefährliche Landschaft darstellte. Die Furchtlosigkeit und zugleich der Respekt vor der Natur, die ich als naturverbundenes Kind empfand, erfüllten mich mit einer Kraft und Zuversicht, die mir in der Stadt, wo ich mich unsichtbar, machtlos und verloren fühlte, bald abhandenkamen. In der isolierten, dünn besiedelten, ländlichen Umgebung der Hügel Kentuckys hatte es kein anhaltendes Gefühl von Bedrohung oder Gefahr gegeben – keine Notwendigkeit, einem Kind andauernd zu sagen, dass es vorsichtig und auf der Hut sein solle. In der städtischen Welt hingegen lauerten überall Gefahren.

Als die Mystery-Autorin Sue Grafton im Magazin *Kentucky Living* interviewt wurde, erinnerte sie sich an ihre Kindheit in Kentucky, und bestätigte, dass sie die Einfachheit der Welt, in der sie aufwuchs, weiterhin wertschätzt. Sie erinnerte sich daran, dass »die Welt damals viel unschuldiger« war, und räumte ein: »Ich kann mich glücklich schätzen, dass ich so viel Freiheit gehabt habe.« Als Kind die Freiheit in der Natur zu erleben, verlieh ihr eine nachhaltige Stärke.

Mein Kinderherz brach, als ich das Land, wo ich mich sicher gefühlt hatte, verlassen musste, das Land der ruhigen, langsamen Tage, ohne Menschenmassen und mit einer Stille, die man so in einer lauten Kleinstadt voller schnelllebiger Bewegungen und fremder Menschen nie erleben konnte. Abgeschnitten von einer sich (und mich) ständig regenerierenden natürlichen Welt, fühlte ich mich, als hätte ich meine Seele verloren – eine traumatische Erfahrung. Fernab des ländlichen Lebens von Kentucky wurde mir beigebracht, dass ich mich, um mich wirklich selbst zu verwirklichen und ein wertvoller Mensch zu werden, von meinen Kentucky-Wurzeln abwenden müsse. Am Ende meiner Teenagerjahre war mein nächster großer Schritt, einen Bus zu besteigen, dann ein Flugzeug, das mich nach Kalifornien bringen würde, so weit weg von Kentucky, wie ein Mädchen nur reisen kann, ein Schwarzes Mädchen aus armen Verhältnissen.

Als ich mein Zuhause verließ, erfüllte ich die Erwartungen derer, die mich gelehrt hatten, zu glauben, ich würde ein ›besserer‹ Mensch werden, wie neu geboren, wenn ich Kentucky den Rücken kehrte. Kentucky zu verlassen, triggerte das tiefsitzende Gefühl eines gebrochenen Herzens, das bereits während meiner Kindheit, bei meinem ersten Umzug vom Land in die Kleinstadt erstmals aufgetaucht war. An allen Orten, an die ich gereist bin im Bemühen, fernab von meinem Zuhause in Kentucky dieser ›bessere‹ Mensch zu werden, stieß ich auf eine Kultur des Narzissmus, in der spirituelle Überzeugungen und ethische Werte für die meisten Leute nur eine sehr geringe Bedeutung hatten. Ich sehnte mich danach, an diesen Orten die Werte zu finden, die mir in meiner Kindheit vermittelt worden waren. Es waren einfache Werte, die meinem behüteten Leben zugrunde lagen. Vor allem war mir beigebracht worden, ein anständiger Mensch zu sein, den Nächsten wie mich selbst zu lieben, treu zu sein und die Erde, unser Zuhause, mit Respekt zu behandeln. Ich wusste nicht, wie ich in einer Welt zurechtkommen sollte, in der diese Werte keine Bedeutung hatten.

Meine Entscheidung, nach Kentucky zurückzukehren, um wieder dort zu leben, wurzelte in einem wachsenden Bewusstsein, dass vieles von dem, was ich an meinem Heimatstaat nicht mochte (das Fortbestehen des alltäglichen grausamen und gewalttätigen Rassismus sowie die weiterhin vorherrschenden patriarchalen Überzeugungen), überall mehr und mehr zur Norm wurde. Gleichzeitig waren Reste von allem, was ich während meiner Kindheit schätzte, bei meiner Familie in Kentucky und in der dortigen Community noch präsent. Obwohl alt und gebrechlich, hängen meine Eltern immer noch am Leben. Zurückzukommen, um in Kentucky zu leben, bietet mir die Möglichkeit, in ihren letzten Lebensjahren auf der Erde Zeit mit ihnen zu verbringen. Mein Vater nennt diese Jahre die Zeit, in der »wir den Berg hinabsteigen«. In ihrem Buch *Animal, Vegetable, Miracle* erzählt Barbara Kingsolver, wie sie mit ihrer Familie aus Arizona ins ländliche Kentucky zurückzog, wegen vieler »herkömmlicher Gründe für einen Umzug«, aber auch wegen der Verwandtschaft. Sie erklärt:

> »Jetzt zurückzukehren, würde meinen Kindern mehr als nur eine flüchtige Urlaubsbekanntschaft mit Großeltern und Cousins ermöglichen. In meinem Erwachsenenleben gab es im Telefonbuch kaum jemanden, der denselben Nachnamen wie ich hatte. Jetzt könnte ich den Memorial Day damit verbringen, die Gräber meiner Vorfahr:innen mit Pfingstrosen aus meinem Garten zu schmücken. Tucson hatte mir die Augen für die Welt geöffnet, mir eine Karriere als Schriftstellerin beschert und Legionen von Freunden sowie eine Vorliebe für die sensorische Extravaganz roter scharfer Chilis und Fünf-Uhr-Sonnenaufgänge. Aber nach zwanzig Jahren in der Wüste rief mich die Heimat.«

Solch ein Ruf nach Hause kommt oft zu einer Zeit, in der viele von uns dazu bereit sind, ruhiger zu werden und sich endgültig niederzulassen.

Für mich wie für viele andere, die zu ihren Wurzeln in südliche Kleinstädte zurückkehrten, war eine der unmittelbarsten Erfahrungen die Verlangsamung von allem. In der Kindheit haben meine Geschwister und ich die Trägheit und Langsamkeit des Alltags, die sich breitmachten, sobald die Hausarbeit erledigt war, oft gehasst. Dann wollten wir Action, Bewegung, die Möglichkeit, dass etwas passiert. Wir hatten kein Interesse daran, still zu sitzen. Auf der Suche nach einem Ort spiritueller Erdung durch die buddhistische wie die christliche Praxis erfahre ich in meinem heutigen Leben Stille als Weg zum göttlichen Geist. Jetzt möchte ich in Stille sein. Ich möchte diese Erkenntnis leben, dass die Verbindung mit dem Göttlichen in der Stille zu finden ist.

Dadurch, dass ich in die Landschaften meiner Kindheit in Kentucky und – besonders wichtig –, in die Hügel zurückgekehrt bin, bin ich in der Lage, ein erhabenes Verständnis davon zurückzugewinnen, dass das Leben in Harmonie mit der Erde den Geist erneuert. Nach Kentucky zurückzukehren, war für mich eine Reise zurück zu einem Ort, an dem ich fühlte, dass ich hier hingehörte, dazugehörte. Aber es war auch die Rückkehr an einen Ort, an dem ich das Gefühl hatte, dass er mich und meine Ressourcen brauchte. Ich wollte an einen Ort zurückkehren, an dem ich mich als Bürgerin einbringen konnte, in Gemeinschaft mit anderen Menschen, die ebenso danach strebten, unsere lokale Umgebung wiederzubeleben und zu erneuern – und dabei einen Ort zu finden, dem man die Treue halten konnte.

Lebendiges Engagement für einen speziellen Ort, ebenso wie für das Thema Nachhaltigkeit, lässt uns erkennen und verstehen, dass wir ein Leben in gegenseitiger Abhängigkeit leben. Unser Denken und Handeln werden ständig von dem beeinflusst, was Wendell Berry »ökologische Intelligenz« nennt: »ein Gefühl dafür, dass es unmöglich ist, allein zu handeln und allein bzw. ausschließlich für sich selbst zu leben. Dies wiederum beruht auf einem Sinn für die Ordnung, von der jedes Leben abhängt, und dafür, was innerhalb dieser Ordnung an einem bestimmten Ort angemessen ist.« Wenn wir einfach nur aufs Land zurückkehren, ohne den Kreis zu schließen und die beim Leben in kleinen und großen Städten angenommenen Sitten und Gebräuche loszulassen, haben wir den Orten, zu denen wir zurückkehren, wenig zu bieten. Daher kehren wir mit einem ausgeprägten Sinn für Verbindlichkeit und Verpflichtung in die unvergessenen Heimatorte unserer Vergangenheit zurück.

Als Erwachsene in den Hügeln zu leben, eröffnet mir eine andere Perspektive auf Weiße aus armen Verhältnissen als die engstirnige, voreingenommene Sichtweise, die mir als Kind beigebracht wurde. Ich muss allerdings daran arbeiten, die Wohnwagen zu schätzen, mit denen die Hügel übersät sind und die für mich wie riesige Blechdosen aussehen. Wenn ich genauer hinsehe und die Mühe betrachte, mit der die Nachbar:innen diese Gefährte in wohnliche Behausungen verwandeln, empfinde ich Empathie und Solidarität. In seinem Buch *Gemeinschaftsbildung – Der Weg zu authentischer Gemeinschaft* schreibt M. Scott Peck über die Bedeutung von Gemeinschaft und stellt fest, dass echte Gemeinschaft immer »realistisch« sei und das könne sie nur sein, wenn Unterschiede anerkannt und gelebt würden. Peck erklärt:

> »Weil eine Gemeinschaft aus vielen Mitgliedern mit vielen verschiedenen Standpunkten besteht, die frei zum Ausdruck gebracht werden können, ist sie viel besser geeignet als Einzelne, Paare oder gewöhnliche Gruppen, um die Gesamtheit einer Situation zu beurteilen. Ein wichtiger Bestandteil von Realismus oder Lebensnähe muss hier erwähnt werden: Bescheidenheit. Während schroffer Individualismus zu Selbstüberhöhung neigt, führt der sanfte Individualismus der Gemeinschaft zu Bescheidenheit. Wenn wir anfangen, die Talente anderer zu schätzen, beginnen wir unsere eigenen Grenzen zu erkennen. Wenn wir andere über ihre Unzulänglichkeiten sprechen hören, werden wir dadurch fähig, unsere eigene Unvollkommenheit anzunehmen. Wenn wir uns der Vielfalt der Menschheit bewusst werden, können wir auch die Abhängigkeit voneinander annehmen.«

Solche Erkenntnisse offenbaren sich denen von uns, die sich wirklich auf Gemeinschaft einlassen und danach streben, in Einklang mit der Welt um uns herum zu leben. Leider bedeutet die menschliche Vielfalt zu akzeptieren auch, dass wir einen Weg finden müssen, mit den Menschen in Kontakt zu kommen, die Vorurteile oder gar Hass zum Ausdruck bringen. Wenn wir uns der Bildung von Gemeinschaft verschreiben, sind wir berufen, sie durch das Band der Liebe zu vertiefen und zu erweitern, selbst wenn wir auf Ablehnung stoßen. Wir sind nicht dazu aufgerufen, Frieden mit Missbrauch zu schließen, aber wir sind aufgerufen, Frieden zu stiften.

Natürlich können wir keinen echten Frieden stiften, solange wir selbst keinen inneren Frieden gefunden haben. Für viele Menschen in den Hügeln Kentuckys, die entrechtet und mittellos sind, kommt der Frieden aus dem Gefühl der Zugehörigkeit zu diesem besonderen Ort auf der Erde, unseren Hügeln und Bergen. Dieser Frieden muss bewahrt werden, gerade wenn wir in einer Kultur leben, die täglich Krieg gegen uns führt. So wie das Abtragen ganzer Bergkuppen den heiligen Boden dezimiert und zerstört, werden unsere Seelen vom imperialistischen weißen kapitalistischen Patriarchat angegriffen. Die Plünderung unserer Kentucky-Erde ist ebenso bösartig wie der Angriff auf das, was in touristischen Werbeslogans Kentuckys ›ungezügelter Geist‹ genannt wird. Wenn wir daran arbeiten, unsere Gemeinschaft wie die Erde, die unsere Zeugin ist, und den Boden, auf dem wir stehen, zu schützen, schaffen wir die Voraussetzungen für Harmonie, Kameradschaft und Frieden. Diejenigen von uns, die den Boden von Kentucky verlassen haben, um anderswo ihre Bestimmung zu suchen, kehren in den Bluegrass-Staat zurück, weil wir, als wir uns anderswo ein Leben aufbauten, erkannten, dass dies die Landschaft und der Boden ist, die unseren Geist am meisten nährten und nähren.

Dass die Besten und Klügsten der ländlichen Hillbillys in Kentucky woanders hinziehen müssen, um sich selbst zu verwirklichen, wird als selbstverständlich erachtet, aber niemand fordert, dass diese elitäre Gruppe in ihre Heimat zurückkehren sollte. Folglich wird diesem Staat eine wichtige menschliche Ressource entzogen. Symbolisch gesehen ist dies nicht unähnlich dem Abtragen von Bergkuppen. Als ich die Entscheidung traf, zurück nach Kentucky zu ziehen, war ich fassungslos, als viele Freund:innen und Bekannte aus der Stadt ihre Besorgnis darüber zum Ausdruck brachten, dass ich ins Hinterland ziehen würde, an einen Ort, an dem ich nicht wirklich ich selbst, nicht wirklich lebendig sein könnte. Es überraschte mich, dass so viele der negativen Klischees über das Leben in Kentucky die Landkarte unserer nationalen Stereotype immer noch prägen, so wie damals, als ich den Staat vor Jahren verließ. Als ich schließlich in New York City lebte und das Gefühl hatte, dort nicht hinzugehören, begann meine innere Suche nach meinem Platz.

Seit ich Kentucky verlassen habe, sind mehr als dreißig Jahre vergangen, denn meine innere Suche begann leider nicht in meinem Heimatstaat. Letztlich kam diese Suche einer archäologischen Grabung gleich, bei der ich die Tiefen meines Wesens ergründete, um zu sehen, wann und wo ich mich zugehörig gefühlt hatte, wann und wo im Universum ich zu Hause gewesen war. Diese Suche führte mich nach Hause, nach Kentucky. Aber ich konnte nicht einfach irgendwo in meinem Heimatstaat sein; vielmehr wählte ich eine kleine, fortschrittliche Stadt, in der mein Ich sich frei entfalten konnte. In dem Essay »Local Matters« erklärt Scott Russell Sanders, wie wichtig es ist, einen Ort zu finden, dem man sich zugehörig fühlt:

> »Es ist selten, dass wir uns einmal entscheiden bewusst still zu sitzen und uns in einen Ort einzuweben, so dass wir die Wildblumen, die Felsen, die Politiker:innen kennen, so dass wir Gesichter erkennen, wohin wir uns auch wenden, so dass wir uns mit allem, was wir sehen, verbunden fühlen. Heutzutage besteht die Herausforderung darin, irgendwo zu sein und nicht nirgendwo, tatsächlich zu einem bestimmten Ort zu gehören, sich in ihn zu investieren, Kraft und Mut aus ihm zu schöpfen, nicht nur aus einer Karriere oder einem Bankkonto, sondern aus einer Gemeinschaft … Sobald man sich an einen Ort bindet, ist man mitverantwortlich für das, was dort passiert.«

Obwohl ich an den vielen Orten, an denen ich außerhalb von Kentucky lebte, dazugehören wollte, habe ich mich nie festgelegt. Es bestand immer die Möglichkeit, dass ich weiterziehen und neu anfangen würde. Als ich nach Kentucky zurückkehrte und mein Leben in einer Kleinstadt begann, wusste ich, dass dies das Ende meiner Reise auf der Suche nach Heimat war. Sanders erzählt in seinem Essay »Settling Down«: »Ich habe ein halbes Leben lang gebraucht, um zu erkennen, dass der einfachste Weg zum ultimativen Ort durch meinen lokalen Ort führt.« Und er meint damit das Land, das Wetter, Jahreszeiten, Pflanzen und Tiere. Kühn erklärt er: »Ich kann kein geistiges Zentrum haben, ohne ein geografisches zu haben. Ich kann kein geerdetes Leben führen, ohne an einem Ort geerdet zu sein.« Indem er den Heimatort mit geistigem Frieden assoziiert, erinnert er uns daran, dass »die Zugehörigkeit zu einer Landschaft ein Gefühl der Richtigkeit, des Zuhauseseins, des Zusammenwirkens von Selbst und Welt erzeugt«.

Diese Worte drücken treffend aus, wie ich mich hier fühle, mit meinem Haus auf dem Hügel und den paar Morgen Land darum herum, von denen ich weiß, dass sie für immer grün sein werden, dass sie sich von der Abtragung der Hügelkuppen erholt haben und dass sie nicht mehr zerstückelt werden. Ich bin aufgerufen, meine Ressourcen nicht nur für die Wiederherstellung und den Schutz des angegriffenen grünen Raums zu nutzen, sondern mich an einem Prozess der Heilung der Hügel zu beteiligen. Obwohl ich einer langen Reihe von Farmer:innen aus Kentucky entstamme, muss ich erst noch lernen, wie ich der verantwortungsvollen Aufgabe gerecht werden kann. Ich habe nicht den ersehnten grünen Daumen, aber mit ein wenig (oder etwas mehr als ein wenig) Hilfe meiner Gemeinschaft leiste ich die Arbeit der Selbstheilung, der Heilung der Erde, des freudigen Zusammensetzens meiner Welt in einer Weise, dass ich ganz und heilig sein kann.

6 Noch einmal: Die Segregation muss aufhören

Wer selbst Essays verfasst, kennt das zweifellos: Es gibt immer ein oder zwei Aufsätze, die einen verblüffen, nachdenklich stimmen und immer wieder fragen lassen: »Wo kam das her?« Es ist normalerweise unmöglich, Leuten, die keine Schriftsteller:innen sind, zu erklären, dass Ideen, Worte oder gar der ganze Essay einen geheimnisvollen Ursprung haben, aus dem tiefen, tiefen Unbewussten auftauchen, so dass sich selbst die schreibende Person darüber wundert, was hervorkommt. Solch ein Schreiben ist dann eine Offenbarung. Es berührt und wühlt auf. Es erhellt. Unter meinen Essays ist einer, der mich wirklich aufgerüttelt und bewegt hat, der Aufsatz »Der Schwarze Blick auf das Weißsein« (siehe Kapitel 7, in diesem Band). In diesem Text wollte ich mich mit den vom Rassismus verursachten psychologischen Traumata beschäftigen. Insbesondere wollte ich darüber schreiben, wie Schwarze, die inmitten der rassistischen Apartheid leben, das Weiße fürchten, es als etwas Schreckliches ansehen.

Als der Kampf um die Bürgerrechte die nationale Aufmerksamkeit auf das Thema der Aufhebung der rassistischen Segregation lenkte, gaben einzelne rassistische Weiße häufig ihre ›intimen‹ Kenntnisse über Schwarze zum Besten, indem sie öffentlich verkündeten, dass die »Farbigen gerne unter sich bleiben«. Doch niemand sprach jemals über das Problem des Traumas, darüber, dass Schwarze vielleicht zusammenblieben und sich von den Weißen fernhalten wollten, weil diese uns durch ihre unerbittliche Ausbeutung und Unterdrückung so viel angetan haben. Die ungeheuerliche Art und Weise, in der weiße Rassist:innen den Schwarzen Schmerz und Leid zufügten und weiterhin zufügen, wird nie vollständig dokumentiert oder anerkannt sein. Zeitgenössische, großformatige, schöne und teure Bildbände bringen geradezu ›stilvolle‹ Bilder von brutalen Lynchmorden in unsere Häuser und erwecken den Anschein, dass diese Gräueltaten einfach nur Geschichte seien. Sie verleugnen, dass diese schrecklichen Bilder, die die bösartigen, hasserfüllten Angriffe auf hilflose Schwarze Körper durch mächtige weiße Körper zeigen, ein vererbtes Trauma weitertragen, das nicht vergangen, nicht verschwunden ist.

Unsere Nation ist in der Lage anzuerkennen, dass Jüd:innen, wenn sie selbst zwar keine unmittelbaren Opfer des Holocaust sind, aber ihre Verwandten, Freund:innen und Bekannten ermordet und abgeschlachtet wurden, unter posttraumatischem Stress leiden. Es wird verstanden, dass sie sich vor dem »deutschen« Anderen fürchten, Angst vor Bindungen außerhalb der eigenen Gruppe haben und manchmal auch eine lähmende Angst davor, dass es wieder passieren könnte. Jedoch hat sich erst in den letzten Jahren eine kleine Gruppe von Denker:innen der psychologischen Zunft und darüber hinaus begonnen, anzuerkennen, dass Schwarze Menschen, die Zeug:innen schwerer rassistischer Ausbeutung und Unterdrückung wurden, ebenso traumatisiert sind. Und selbst wenn die Vorfälle vorbei sind, erleben die Opfer posttraumatischen Stress.

Die Angst, Opfer rassistischer Beschimpfungen zu werden, hat die Schwarzen lange Zeit in segregierten Stadtvierteln und sozialen Beziehungen gefangen gehalten, trotz Antidiskriminierungsgesetzen und allgemein akzeptierter Aufhebung der Segregation. Als ich in der Zeit der Segregation aufwuchs, fühlte ich mich in unseren ausschließlich von Schwarzen bewohnten Vierteln ›sicher‹. Weiße Menschen wurden als Gefahr angesehen, insbesondere weiße Männer. Jedes Schwarze Mädchen in unseren segregierten Vierteln wusste, dass wir darauf achten mussten, keinen Kontakt zu weißen Männern zu haben, weil sie höchstwahrscheinlich darauf aus waren, uns auf irgendeine Weise zu verletzen. Sexuelle Übergriffe waren dabei die am meisten gefürchtete Form rassistischer Übergriffe durch weiße Männer. Es war aber auch klar, dass Weiße oft ganz unvermittelt, manchmal nur aus einer Laune heraus Schwarze demütigten und beschämten, sei es durch aggressive verbale Attacken (mit hässlichen rassistischen Schimpfwörtern) oder durch unverhohlen körperliche Angriffe. Damals, als die Segregation noch legal war, konnte sich keine Schwarze Person gegen die Gewalt von Weißen wehren, ohne schwere Repressalien zu erleiden. Folglich wurden Schwarze Kinder, die in rassistischer Apartheid lebten, systematisch dahingehend sozialisiert, Weiße zu fürchten und sich von ihnen fernzuhalten.

Obwohl wir in getrennten Wohnvierteln lebten, gab es in unserer Stadt ein paar Schwarze, die in der Nähe von Weißen wohnten. Die Mutter unserer Mutter, Sarah Oldham, lebte in einem weißen Viertel. Um sie zu besuchen, mussten wir durch Viertel gehen, die von rassistischen Weißen bewohnt wurden, die uns verspotteten und verhöhnten. Unnötig zu erwähnen, dass es für uns Kinder beängstigend und anstrengend war, durch diese Bezirke zu gehen. Selbst wenn wir an den Häusern weißer Leute vorbeikamen, die auf der Veranda saßen und freundlich waren, wurden wir dazu erzogen, ihrer Freundlichkeit zu misstrauen, wie einem Köder, der uns nur in eine Falle locken sollte, in der wir gefangen, hilflos und verletzt sein würden. Uns wurde beigebracht, gegenüber Weißen vorsichtig und wachsam zu sein, aber nicht, alle Weißen gleich als ›böse‹ zu betrachten. Es wurde uns vermittelt, dass es zwar gute und freundliche weiße Menschen gebe, dass sie aber selten seien. Die bereits frühe Begegnung mit den Gefahren, die durch die Aggression der weißen Vorherrschaft verursacht wurden, ließ viele von uns an diesem posttraumatischen Stress wachsen. Wäre dies nicht der Fall gewesen, hätten einzelne Schwarze Menschen nie die Fähigkeit erworben, harmonisch unter Weißen zu leben. Trotzdem: Noch immer leiden viele Schwarze unter posttraumatischen Belastungsstörungen als Folge der anhaltenden rassistischen Ausbeutung und Unterdrückung. Dieser Schmerz wird in unserer Kultur weitestgehend ignoriert.

Es gibt keine psychologische Praxis, die sich auf die Heilung von rassistischer Viktimisierung spezialisiert hat. In der Tat hat sich unsere Gesellschaft in die entgegengesetzte Richtung bewegt. Viele Menschen in unserem Land, vor allem Weiße, glauben, dass der Rassismus überwunden sei. Wenn also Schwarze versuchen, dem Schmerz darüber, Opfer von Rassismus geworden zu sein, eine Stimme zu geben, werden wir gerne beschuldigt, die ›Rassen‹-Karte zu spielen. Wenn überhaupt, gibt es nur wenige öffentliche Räume, in denen Schwarze ihre Angst vor dem Weißsein zum Ausdruck bringen können, sei sie nun durch rationale oder irrationale Gedanken hervorgerufen.

Jedoch findet die Angst der Weißen vor dem Schwarzsein immer wieder Gehör. So hat die psychologische Forschung gezeigt, dass eine große Mehrheit der weißen Amerikaner:innen negativ auf Bilder von Schwarzsein reagiert. In Jonathan Haidts Buch, *The Happiness Hypothesis: Finding Modern Truth in Ancient Wisdom*, macht er auf dieses implizite Vorurteil aufmerksam: »Forscher haben herausgefunden, dass Amerikaner:innen aller Altersgruppen, Klassen und politischen Orientierungen negativ auf Schwarze Gesichter oder andere Bilder und Worte reagieren, die mit der afroamerikanischen Kultur in Verbindung gebracht werden. Weiße Amerikaner:innen, die sich selbst als nicht voreingenommen betrachten, zeigen in der Regel dieselben Reaktionen. Die Geschichte der Segregation vom Ende der Sklaverei bis zum heutigen Tag hat sich auf die Frage der Integration, insbesondere der sozialen Integration, konzentriert, auf Wohnen sowie familiäre und zwischenmenschliche Beziehungen. Heute existiert in unserer Kultur keine Segregation mehr in der Arbeitswelt; People of Colour (insbesondere Schwarze) und Weiße arbeiten nebeneinander, essen vielleicht sogar gemeinsam zu Mittag, aber außerhalb des Arbeitsplatzes haben sie nur selten etwas miteinander zu tun. Die meisten Weißen und Schwarzen in unserem Land leben getrennt voneinander.

Studien zum Thema Rassismus im Bereich des Wohnens zeigen, dass der Wohnungsmarkt ein Bereich ist, in dem rassistische Diskriminierung nach wie vor die Norm ist. In ihrem Buch *Words That Wound* erörtern die Juraprofessor:innen Mari Matsuda und Charles Lawrence die Tatsache, dass Rassismus die »Vorstadtgeografie« prägt, und stellen fest, dass »die Wohnsegregation für die meisten ›ethnischen‹ Gruppen mit zunehmender Bildung, Einkommen und beruflichem Status abnimmt, dass dies aber nicht für Afroamerikaner:innen gilt«. In seiner Arbeit zum Thema Rassismus und Wohnen macht der Politikwissenschaftler Andrew Hacker darauf aufmerksam, dass selbst liberale und progressive Weiße besorgt sind, wenn es so aussieht, als würden mehr Schwarze Hausbesitzende in ›ihre‹ Nachbarschaft ziehen. In seinem Buch *Two Nations* betont er, dass eine Schwarze Familie vielleicht in einer überwiegend weißen Nachbarschaft Akzeptanz findet, aber mehr als eine als bedrohlich empfunden wird. Natürlich beharren die meisten weißen Hauseigentümer:innen darauf, dass es sich dabei nicht um rassistische Vorurteile, sondern um wirtschaftliche Gründe handelt; sie sind besorgt, dass ihr Eigentum nicht im Wert steigt. Angesichts des Systems der weißen Vorherrschaft gilt: Je Schwärzer das Viertel, desto wahrscheinlicher ist es, dass die dortigen Immobilien von den Immobiliengutachter:innen – die in der Regel weiß sind – als weniger wertvoll eingestuft werden.

In Immobilienkreisen sprechen Verkäufer:innen und Käufer:innen heutzutage gleichermaßen über die rassistische Einteilung des Wohnungsmarktes nach Zonen. Da im Durchschnitt weiße Familien mehr Geld verdienen als People of Colour bzw. Schwarze, werden einige Stadtteile wegen der hohen Preise automatisch nur von Weißen bewohnt. In der kleinen, überwiegend weißen Stadt Berea in Kentucky, wo ich wohne, gab es in der Vergangenheit keine rassistische Segregation des Wohnungsmarkts. Stattdessen engagierten sich der Stadtgründer John Fee und die Bürger:innen von Berea für die Abschaffung des Rassismus und der Segregation im Wohnungswesen. In den ersten Jahren der Stadtentwicklung, Ende des 19. Jahrhunderts, mussten die

Bürger:innen eine Vereinbarung unterzeichnen, die diese Verpflichtung bekräftigte und in der sie öffentlich ihre Bereitschaft erklärten, neben weißen oder Schwarzen Nachbar:innen zu leben. Als ich zum ersten Mal nach Berea zog, wollte ich, wie andere Afroamerikaner:innen vor mir, die ›Schwarzen Viertel‹ sehen. Ich war verblüfft, als man mir immer wieder sagte, dass Berea wirklich keine Schwarzen Viertel hat, dass Schwarze aufgrund der dortigen Geschichte der Antidiskriminierung im Wohnungswesen wohnen, wo immer sie wollen. Dies ist einer der Aspekte von Berea, die die Stadt zu einem lebenswerten Ort machen.

Leider hat in den letzten Jahren der Bau von überteuerten Häusern nun doch segregierte, rein weiße Viertel geschaffen, in denen die Ansiedlung von People of Colour oft nicht gern gesehen ist und in denen es Bewohner:innen gibt, die nicht bereit wären, in ›ethnisch‹ diversen Vierteln zu leben. Die meisten, wenn nicht alle, dieser segregierten weißen Gemeinden sind Neubaugebiete, und nicht selten müssen potenzielle Hausbesitzende von Verbänden und Gremien überprüft werden, bevor sie in diesen Gegenden kaufen können. Dies ist eine geradezu perfekte Ausgangssituation für Diskriminierung. Der Grundgedanke vieler neuer Wohnsiedlungen, insbesondere solcher, die mit Zugangstoren versehen sind, ist das Prinzip der Ausgrenzung und Exklusivität: Unerwünschte Elemente sollen ferngehalten werden, was häufig Menschen der falschen Klasse oder ›Ethnie‹ betrifft. Natürlich werden die meisten Bewohner:innen dieser Wohnanlagen argumentieren, dass ihre Wohnraumwahl nicht von rassistischen Vorurteilen beeinflusst sei. Denn sie sind keine Rassist:innen, sondern wünschen sich nur Komfort und Sicherheit.

Peggy McIntosh schreibt über die Tatsache, dass die meisten Weißen so sozialisiert wurden, dass sie nicht wahrnehmen, wie sich der Rassismus auf ihr Leben auswirkt, wie sie den Rassismus und damit die Segregation aufrechterhalten. McIntosh erklärt: »Als weiße Person wurde mir klar, dass ich gelehrt worden war, Rassismus sei etwas, das andere benachteiligt. Jedoch war mir auch vermittelt worden, einen seiner Folgeaspekte nicht zu sehen, nämlich das weiße Privileg, das mir einen Vorteil verschafft ... In meiner Klasse und in meiner Situation habe ich mich selbst nicht als Rassistin gesehen, weil mir beigebracht wurde, Rassismus nur in individuellen, gemeinen Handlungen von Mitgliedern meiner Gruppe zu sehen, nie in unsichtbaren Systemen, die meiner Gruppe von Geburt an eine rassistische Dominanz verleiht.« Die durchschnittlichen weißen Amerikaner:innen denken nie über das Problem nach, dass sie sich an rassistischer Diskriminierung mitschuldig machen, wenn es um Wohnraum geht, denn die Entscheidung, in segregierten weißen Wohnvierteln zu leben, wird nicht infrage gestellt.

Im Gefolge der Bürgerrechtsbewegung der Sechzigerjahre gab es einzelne liberale Weiße und Schwarze, die ihre Besorgnis über die Segregation im Wohnungswesen äußerten und sich aktiv für die Schaffung diverser, solidarischer und lebenswerter Wohnviertel engagierten. Sich nur auf die Überwindung der Segregation zu konzentrieren ohne zugleich auch antirassistisches Denken und Verhalten zu fördern, trug allerdings nicht wirklich dazu bei, ein sicheres Umfeld zu schaffen, in dem eine Annäherung über alle ›ethnischen‹ Unterschiede hinweg als für den Fortschritt nötig und zugleich auch als erstrebenswert erachtet wurde.

Als ich meinen Heimatort und die rassistische Apartheid, die alle Bereiche des gesellschaftlichen Lebens, insbesondere das Wohnen, prägte, hinter mir ließ, wollte ich nicht in weißen Vierteln leben, sondern mit einer Vielfalt von Menschen zusammen, die daran interessiert waren, eine diverse, antirassistische Umgebung zu schaffen. Ich zog an die Westküste und besuchte die Stanford University, wo ich mich in einem Umfeld aus gleichgesinnten Menschen wiederfand. Die antirassistische Energie der Sechzigerjahre hatte uns alle beeinflusst. Wir wollten Gemeinschaften der Liebe und Hoffnung schaffen. Diese Gefühle gingen einher mit Vorstellungen von einem einfachen Leben. Auf dem Land zu leben und mit weniger auszukommen, wurde als unabdingbar für das Überleben des Planeten erachtet. Damals lebten die meisten von uns entweder auf sehr kleinem Raum oder gemeinsam mit vielen anderen Menschen in großen Häusern. Ganz im Sinne der Bestrebungen zur Demokratisierung und Beseitigung von Diskriminierung beim Wohnen waren einige Leute gegen die Idee des Privateigentums. Doch alle unsere gegenkulturellen Lebensentwürfe änderten nichts am Kern des imperialistisch-kapitalistischen Patriarchats weißer Vorherrschaft. Es erübrigt sich zu erwähnen, dass die alternativen Werte und Lebensstile, die in einer Zeit der landesweiten Revolte gegen das herrschende Denken und die hegemoniale Kultur gepflegt wurden, nicht von Dauer waren.

Viele Radikale und Liberale der Sechziger- und Siebzigerjahre hingen zwar progressiven pazifistischen und feministischen Ideen an, wurden aber konventioneller und konservativer, wenn es um Fragen von Wohnen und Privateigentum ging. Als diese Gruppe von Menschen älter wurde, erbten viele Besitz und Reichtum aus den Schatullen ihrer konservativeren Eltern und sie selbst wurden auch konservativer, jedenfalls in Bezug auf Steuern. Und wenn es um das Thema Immobilien ging, verfestigten sich die Muster der Diskriminierung und Segregation, obwohl die Überwindung der rassistischen Trennung inzwischen zu einer breiter anerkannten Norm geworden war. Der Erwerb von Wohneigentum während des Immobilienbooms der Achtziger- und Neunzigerjahre war eine der schnellsten Möglichkeiten für Einzelne zu unverdientem Gewinn und in einigen Fällen zu Reichtum zu gelangen. Liberale und progressive Weiße, die sich einst für die Schaffung von gemeinsamen Wohnvierteln für Weiße und Schwarze eingesetzt hatten, fühlten sich letztlich wohler mit dem Leben in rein weißen oder überwiegend weißen Siedlungen.

Wer in den Großstädten lebt und die Gentrifizierung im Immobilienbereich beobachtet, kann den Prozess verfolgen, in dem Gruppen von eher liberalen Weißen Wohnungen in Vierteln kauften, die hauptsächlich oder ausschließlich von People of Colour bzw. Schwarzen bewohnt wurden. Die ›coolen‹ Weißen erklärten, dass ihr Einzug in diese Viertel als eine Geste der Solidarität und der Offenheit gegenüber der Vielfalt zu verstehen sei. Doch meistens trieb ihre Anwesenheit die Preise in die Höhe und sorgte für eine Erhöhung der Grundsteuer. Oft stammten sie aus privilegierten Schichten. Anstatt zur Diversität beizutragen, verdrängte ihre Anwesenheit in der Regel die weniger privilegierten People of Colour. Und selbst wenn arme Menschen Immobilien in Gebieten besitzen, die von wohlhabenderen Gruppen gentrifiziert werden, sind die Unterprivilegierten selten in der Lage, ihre Häuser mit großem Gewinn zu verkaufen und woanders hinzuziehen. Die steigenden Wohnkosten machen es für sie unmöglich, Gewinne zu erzielen, wenn sie verkaufen und gleichzeitig ein besseres oder auch nur vergleichbares Haus wie das, das sie zurücklassen würden, kaufen möchten. Egal, wie hoch das Einkommen von People of Colour, insbesondere von Schwarzen, auch ist: Wenn unsere Präsenz in einer bestimmten Siedlung sich verstärkt, führt dies nicht zu einer Wertsteigerung der dortigen Immobilien. Es gibt zwar viele Orte, an denen der Zuzug von Schwarzen zu einer Flucht der Weißen führte, aber es gibt keinen Fall, in dem die Anwesenheit dieser Schwarzen Neuankömmlinge zu einer Erhöhung des Immobilienwertes führte.

In den verschiedensten Orten der USA waren die Wohnviertel, in denen ich lebte, anfangs noch ›ethnisch‹ divers, aber als Weiße aus höheren sozialen Schichten dort hinzogen, wurden sie weißer und weißer. Als ich nach New York City zog, suchte ich mir das West Village wegen seiner ›ethnischen‹

und sozialen Diversität sowie der vielfältigen sexuellen Orientierungen der Menschen dort als Wohnort aus. Als jedoch die Immobilienpreise stiegen, wurde nicht nur die Kultur des privilegierten wohlhabenden Weißseins immer dominanter, sondern diejenigen von uns, die ›anders‹ sind, wurden und werden zunehmend als unerwünschte Eindringlinge angesehen. Die latenten Manifestationen weißer Vorherrschaft sind für die meisten Menschen schwer zu erkennen. Dies scheint besonders der Fall zu sein, wenn es um Grundbesitz geht. Weiße Käufer:innen und Mieter:innen, die sich selbst als antirassistisch sehen, hinterfragen selten ihre individuellen Entscheidungen, in ausschließlich weißen Vierteln zu leben. Sie stellen nicht infrage, warum sie sich wohler fühlen, wenn sie nur unter anderen Weißen leben, auch wenn sie mit denen nicht viel gemeinsam haben. Die meisten Schwarzen rechtfertigen ihre Entscheidung für segregierte Stadtteile mit günstigeren Preisen oder mit der Weigerung, in Angst zu leben, unter Leuten zu leben, die einen hassen und drohen, einem etwas anzutun.

Obwohl ich am glücklichsten bin, wenn ich in Vierteln mit unterschiedlichen Bewohner:innen lebe, weiß ich, dass, wenn antirassistisches Denken und Fühlen wirklich bestimmend wird, die Hautfarbe der Menschen nebenan keine Rolle spielt. Als ich in unserer Stadt in Kentucky aufwuchs, waren die strikte Segregation und die daraus resultierende Angst, dass die Weißen uns etwas antun würden, wenn wir uns in ihre Nachbarschaft wagten, so allgegenwärtig, dass ich mich schließlich dadurch veranlasst sah, meiner Heimat den Rücken zu kehren. Ich wollte mein Leben nicht in dieser Angst leben, meine Bewegungsfreiheit sowie alle meine sozialen Beziehungen dadurch nicht so einschränken lassen. Ich wollte nicht alle Weißen als potenzielle Feind:innen sehen.

Nachdem ich den größten Teil meines Lebens außerhalb von Kentucky, in den fortschrittlichen Staaten Kalifornien und New York City zugebracht habe, in Vierteln, in denen das Zusammenleben von Schwarz und Weiß die gewünschte und akzeptierte Norm war, kehrte ich nach Hause zurück und fand die gleichen alten rassistischen Schranken vor, als ob sich nichts geändert hätte. Und selbst wenn einzelne Schwarze sich aus unserer segregierten Welt in überwiegend weiße Gegenden wagten, sahen sie sich der Feindseligkeit und Gleichgültigkeit weißer Nachbar:innen ausgesetzt. Tragischerweise sind bestimmte, durch Rassismus und weiße Vorherrschaft geschaffene soziale Normen, die in Kentucky nach wie vor Bestand haben, auch anderswo allmählich zur Regel geworden.

Zwar ist die rassistische Segregation nirgendwo mehr die Rechtsnorm, jedoch an den meisten Orten ist Separatismus die unausgesprochene, aber akzeptierte Maxime. Und da viele Schwarze sich selbst absondern, arbeiten sie unwissentlich den rassistischen Weißen bei der Aufrechterhaltung der Segregation im Wohnungswesen in die Hände. Die rassistische Segregation ist weiterhin ein politisches Problem, das endlich richtig angegangen werden muss, wenn der Rassismus zu einem wirklichen Ende kommen soll. Colin Powell machte in diesem Zusammenhang im Jahr 1995 diese aufschlussreiche Bemerkung: »Wir sind eine Nation mit unbegrenzten Möglichkeiten und ernsthaften ungelösten sozialen Problemen, und wir sitzen alle im selben Boot. Rassistische Segregation kann nur zu sozialer Desintegration führen. Viel besser wäre es, den Traum von Martin Luther King, Jr. wieder aufzunehmen: eine Nation aufzubauen, in der Weiße und Schwarze Seite an Seite am Tisch der Brüderlichkeit sitzen.« Liberale Identitätspolitik, obwohl oft die Grundlage für Bürgerrechtsorganisationen und Proteste, brachte es mit sich, dass die Zugehörigkeit zur eigenen ›ethnischen‹ oder sozialen Gruppe betont wird. Dies kam manchmal eher dem Denken der weißen Vorherrschaft, bei der eigenen Gruppe zu bleiben, gleich und führte zu einem Paradoxon, da People of Colour einerseits darauf bestanden, dass der Rassismus unbedingt beendet werden müsse, und andererseits am Primat der Zugehörigkeit zur eigenen rassifizierten Gruppe festhielten. In hohem Maße machen sich People of Colour, die sich selbst segregieren, zu Kompliz:innen der Kräfte des Rassismus und der Vorherrschaft der Weißen, deren Ende sie angeblich herbeisehnen. Der Rassismus wird niemals enden, solange die Hautfarbe eines Menschen die Grundlage der Identität ist.

Wenn wir uns auf der Grundlage eines gemeinsamen Antirassismus zusammenschließen, wird die Hautfarbe in die richtige Perspektive gerückt. Sie wird einfach ein weiterer Aspekt der Identität einer Person, nicht der einzige wichtige Aspekt. Wie alle Schwarzen Menschen, die in einer segregierten Welt aufgewachsen sind und rassistische Übergriffe erlebt haben, wie auch immer diese ausgesehen haben mögen, fühlte ich mich in den ersten dreißig Jahren meines Lebens in einer Umgebung wohler, in der Schwarze Menschen in der Mehrheit waren.

Als ich mehr über die Struktur des Rassismus und der weißen Vorherrschaft lernte, zwang ich mich, meine Vorstellung kritisch zu hinterfragen, dass ich in allen Schwarzen Umgebungen ›sicherer‹ sei, besser verstanden würde oder automatisch alle dieselbe Sensibilität wie ich hätten. Ich wollte eine Übereinstimmung zwischen meiner antirassistischen Überzeugung, dass wir alle aufhören müssen, die ›Ethnie‹ überzubewerten, um den Rassismus zu beenden, und den Schritten, die im Alltagsleben gegen den Rassismus zu unternehmen waren. So musste ich mir eingestehen, dass das Zusammensein mit Schwarzen Menschen, die Opfer von verinnerlichtem Rassismus sind, genauso gefährlich sein kann wie mit rassistischen Weißen. Schließlich musste ich erkennen, dass die ideale Erfahrung für mich darin bestand, in einer Gruppe von Menschen zu leben, die sich für ein antirassistisches Leben engagierten. Wenn wir uns auf der Grundlage eines militanten Antirassismus zusammenschließen, sind wir aufgefordert, jenseits der Hautfarbe immer wieder auf den Charakter und die inneren Werte unseres Gegenübers zu schauen.

Die Entscheidung, in meine Heimat, nach Kentucky, zurückzukehren, hat mich dazu veranlasst, mein Engagement für die Beendigung des Rassismus neu zu überdenken. Ich hatte nie an eine Rückkehr nach Kentucky gedacht, bis ich einen Vortrag am Berea College hielt. Gewiss, ich hatte nie das Gefühl und habe es bis heute nicht, dass ich in meine Heimatstadt zurückkehren könnte, weil dort nach wie vor so viel Rassismus und Segregation herrscht. Ironischerweise hatte ich, obwohl ich weniger als vier Stunden von Berea, Kentucky, aufgewachsen bin, nie etwas von dem Ort oder seiner Geschichte gehört.

Vor mehr als zehn Jahren lud mich der dortige Frauenstudiengang ein, einen Vortrag zu halten. Als ich die Einladung annahm, schickte man mir Informationen über das College und seine Geschichte. Hier war eine Stadt im Süden, in Kentucky, die nach antirassistischen Grundsätzen geplant worden war, und diese Planungen hatten bereits im Jahr 1855 erste Gestalt angenommen. Der visionäre Gründer der Stadt und des Colleges, John Fee, war ein weißer, christlicher Abolitionist, der von ganzem Herzen glaubte, dass »wir alle Menschen von einem Blut sind«. Lange bevor es ›cool‹ war, über *race* als soziales Konstrukt zu sprechen, lange bevor wissenschaftlich bewiesen wurde, dass es keine genetische Grundlage für rassistische Unterscheidungen gibt, lange bevor das Wissen um Organtransplantationen der Öffentlichkeit zeigte, dass die inneren Abläufe des menschlichen Körpers unabhängig von der Hautfarbe im Wesentlichen gleich sind, lange bevor Martin Luther King predigte, wie wichtig es sei, eine liebevolle Gemeinschaft aufzubauen, taten Fee und seine Anhänger:innen genau das, indem sie eine antirassistische Utopie schufen, in der weiße und Schwarze Menschen in Frieden und Harmonie zusammenleben konnten.

Beeindruckt von der Geschichte Bereas, von John Fees prophetischer Vision, die er aufgrund der engagierten Mitarbeit von Gleichgesinnten verwirklichen konnte, wollte ich mich an der Bewahrung seines radikalen Vermächtnisses beteiligen. Wie viele Menschen vor mir war ich beeindruckt von der Tatsache, dass Fee ein beitragsfreies College ohne Studiengebühren errichtet hatte, an dem Schwarze und Weiße, Frauen und Männer als Gleiche zusammenkommen und sowohl am College als auch darüber hinaus in der Gemeinschaft lernen und leben konnten. Das antirassistische Credo, »Wir sind alle Menschen von einem Blut«, war sowohl philosophische als auch spirituelle Grundlage dieser Bildungseinrichtung und, dient bis heute als ständige Erinnerung an jenes Vermächtnis. Tragischerweise funktionierte Fees Vision so gut, dass sich weiße, rassistische Politiker:innen einschalteten und es dem College rechtlich unmöglich machten, sein integratives Projekt fortzusetzen. Viele Jahre lang, bis ins Zeitalter der Bürgerrechtsbewegung, wurde die antirassistische progressive Vision einer liebevollen Gemeinschaft in Berea unterdrückt. Doch die Kraft dieses radikalen Projekts blieb erhalten, und wie ein in die Erde gepflanzter Samen trägt es weiterhin Früchte – trotz der Jahre, in denen diese Vision verraten und unterminiert wurde. Infolge der langjährigen Unterdrückung ist das radikale Vermächtnis der liebevollen antirassistischen Gemeinschaft nicht annähernd so umfassend verwirklicht wie zu Fees Zeiten. Dennoch gibt es heute immer noch genügend Menschen, die sich engagieren, den Rassismus zu beenden und eine liebevolle Gemeinschaft, ein unterstützendes Umfeld zu schaffen.

Als ich vor Jahren ans Berea College kam, um besagten Vortrag zu halten, war ich sowohl vom College selbst als auch von der Stadt beeindruckt. Wie andere vor mir hatte ich den Wunsch wiederzukommen und am College zu arbeiten, was ich auch direkt kundtat. In meinem ersten Vortrag sprach ich offen über die strikte rassistische Segregation, die ich während meiner Kindheit in Kentucky erlebt hatte. Ich sprach über den Zusammenhang zwischen Rassismus und Grundbesitz, indem ich darauf hinwies, dass bis heute viele rassistische Weiße kein Land an Schwarze verkaufen wollen, sogar, wenn diese das Land seit Generationen bearbeiten. Ich machte darauf aufmerksam, dass Weiße aus allen Teilen des Landes Grund und Boden in Kentucky erwerben und sich nicht der diskriminierenden Praxis bewusst sind, dass immer noch viele Schwarze in Kentucky vom Landbesitz ausgeschlossen werden. In diesem Vortrag gestand ich ein, dass ich mir wegen des Fortbestehens des gnadenlosen Alltagsrassismus unmöglich vorstellen könnte, in Kentucky zu leben.

Damals bestand mein Publikum großenteils aus progressiven Leuten, die eifrig bestrebt waren, mir klar zu machen, dass Berea eine andere Geschichte hatte als die, über die ich sprach. Auf jeden Fall schienen die Menschen, die ich während meines ersten Besuchs kennenlernte – die meisten davon weiß –, so engagiert in der Schaffung einer liebevollen Gemeinschaft zu sein wie es John Fee damals gewesen war. Es war während dieses allerersten Besuchs, dass ich entschied, nach Kentucky zurückzukehren, jetzt, wo ich einen progressiven Ort in meinem Heimatstaat gefunden hatte.

An meinen Herkunftsort zurückkehren zu können, in einer fortschrittlich eingestellten Kleinstadt in Kentucky zu leben und zu arbeiten, war für mich wie ein Wunder. Traurigerweise hatten viele Schwarze Einwohner:innen die Stadt verlassen, damals, als die rassistische Aggression zu einer Abkehr von der progressiven, antirassistischen Lokalpolitik geführt hatte. Obwohl die Vision einer Gemeinschaft, in der Menschen aller ›Ethnien‹ integriert sind, in Berea immer noch lebendig ist, gibt es keine nennenswerte Population erwachsener Schwarzer in der Stadt. Das College zieht jüngere Schwarze an, aber die Stadt hat nicht genug Arbeitsplätze, um für neu ankommende People of Colour attraktiv zu sein. Schließlich ist Berea immer noch eine Kleinstadt.

Viele ältere weiße Einwohner:innen, aber auch Schwarze (wenngleich in geringerer Zahl), erinnern sich an das Leben ›damals‹, als alle Wohnviertel der Stadt noch gemischt waren. Heute ist die Stadt überwiegend weiß. Trotzdem ist die Gegenwart der Schwarzen im Stadtzentrum sehr wohl sichtbar, und es bestärkt mich durchaus, andere Menschen der gleichen Hautfarbe zu sehen. Allerdings stellt die Anwesenheit einer einzelnen Schwarzen Person die Norm der rassistischen weißen Vorherrschaft noch nicht infrage, weshalb es wichtig ist, dass alle in unserer Gemeinde sich für Antirassismus stark machen. Glücklicherweise engagiert sich weiterhin ein bedeutender Teil der weißen Bevölkerung in Berea gegen jeden Alltagsrassismus. Dies bedeutet nicht, dass das College und die Stadt alles Menschenmögliche tun, um die Vision eines friedvollen Miteinanders von Menschen aller Hautfarben in einer liebevollen Gemeinschaft wieder zu verwirklichen, aber es bedeutet, dass die Grundlagen für eine solche Gemeinschaft an diesem Ort vorhanden sind.

Angesichts der Geschichte Bereas empfand ich nichts von dieser Anspannung, die aus der Wahrnehmung von rassistischer Diskriminierung resultiert und die ich in New York oder Kalifornien verspürt hatte. Hätte ich irgendwo anders in Kentucky ein Haus gesucht, hätte ich sicherlich die kritische Wachsamkeit gegenüber der andauernden rassistischen Diskriminierung im Bereich des Grundbesitzes beibehalten. In vielen Lebensbereichen unseres Landes sind die rassistischen Schranken zwar abgebaut worden, beispielsweise am Arbeitsplatz, in Geschäften, Clubs, Restaurants etc., und vielerorts ist Diskriminierung aufgrund entsprechender Gesetze zumindest erschwert, nicht jedoch auf dem Wohnungsmarkt, wo es praktisch unmöglich ist, zu ›beweisen‹, dass Diskriminierung stattfindet und wo eine Politik der weißen Vorherrschaft, der rassistischen Exklusion und Segregation weiterhin an der Tagesordnung ist. Dies gilt besonders dort, wo geschlossene Wohnanlagen, Eigentümergemeinschaften und Genossenschaften das Recht haben, Bewerber:innen zu befragen und sie, aus welchen Gründen auch immer, abzulehnen.

Als alleinstehende Schwarze Frau, die in New York City, angeblich einer der fortschrittlichsten Städte unseres Landes, Wohneigentum erwerben wollte, sagte man mir im Vertrauen, dass die jeweiligen Gremien mich an sich nicht ablehnten, sondern dass sie Bedenken hegten wegen der Leute, die mich besuchen kommen würden (d.h. Schwarze Männer). In einem Fall sagte man mir, ich solle im Vorstellungsgespräch meinen Schwarzen Partner nicht erwähnen. Ich erklärte, das könne ich nicht tun, weil es ihm gegenüber nicht fair wäre, ihn in eine Lage zu bringen, in der man ihm ständig mit Misstrauen und Feindseligkeit begegnete.

Ich fand, es war eine Ironie des Schicksals, dass ich ausgerechnet in New York City, und Jahrzehnte nach der Bürgerrechtsbewegung, solch einer rassistischen Diskriminierung ausgesetzt war. In dieser faszinierenden Stadt der Diversität lebten heftigste rassistische Stereotype und Diskriminierungen, die mich bewogen hatten, Kentucky zu verlassen, immer noch ungebrochen fort.

Die Bedingungen der rassistischen Diskriminierung, die mir bereits als Heranwachsende so ungerecht erschienen waren, wurden bald überall in unserem Land zur Norm. Kein Wunder also, dass ich mich besonders glücklich schätzte, eine kleine Stadt in Kentucky zu finden, in der ich keine Angst haben musste, bei der Wohnungssuche auf rassistischen Separatismus zu stoßen. John Fee hatte erkannt, dass aktiver Widerstand gegen die Bildung von segregierten Vierteln und die Schaffung von Anreizen, dass Menschen sich für Integration entscheiden, zu einem Ende des Rassismus auf dem Wohnungsmarkt führen würden. Zweifellos wäre er bestürzt, wenn er sähe, wie die Entwicklung neuer überteuerter Wohngebiete zu genau der rassistischen Segregation und Exklusivität führt, die er und seine Verbündeten so vehement bekämpft hatten.

In der Stadt Berea ist die Segregation zwar größer als am College, weshalb ich in einem vorwiegend weißen Viertel wohne, aber ich habe hier niemals Angst. Obwohl ich die meisten Menschen in meiner Nachbarschaft nicht kenne, finde ich es wichtig, dass sich viele der Weißen um mich herum dafür einsetzen, den Rassismus zu beenden. Und wenn es ums Wohnen geht, zeigen sie dieses Engagement dadurch, dass sie sich weigern, andere zu diskriminieren oder auszuschließen.

Die weißen Menschen, die ich liebe, sind genauso leidenschaftlich bestrebt, die Kultur weißer Dominanz zu bekämpfen und den Rassismus zu stoppen wie ich. Sie sind bereit, sich dieser Herausforderung zu stellen, was besonders für meine radikalen Freund:innen – homosexuelle wie heterosexuelle – gilt, die außerhalb der Stadt, in den Hügeln leben. Wenn ich sie aber frage, warum sie es akzeptieren, auf einem großen Stück Land zu leben, auf dem sie nur von anderen Weißen, manche sogar unverhohlene Rassist:innen, umgeben sind, kommt oft keine vernünftige Antwort. Sie folgen nicht dem von John Fee beschrittenen Weg und beschließen, dass sie vielleicht einen Hektar Land an People of Colour verkaufen oder verschenken müssen, um die weiße Vorherrschaft radikal anzufechten. Im Laufe der Jahre, in denen ich Grundstücke gekauft und verkauft habe, habe ich gesehen, dass die meisten Leute, ungeachtet ihrer politischen Einstellung, ob sie nun rechts oder links stehen, konservativ sind, wenn es um die Frage des Grund- und Hausbesitzes geht. Sie sind nicht bereit, in ihrem Alltag einen wirklich antirassistischen Lebensstil zu pflegen.

In dem Bestreben, dass auch meine Lebenspraxis eine alternative Vision widerspiegelt, die im Alltag der Diskriminierung auf dem Wohnungsmarkt entgegentritt, habe ich Häuser gekauft, um sie mit anderen zu teilen und sie sogar zu verschenken. Bis jetzt sind die Schwarzen, die ich eingeladen habe, hierher umzuziehen und in unserer Gemeinschaft zu leben, nicht dazu bereit. Menschen aus meiner Familie, die anderswo um ihr wirtschaftliches Überleben kämpfen und ihr hart verdientes Geld hauptsächlich fürs Wohnen ausgeben müssen, sagen mir Dinge wie »Kleinstädte sind langweilig« oder »Es gibt nicht genug Schwarze in Berea«. Eine meiner Schwestern, die in einer vorwiegend von Schwarzen bewohnten Stadt in den USA lebt, teilte mir mit, dass sie mich zwar gerne einmal in Berea besuche, aber dort einfach nicht leben möchte, »weil es dort nicht genug Schwarze Menschen gibt«. Ihre Äußerung ließ mich darüber nachdenken, wie viele Schwarze denn wohl »genug« seien. Also fragte ich sie: »Stell dir vor, du hättest die Wahl: Du könntest entweder in einer überwiegend weißen Gegend mit einem relativ kleinen Schwarzen Bevölkerungsanteil leben, in der Schwarze wie Weiße aber antirassistisch eingestellt sind und sich um einander kümmern. Oder du kannst in einer überwiegend von Afroamerikaner:innen bewohnten Stadt leben. Viele Schwarze dort haben aber den Rassismus verinnerlicht und kümmern sich weder um sich selbst noch um andere. Die geringe Anzahl Weißer dort ist mehr oder weniger rassistisch und/oder hat Angst vor Schwarzen. Welcher wäre der bessere Ort zum Leben?« Ich habe sie und andere Schwarze gefragt, ob es nicht besser sei, mit fünf gesunden Schwarzen Nachbar:innen in einer Gemeinschaft zusammenzuleben als mit fünfzig ungesunden.

Dies ist einer der Fälle, in denen uns Identitätspolitik auf eine falsche Fährte führt, uns dazu bringt, optimales Wohlbefinden aufzugeben zugunsten eines falschen Gefühls von Sicherheit, das letztlich auf rassistischen weißen Vorstellungen basiert, dass wir uns sicherer und heimischer fühlten mit »unseren eigenen Leuten«.

Wenn Schwarze Menschen aufhören, unter dem verinnerlichten Rassismus zu leiden, erkennen wir, dass wir das Schwarzsein lieben und jenseits rassistischer Begrenzungen ein Miteinander leben können. Kulturelle Zugehörigkeit muss uns nicht blind machen für die Notwendigkeit, die durch rassistische Vorstellungen geschaffenen künstlichen Schranken wahrzunehmen und zu überwinden. Solange Schwarze sich so verhalten, als könnten wir nur in getrennten Sphären sicher sein, wird die weiße Vorherrschaft immer mehr gefestigt. Heute haben viele Schwarze das Gefühl, dass die weiße Vorherrschaft so stark ist, dass sie nicht wirksam bekämpft werden kann. Zugleich glauben sie, dass weiße Menschen, die (manchmal unbewusst) an rassistischen Überzeugungen festhalten, sich nie ändern werden.

Da so viele weiße Menschen leugnen, dass *race* eine der Hauptkategorien ist, über die Macht, unverdiente Privilegien und materieller Wohlstand in der Gesellschaft verteilt werden, ist es nicht verwunderlich, dass sich Schwarze in vielen sozialen Kontexten unter Weißen nicht ›sicher‹ fühlen. Selbstsegregation erscheint dann als eine Möglichkeit, rassistische Übergriffe und Ausbeutung zu vermeiden. Es gibt leider nur sehr wenige Untersuchungen, die die zahllosen rassistischen Praktiken belegen, durch die alle Schwarzen zu potenziellen Zielen von Diskriminierung, rücksichtsloser Ausbeutung und im Extremfall rassistischer Übergriffe im täglichen Leben werden. Ob sich Schwarze besser fühlen, wenn sie von einer Person ihrer eigenen Hautfarbe ausgebeutet oder verletzt werden, als von einer anderen, bleibt unklar. Fest steht, dass posttraumatische Belastungsstörungen aufgrund rassistischer Erfahrungen bei Schwarzen Personen häufig dazu führen, dass sie Spannungen und Ängste in der Gegenwart weißer Menschen erleben, selbst wenn diese es gut meinen.

In ihrer Stadt mit überwiegend Schwarzer Bevölkerung macht meine jüngere Schwester G. die positive Erfahrung des täglichen Lebens inmitten verschiedener Schwarzer Bevölkerungsgruppen aus unterschiedlichen sozialen Schichten. Jedoch macht sie auch die negative Erfahrung einer Kultur der Gewalt, in der kriminelle Schwarze andere Schwarze ausplündern, und das oft ungestraft. Sie und ihre Angehörigen sind Opfer von Gewalt durch andere Schwarze geworden, und so weiß sie aus Erfahrung, dass sie nicht ›sicher‹ in der Nähe einer Person ist, nur weil diese Schwarz ist. Trotzdem fühlt sie sich wohler in segregierten Kontexten, die entweder ganz oder überwiegend Schwarz sind – und damit ist sie nicht allein.

Allerdings ist diese Denkweise ein erlerntes konservatives Muster von Identitätspolitik, das zwar in Zeiten extremer rassistischer Unterdrückung eine Basis Schwarzer Solidarität und organisierten Protestes darstellen mag, heutzutage aber den Kampf für das Ende des Rassismus tatsächlich untergräbt. Dies zu begreifen, heißt nicht, dass wir als Schwarze, die innerhalb eines politischen Systems des imperialistisch-kapitalistischen Patriarchats weißer Vorherrschaft leben, nicht wachsam sein müssen in Begegnungen mit Weißen, die den Rassismus noch nicht verlernt haben. Doch es heißt auch, dass wir lernen müssen Vertrauen zu entwickeln – nicht nur gegenüber Weißen, sondern auch gegenüber allen anderen nicht-Schwarzen Menschen.

Weiße Menschen denken nicht alle gleich über *race*; es gibt weiße Individuen, die genauso bestrebt sind, den Rassismus zu überwinden, wie jede antirassistisch eingestellte Schwarze Person. Alle Weißen pauschal als potenzielle Bedrohung zu betrachten, ist genauso unmenschlich wie die Gewohnheit, alle Schwarzen anhand negativer rassistischer Stereotype zu beurteilen. Natürlich obliegt es der Verantwortung der weißen Bürger:innen dieses Landes, daran zu arbeiten, die rassistischen Denk- und Handlungsmuster, die in unserer Gesellschaft immer noch die Regel sind, zu bekämpfen und zu überwinden.

Dennoch müssen Weiße und Schwarze sich gleichermaßen bewusstmachen, dass der Kampf gegen die rassistische Segregation und für die Schaffung einer Gesellschaft des Miteinanders, frei von weißer Vorherrschaft, weitergehen muss, sonst werden wir nie in einer auf Liebe gegründeten Gemeinschaft leben. Mitte der Sechzigerjahre prophezeite Lerone Bennett Jr., dass eine Zeit kommen würde, in der die Bürger:innen dieses Landes sich zwischen der amerikanischen Idee der Demokratie und dem Faschismus entscheiden müssten. Er betonte damals: »Echte Gemeinschaft basiert auf der Gegenseitigkeit von Gefühlen und Beziehungen zwischen Individuen, die eine gemeinsame Vision über die Möglichkeiten und Potenziale des Menschen hegen. Die grundlegende Tatsache der ›ethnischen‹ Beziehungen in Amerika ist, dass Weiße und Schwarze nicht der gleichen Gemeinschaft angehören.« Gegenwärtig haben in unserem Land Amerikaner:innen aller Hautfarben das Gefühl, weder einem Ort noch einer Gemeinschaft anzugehören. Dennoch sehnen sich die meisten Menschen nach Gemeinschaft, und diese Sehnsucht ist der Möglichkeitsraum, der Ort, an dem wir als Nation beginnen könnten, neu über den Aufbau einer auf Liebe gegründeten Gemeinschaft nachzudenken und zu träumen.

Das macht Berea, Kentucky, zu einem der lebenswertesten Orte, denn wir haben eine Gemeinschaft hier, und viele von uns setzen sich für Gleichberechtigung und ein Ende der rassistischen Segregation ein. Nachdem ich mehrere Jahre in der Stadt gelebt hatte, beschloss ich, mir einen Ort in den Hügeln zu suchen, nicht weit von der Stadt entfernt, einen Ort zum Träumen, Schreiben und um sich zurückzuziehen. Als ich den Ort fand – hügeliges Land, viele Bäume, eine schicke, bereits errichtete Hütte mit schönem Blick auf den See, der unsere Wasserquelle ist – bereitete ich mich darauf vor, mein Angebot zu machen, aber natürlich nicht, ohne mich zuvor über die Einstellungen der Leute um mich herum zum Thema Rassismus zu erkundigen, der weißen Leute, die in Wohnwagen lebten und meine Anwesenheit möglicherweise nicht willkommen heißen würden. Zunächst traf ich den Hillbilly, der diesen Zufluchtsort auf dem Hügel gebaut hatte. Zu unserem ersten Treffen hatte ich eine ältere weiße Freundin mitgebracht, nur für den Fall, dass E. nicht freundlich sein würde. Wir waren ein bisschen spät dran, als wir den Hügel hinaufgingen, um ihn zu treffen, aber vom ersten Augenblick an akzeptierte er mich. Es schien, dass die liberalen Weißen, die ihn die Hütte hatten bauen lassen, sich nicht sicher waren, ob dieser weiße Hillbilly beim Renovieren etwas mit einer Schwarzen Frau zu tun haben wollte, also hatten sie ihn bereits vorab über meine Hautfarbe informiert. Er war keineswegs beunruhigt.

Ich erzähle die Geschichte von meinem Treffen mit E., weil unsere Zusammenarbeit, die Freundschaft, die wir gepflegt haben, die Bemühungen, die wir unternommen haben, um unsere Verschiedenheit zu akzeptieren und Konflikte zu lösen, für mich als Auslöser diente, tiefsitzende Vorstellungen von *race* und Klasse, von weißer Vorherrschaft und von Freundschaft über die

Verschiedenheit hinweg zu hinterfragen. Das veranlasste mich dazu, meine eigene Geschichte zu überdenken, und zwar in Bezug auf arme weiße Hillbillys, die die ersten Nachbar:innen waren, die ich als Kind kannte. Damals wurde uns beigebracht, dass sie Schwarze hassten und wir uns von ihnen fernhalten sollten. Egal wie nett oder freundlich sie waren, uns wurde vermittelt, dass ihre scheinbare Freundlichkeit in Wirklichkeit nur eine Maske war, hinter der sich ihre hasserfüllten Absichten verbargen. Zweifellos gab es zahlreiche Vorfälle von grausamen rassistischen Übergriffen auf Schwarze durch arme weiße Menschen, und dennoch gab es zweifellos auch arme Weiße, die in Gemeinschaft mit ihren Schwarzen Nachbar:innen in den Hügeln lebten.

Als Kinder wurden wir dahingehend sozialisiert, den Kontakt mit armen Weißen schlicht zu fürchten und zu vermeiden und unser Unterscheidungsvermögen nicht so anzuwenden, wie wir es bei jeder anderen Gruppe tun würden, um zu entscheiden, ob sie eine Gefahr darstellen oder nicht. Dies hat tiefe Spuren hinterlassen. Als meine Geschwister erfuhren, dass ich eine Hütte außerhalb der Stadt, auf einem Hügel, besitze, verhörten sie mich erst einmal. Sie wollten wissen, ob es wirklich sicher für mich sei, unter armen weißen Leuten in Wohnwagen zu leben. Ich erklärte ihnen, dass ich sehr wohl Bedenken wegen der Sicherheit hatte, als Schwarze Frau allein an einem Ort zu leben, an dem die meisten der Bewohner:innen arme Weiße aus der Arbeiter:innenklasse sind. Allerdings wies ich meine Geschwister darauf hin, dass niemand von ihnen darüber nachgedacht hat, ob ich mich in dem überwiegend weißen Viertel der Stadt, in dem ich sonst wohne, sicher fühlen würde. Es wird einfach davon ausgegangen, dass weiße Menschen aus der privilegierten Klasse weniger rassistisch seien als ärmere.

Die weiße Vorherrschaft ist ein aktives politisches System in unserem Land. Es fördert und verfestigt rassistische Diskriminierung und Gewalt. Folglich müssen Schwarze jeden Tag ihres Lebens aufmerksam und wachsam bleiben, egal ob sie auf People of Colour mit verinnerlichtem Rassismus treffen oder sich in einem ausschließlich weißen Umfeld bewegen, wo wahrscheinlich nicht viele der Anwesenden bewusst antirassistisch eingestellt sind. Wir müssen lernen, Situationen richtig einzuschätzen. Gleichzeitig dürfen wir nicht paranoid werden oder auf Stereotype basierende voreilige Schlusse über jede weiße Person, der wir begegnen, ziehen. Dasselbe gilt umgekehrt für Weiße und ihre Begegnungen mit Schwarzen.

Diejenigen unter uns, die wirklich glauben, dass Rassismus überwunden werden kann, dass Denken und Handeln in Kategorien weißer Vorherrschaft hinterfragt und verändert werden können, sind sich bewusst, dass es ein gewisses Risiko gibt, wenn wir daran arbeiten, über alle Unterschiede hinweg eine Gemeinschaft aufzubauen. Das Bemühen um den Aufbau einer Gemeinschaft in einem sozialen Kontext von rassistischer Ungleichheit (die zu einem Großteil auf Klassenunterschiede zurückzuführen ist) erfordert eine Ethik der Gegenseitigkeit in Beziehungen, eine antihegemoniale Ethik.

Gegenseitigkeit bedeutet nicht, dass alle gleich sein müssen, damit Akzeptanz und Solidarität gedeihen können. Wenn Gleichheit als einziger Maßstab herangezogen wird, nach dem es akzeptabel erscheint, dass Menschen sich über Grenzen hinweg begegnen und Gemeinschaften bilden, dann besteht wenig Hoffnung. Zum Glück ist die Gegenseitigkeit eine konstruktivere und positivere Grundlage für den Aufbau von Bindungen, die Unterschiede in Status, Position, Macht und Privilegien zulassen, unabhängig davon, ob sie durch *race*, Klasse, Sexualität, Religion oder Nationalität bestimmt sind.

Hier in Berea leben wir in einer Gemeinschaft, in der sich viele Bürger:innen für die Beendigung jeglicher Form von Herrschaft, einschließlich der rassistischen, einsetzen. Deshalb ist die Bereitschaft, sich für andere stark zu machen, insbesondere für diejenigen, die, aus welchen Gründen auch immer, zu den Entrechteten gehören, ein zentraler Aspekt unserer lokalen Kultur. Die Dominanzkultur wertet die Bedeutung des Dienstes ab, doch wir, die wir daran arbeiten, Machthierarchien aufzulösen, verstehen, dass das Dienen uns zu Menschen macht, dass wir uns im Akt der Fürsorge und des Kümmerns um andere verwundbar machen. An diesem Punkt der gemeinsamen Verletzlichkeit gibt es die Möglichkeit der Anerkennung, des Respekts und der gegenseitigen Verbundenheit.

Es gibt viele Orte in Berea, an denen Menschen sich für Frieden und Gerechtigkeit einsetzen und den Kampf gegen alle Formen von Herrschaft fortsetzen. Wir sind in der glücklichen Lage, eine Basis zu haben, um eine liebevolle Gemeinschaft neu aufzubauen. Der Boden ist hier schon bereitet worden. Viele Samen der Vision von John Fee, Rassismus und Segregation zu beenden, echte Gemeinschaft zu schaffen, in der wir in dem Bewusstsein vereint leben, dass »wir alle Menschen von einem Blut sind«, schlummern in uns und warten nur darauf, dass sie zum Erblühen gebracht werden. Hoffentlich kann Berea eines Tages derselbe Leuchtturm sein, der es einst war, unserer Nation zeigen, was geschehen muss, wenn wir eine antirassistische Kultur schaffen und in einer auf Liebe gegründeten Gemeinschaft leben wollen.

7 Der Schwarze Blick auf das Weißsein

Es gab in den Vereinigten Staaten zwar nie eine offizielle Institution, in der sich Schwarze Menschen zusammengefunden hätten, um als Anthropolog:innen oder Ethnograf:innen das Weißsein zu studieren, jedoch haben Schwarze seit der Sklaverei in Gesprächen untereinander ihr ›spezielles‹ Wissen über das Weißsein – gewonnen aus der eingehenden Beobachtung der Weißen – ausgetauscht. Dieses Wissen, das nie schriftlich festgehalten wurde, war etwas Besonderes, denn es diente den Schwarzen dabei, in einer Gesellschaft mit weißer Vorherrschaft zurechtzukommen und zu überleben. Schwarze Hausangestellte, die über Jahre hinweg in weißen Haushalten arbeiteten, waren die Informant:innen und brachten das Wissen in die segregierten Communitys zurück – Details, Fakten, Beobachtungen und psychoanalytische Deutungen des weißen Anderen.

Schwarze waren ebenso fasziniert vom Anderssein wie Weiße, auch wenn letztere ihre Faszination kollektiv und eher offen (bisweilen auch vulgär) zum Ausdruck brachten, wenn sie auf ihren Reisen um die Welt auf der Suche nach dem Anderen und dem Anderssein waren. Schwarze Menschen, insbesondere diejenigen, die während der historischen Periode der rassistischen Apartheid und legal sanktionierten Segregation lebten, zeigten eine ähnlich unerschütterliche und anhaltende Neugier auf die ›bösen Geister‹ und ›Barbaren‹, jene seltsamen Erscheinungen, denen sie zu dienen gezwungen waren. In dem Kapitel »Wildness« in seinem Buch *Shamanism, Colonialism, and the Wild Man* drängt Michael Taussig darauf, in unsere Vorstellungskraft und unser Verständnis vom Anderen auch Spuren und Zeichen »am Rande der offiziellen Geschichtsschreibung« einzubeziehen. Er stellt sein historisch-kritisches Projekt vor und beschreibt die Leidenschaft, mit der er sich der Erforschung derer, *die nicht wir selbst sind*, verschrieben hat. Taussig erklärt:

> »Ich versuche eine neue Wahrnehmungsweise zu entwickeln – eine Art des Sehens durch eine Art des Sprechens – die Welt zu verstehen über Dialoge, die mit einer plötzlichen transformativen Kraft in den Zwischenräumen des

> Alltags, in kleinen Pausen und Begegnungen lebendig werden, wie in den Küchen von Putumayo oder auf den Straßen rund um die Kirche in Niña Maria. Es ist immer eine Beschreibung der Welt in der umständlichen ›Sprache‹ einer Collage ... Es ist eine Art der Wahrnehmung, die die Trümmer der Geschichte erfasst ...«

Auch ich bin auf der Suche nach den Trümmern der Geschichte. Ich wische den Staub von vergangenen Gesprächen ab, um mich an etwas zu erinnern, das in den alten Zeiten gesagt wurde, als Schwarze wenig engen Kontakt mit Weißen hatten, als wir viel offener damit umgingen, wie wir das Weiße mit dem Geheimnisvollen, Befremdlichen und Schrecklichen assoziierten. Doch natürlich hat sich alles verändert. Heute leben viele Schwarze in einer Art »Geisterwald« und nehmen sich selbst nicht unabhängig von den Konzepten und Vorstellungen des Weißseins wahr. Sie kennen das, was wir ›Unterschiedlichkeit‹ nennen, nicht. Systeme der Beherrschung – Imperialismus, Kolonialismus und Rassismus – zwingen Schwarze aktiv dazu, negative Wahrnehmungen von Schwarzsein zu verinnerlichen und sich selbst zu hassen. Viele von uns erliegen diesem Verhalten. Dennoch betrachten Schwarze, die die Weißen imitieren, indem sie ihre Werte, ihre Sprache, ihre Lebensgewohnheiten usw. übernehmen, das Weißsein weiterhin mit Misstrauen, Angst und sogar Hass. Diese widersprüchliche Sehnsucht, die Realität des Anderen anzunehmen, obwohl diese Realität sie verletzt und verleugnet, ist Ausdruck des Wunsches, das Geheimnis zu verstehen, durch Nachahmung tief zu ergründen, als trüge man dieses Wissen wie ein Amulett oder eine Maske, die das Böse, das Schreckliche, abwehren würde.

Als ich die kritischen Werke postkolonialer Autor:innen sichtete, fand ich viele Texte, die von der anhaltenden Faszination für die Art und Weise zeugen, wie Weiße, insbesondere Reisende im kolonialistisch-imperialistischen Kontext, das Schwarze wahrnehmen, während offenbar nur sehr wenig Interesse an Darstellungen des Weißen in der Schwarzen Vorstellungswelt besteht. Schwarze Kultur- und Sozialkritiker:innen spielen zwar in ihren Schriften zuweilen auf solche Darstellungen an, aber nur wenige haben es gewagt, die Perspektiven auf das Weißsein explizit anzusprechen, weil es ihre Leser:innen beunruhigen oder verärgern könnte. James Baldwins Essaysammlung *Von einem Sohn dieses Landes* erkundet diese Themen mit einer Klarheit und Offenheit, die nicht mehr modern ist in einer Welt, in der die Beschwörung von Pluralität und Diversität dazu dient, Unterschiede zu verschleiern, die eine rassistische Vorherrschaft der Weißen uns willkürlich aufgezwungen hat und die sie weiterhin verteidigt. Indem er darauf eingeht, wie Weißsein ohne Kenntnis über das Schwarzsein funktioniert und gleichzeitig doch kollektiv Kontrolle ausübt, verknüpft Baldwin Fragen der Anerkennung mit imperialistischen und rassistischen Herrschaftspraktiken.

In seinem Essay »Fremder im Dorf« schreibt er darüber, dass er der erste Schwarze war, der ein Schweizer Dorf mit ausschließlich weißer Bevölkerung besuchte. Er schildert seine Reaktion auf das alljährliche dörfliche Ritual, das darin bestand, zwei Kinder schwarz anzumalen, die dann im Dorf Geld für die Missionare in Afrika sammelten. Von dem Geld konnten sie dann, wie sie es nannten, einen oder mehrere ›Afrikaner kaufen‹, d.h. die Dorfbewohner:innen konnten auf diese Weise die ihnen so wichtige Bekehrung der Seelen der ›Eingeborenen‹ zum Christentum feiern. Baldwin schreibt:

> »Ich stellte mir weiße Männer vor, die zum ersten Mal in ein afrikanisches Dorf kommen, Fremde dort, wie ich hier ein Fremder bin, und versuchte mir auszumalen, wie die verblüfften Einwohner ihr Haar betasten und über die Farbe ihrer Haut staunen. Doch es besteht ein großer Unterschied zwischen dem ersten Weißen, der von Afrikanern gesehen wird und dem ersten Schwarzen, der von Weißen gesehen wird. Der Weiße begreift das Erstaunen als Ehrerbietung, denn er ist gekommen, die Einheimischen, deren Minderwertigkeit ihm gegenüber außer Frage steht, zu erobern und zu bekehren, während ich mich ohne Eroberungsgedanken unter Menschen wiederfinde, deren Kultur mich beherrscht, ja, in gewisser Weise erschaffen hat, die mich mehr Qual und Zorn gekostet haben, als sie je erfahren, und die nicht einmal wissen, dass es mich gibt. Das Staunen, mit dem ich sie vielleicht begrüßt hätte, wären sie vor einigen hundert Jahren zufällig in mein afrikanisches Dorf gekommen, hätte möglicherweise ihr Herz erfreut. Das Staunen, mit dem sie mich heute begrüßen, kann das meine nur vergiften.«

Mein Nachdenken über Darstellungen des Weißseins in der Vorstellung von Schwarzen wurde durch Seminardiskussionen angeregt, in denen es darum ging, wie das Nichtwissen eine Strategie sein kann, die es erleichtert, aus einer Gruppe ›die Anderen‹ zu machen. In diesen Seminaren gab und gibt es hitzige Diskussionen unter den Studierenden, in denen weiße Studierende mit Unglauben, Schock und Wut reagieren, wenn sie mitbekamen, wie Schwarze Studierende über das Weißsein redeten, wenn sie gezwungen waren, sich Beobachtungen, Stereotype etc. anzuhören, die als ›Fakten‹ präsentiert wurden, resultierend aus genauer Beobachtung und eingehender Untersuchung des Verhaltens weißer Menschen. Normalerweise reagieren weiße Studierende mit naivem Erstaunen darüber, dass Schwarze die Weißen kritisch betrachten, weil Weißsein aus ihrer Perspektive der privilegierte Bedeutungsträger ist. Ihre Verwunderung darüber, dass sie von Schwarzen mit einem kritischen ›ethnografischen‹ Blick beobachtet werden, ist an sich schon ein Ausdruck von Rassismus. Sie werden oft wütend, weil sie davon überzeugt sind, dass jegliche auf Differenz fokussierende Art der Beobachtung den liberalen Glauben an eine universelle Subjektivität (wir sind alle nur Menschen) untergräbt. Sie nehmen an, dass allein dies den Rassismus verschwinden lassen würde.

Sie sind emotional tief in den Mythos der ›Gleichheit‹ verstrickt, auch wenn sich in ihren Handlungen die Vorherrschaft des Weißseins widerspiegelt. Das Merkmal ›weiß‹ macht sie zu dem, was sie sind und wie sie denken. Viele von ihnen sind schockiert, dass Schwarze dem Weißsein kritisch gegenüber stehen, weil rassistisches Denken den Irrglauben aufrechterhält, dass die unterdrückten und als minderwertig abgestempelten ›Anderen‹ nicht in der Lage seien, das Vorgehen der Mächtigen zu erkennen und zu begreifen. Obwohl diese Studierenden sich politisch mehrheitlich als liberal und antirassistisch verstehen, glauben auch sie unbewusst an das Weißsein als etwas vermeintlich Unergründlichem.

In einer durch weiße Vorherrschaft geprägten Gesellschaft können Weiße sich dem ›sicheren‹ Glauben hingeben, für Schwarze unsichtbar zu sein. Denn die Macht, die sie in der Vergangenheit ausübten und die sie als Kollektiv auch heute noch über Schwarze Menschen ausüben, verleiht ihnen das Recht, den – womöglich kritischen – Schwarzen Blick zu kontrollieren. So fantastisch es auch klingen mag, rassistische Weiße können sich leicht einbilden, dass Schwarze sie nicht sehen können, wenn sie selbst nicht von dem dunklen ›Anderen‹ gesehen werden wollen. Ein Kennzeichen der Unterdrückung war, dass Schwarze während der Sklaverei und der langen Jahre der rassistischen Apartheid gezwungen waren, sich unsichtbar zu machen und alle Spuren ihrer Subjektivität zu verwischen, so dass sie bessere und weniger bedrohliche Diener:innen waren.

Während der Sklaverei war es eine effektive Strategie der weißen Terrorherrschaft und rassistischen Entmenschlichung, den Schwarzen Blick zu kontrollieren. Schwarze Versklavte und später auch freigelassene Dienende mussten mit brutalen Strafen rechnen, wenn sie einfach nur schauten, wenn sie die Weißen, denen sie dienten, zu beobachten schienen, in einer Weise, wie nur ein Subjekt beobachten oder verstehen kann. Voll und ganz zum Objekt zu werden, bedeutete also, die Wirklichkeit nicht sehen und erkennen zu dürfen. Diese Blickregime wurden durchgesetzt, indem Weiße sich angewöhnten, Schwarzen Menschen ihre Subjektivität zu verwehren (um sie noch besser unterdrücken und ihnen ihr Menschsein absprechen zu können) und sie in den Bereich des Unsichtbaren zu verweisen. In ihrer Autobiografie *Passion and Prejudice* erinnert sich die Zeitungserbin Sallie Bingham, die in Kentucky in einem Haushalt aufwuchs, in dem Schwarze Diener:innen mit der weißen Familie, die sie beschäftigte, zusammenlebten: »Schwarze, so wurde mir bewusst, waren für die meisten Weißen schlicht unsichtbar, bis auf ein Paar Hände, das Drinks auf einem Silbertablett anbot.« Schwarze wurden reduziert auf die mechanische Verrichtung schwerer körperlicher Arbeit und lernten, Weißen gegenüberzutreten, als seien sie Zombies, den Blick gewohnheitsmäßig gesenkt, um ja nicht anmaßend zu erscheinen. Ein direkter Blick hätte als Behauptung von Subjektivität und Gleichheit gelten können. Vorzutäuschen, unsichtbar zu sein, war das einzige, was eine gewisse Sicherheit versprach.

Auch wenn es in den Vereinigten Staaten heute keine gesetzlich verankerte rassistische Apartheid mehr gibt, leben die Praktiken, die die institutionalisierte weiße Vorherrschaft aufrechterhalten, weiter fort. Die meisten Weißen müssen keine Schwarzen Menschen ›sehen‹ (die ständig auf Plakatwänden, im Fernsehen, in Filmen, Zeitschriften usw. erscheinen) und sie müssen nicht dauernd auf der Hut sein oder Schwarze beobachten, um sicher zu sein, und so können sie leben, als seien Schwarze unsichtbar, und sie können sich einbilden, für Schwarze auch unsichtbar zu sein.

Manche weiße Person mag sogar meinen, dass Schwarze keine Vorstellungen und Fantasien über das Weißsein hätten, insbesondere keine auf konkrete Beobachtungen oder Mythen beruhende. Sie glauben, sie würden von Schwarzen nur so gesehen, wie sie gesehen werden wollen. Auf der ideologischen Ebene vermittelt die Rhetorik der weißen Vorherrschaft eine Fantasie über das Weißsein. Wie Richard Dyer in seinem Essay »White« schreibt, macht diese Fantasie das Weißsein zu einem Synonym für das Gute:

> »In der heutigen Gesellschaft präsentiert sich Macht üblicherweise als das Normale im Gegensatz zum Überlegenen. Dies trifft auf alle Formen von Macht zu, aber es wirkt auf eine besonders verlockende Art und Weise beim Weißsein, denn hier scheint sie, dem ›gesunden Menschenverstand‹ zufolge, auf etwas anderem als ethnischer Differenz zu beruhen. … So heißt es (sogar in liberalen Schulbüchern), weiß werde unweigerlich mit Licht und folglich Sicherheit assoziiert, Schwarz hingegen mit Dunkelheit und daher mit Gefahr. Dies würde den Rassismus erklären (obwohl man durchaus darüber streiten könnte, ob Sicherheit nicht eher im Schutz der Dunkelheit zu finden wäre

und Gefahr drohe, wenn man sich dem Licht aussetzte). Darüber hinaus, und mit mehr Berechtigung, wird auf die jüdische und christliche Verwendung von Weiß und Schwarz als Symbol für Gut und Böse hingewiesen, was noch in Ausdrücken wie ›ein schwarzer Tag‹, ›schwarze und weiße Magie‹, jemanden ›anschwärzen‹ usw. anklingt. Im Glauben erzogen, dass Weißsein für alles Gute und Harmlose steht und nicht bedrohlich ist, nehmen viele Weiße an, dass dies die Art und Weise sei, wie auch Schwarze das Weißsein auffassen. Sie haben keine Vorstellung davon, wie Schwarze die Präsenz des Weißen erleben – meist als terrorisierende Zumutung, als eine Macht, die verwundet, verletzt und quält. Dies ist eine Realität, die die Vorstellung vom Weißen als Repräsentanten des Guten zerstört.«

Als Kollektiv schweigen die Schwarzen lieber, wenn es um ihre Vorstellungen über das Weißsein geht. Wie damals, zu Zeiten der rassistischen Segregation, als Schwarze lernten, ›eine Maske zu tragen‹, tun viele von uns so, als ob sie sich angesichts des Weißen wohlfühlen, doch sobald sie sich umdrehen, äußern sie tiefes Unbehagen. Thema ist vor allem, wie terrorisierend das Weißsein empfunden wird. Ich möchte gewiss keine vereinfachende, essentialistische ›Wir und sie‹-Dichotomie heraufbeschwören,[10] bei der die stereotypen rassistischen Interpretationen nur umgekehrt werden, um Schwarz zum Synonym für das Gute zu machen und Weiß mit dem Bösen zu assoziieren. Jedoch möchte ich auf jene Repräsentationen von Weißsein hinweisen, die nicht als Antwort auf Stereotype entstanden sind, sondern als Reaktion auf einen traumatischen, aus der weißen rassistischen Dominanz resultierenden Schmerz, einem psychischen Zustand, der prägt und bestimmt, wie Schwarze Weißsein ›sehen‹.

Die Vorurteile, die Schwarze über Weiße im Kopf haben, sind nicht die einzigen Bilder vom Weißsein in der Schwarzen Vorstellungswelt. Sie entstehen vor allem als Reaktion auf weiße Vorurteile über Schwarzsein. Lorraine Hansberry argumentiert, dass Schwarze Stereotype von Weißsein als ein ›trickle-down‹-Prozess von weißen Stereotypen von Schwarzsein entstehen. In diesem Prozess des ›Durchsickerns‹ wird alles, was wir an uns selbst nicht

10 Anm. d. Ü.: In den Kulturwissenschaften ist Essentialismus ein Begriff, der (fälschlicherweise) davon ausgeht, dass Menschen aufgrund ihres biologischen Geschlechts oder ihrer Herkunft von Natur aus bestimmte Wesensarten, Denkweisen und Verhaltensmuster aufweisen, die sie zu Angehörigen jeweils homogener Gruppen machen, die von anderen Gruppen grundsätzlich verschieden sind. Dass die Individuen in diesen Gruppen jeweils verschieden sind, wird dabei ignoriert. Angeblich gibt es einen gemeinsamen kulturellen Kern, den alle Mitglieder einer Gruppe oder Kultur »essentiell« teilen. Der Essentialismus wird kritisiert, weil er zu stark vereinfacht und die Grundlage für Diskriminierung bildet.

wahr haben wollen, auf das Andere projiziert. In *Young, Gifted, and Black* identifiziert Hansberry bestimmte Stereotype über Weiße, die in Schwarzen Communitys häufig beschworen werden, und warnt uns davor, »diesen Irrsinn in irgendeiner Weise mitzumachen«:

> »Ist es im Ghetto nicht allseits ›bekannt‹, dass Weiße alle ›schmutzig‹ sind (vor allem weiße Frauen – die nie selbst putzen)? Sind sie nicht von Natur aus ›grausam‹ (die kalten, gnadenlosen Wurzeln Europas; wer sonst hätte all diese Menschen auf so wissenschaftliche Art und Weise in Öfen stecken können)? Sind sie nicht ›schlau‹ (das muss man den A... löchern wirklich lassen), und alles andere als kalt und leidenschaftslos (denn sieh dir an, wer die ganze Zeit schon fast ausschließlich mit diesen Leidenschaften leben musste, die sich immer gerne als Liebe oder Hass tarnten)? Usw.«

Stereotype, wie unwahr sie auch sein mögen, sind eine Form der Darstellung. Wie erfundene Geschichten werden sie geschaffen, um als Ersatz für das zu dienen, was real ist. Sie sind nicht dazu da, die Dinge so darzustellen, wie sie sind, sondern begünstigen die Illusion. Sie sind eine Fantasie, eine Projektion auf das Andere, um es weniger bedrohlich erscheinen zu lassen. Stereotype sind reichlich vorhanden, wenn Distanz besteht. Sie sind eine Erfindung, eine Vortäuschung, dass man Bescheid weiß, wenn die Schritte, die wirkliches Wissen möglich machen würden, nicht unternommen werden können oder dürfen.

Wenn ich die Stereotype untersuche, um verschiedene Darstellungen des Weißseins in der Schwarzen Vorstellungswelt zu betrachten, wende ich mich an die Vergangenheit, an meine frühesten Erinnerungen daran, wie diese Themen im Schwarzen Alltag zur Sprache gebracht wurden. Wenn ich mich daran erinnere, wie ich unter gesellschaftlichen Bedingungen aufwuchs, die durch die rassistische Apartheid geschaffen wurden, wenn ich an all die Schwarzen Wohnviertel an den Rändern der Stadt zurückdenke, bin ich wieder dort, wo Schwarze das Weißsein mit dem Schrecklichen, dem Furchtbaren, dem Terrorisierenden assoziierten. Weiße galten als Menschen, die Angst und Schrecken verbreiten, vor allem diejenigen, die es wagten, den segregierten Raum der Schwarzen zu betreten. Als Kind kannte ich keine weißen Menschen. Sie waren Fremde, die man selten in unseren Vierteln sah. Die ›offiziellen‹ Weißen, die über die Gleise kamen, waren da, um Waren, Bibeln und Versicherungen zu verkaufen. Sie terrorisierten uns durch ihre wirtschaftliche Ausbeutung. Was sah ich in den durchdringenden Blicken dieser weißen Männer, die unsere Schwellen überschritten und mir Angst machten, die uns Schwarzen Kindern die Sprache verschlugen? Wussten sie überhaupt, wie ungewohnt und bedrohlich ihr Weißsein in unseren Wohnzimmern wirkte? Kamen sie mit demselben ›Abenteuergeist‹ über die Gleise, der andere Weiße nach Afrika und Asien, an jene geheimnisvollen Orte trieb, die sie eines Tages die ›Dritte Welt‹ nennen würden? Kamen sie in unsere Häuser, um dem Anderen von Angesicht zu Angesicht zu begegnen und die Rolle der Kolonialherren zu spielen, um uns sogar in unserem eigenen Revier zu dominieren?

Ihre Anwesenheit versetzte mich in Angst und Schrecken. Was auch immer ihr Anliegen war, sie sahen den anderen weißen Männern, die kamen, um Terror- und Folterrituale zu vollziehen, zu ähnlich. Als Kind wusste ich nicht, wie ich sie unterscheiden sollte, wie ich »die echten Weißen« bitten sollte, »mal kurz aufzustehen«. Die schreckliche Angst, die ich hatte, ist vielen Schwarzen allzu vertraut. Weiße kennen sie nur vom Hörensagen. In ihrem Buch *Soul Sister* gesteht Grace Halsell, dass sie diese Angst zu spüren begann, nachdem sie ihre Hautfarbe ›geändert‹ hatte, so dass sie ›Schwarz‹ zu sein schien, und in die Südstaaten gezogen war. Sie beschreibt ihre veränderte Wahrnehmung des Weißseins:

> »Gefangen in diesem Klima des Hasses, bin ich gelähmt vor Angst, und ich frage mich, weshalb ich mich vor meinen eigenen Leuten fürchte. Doch sie erscheinen mir nicht mehr als meine Leute, sondern eher als der ›Feind‹, der in großer Zahl gegen mich zu Felde zieht auf feindlichem Territorium ... Mein wildes Herzklopfen ist eine Art Schrecken aus zweiter Hand. Ich weiß, dass ich auch nicht annähernd das erleben kann, was sie, die Schwarzen Menschen, erleben ...«

Auch Schwarze, die im Norden aufgewachsen sind, können sich diesem Gefühl des Schreckens nicht entziehen. In ihrer Autobiografie *Every Good-bye Ain›t Gone* beginnt Itabari Njeri die Erzählung über ihre Kindheit im Norden mit einer Erinnerung an ihre südlichen Wurzeln. Als Erwachsene reiste sie in den Süden, um die Ermordung ihres Großvaters durch weiße Jugendliche zu untersuchen, die ihn bei einem illegalen Autorennen überfahren hatten. Sie erinnert sich daran, dass »die distanzierte und zufällige Gewalt, die meinen Großvater das Leben kostete, viele Jahre lang nicht mit dem psychischen Terror mithalten konnte, der mich selbst zu verschlingen begann.« Schließlich beginnt sie, diesen Schrecken mit der Geschichte der Schwarzen in den Vereinigten Staaten zu verknüpfen und sieht ihn als einen Stempel, den die Vergangenheit der Gegenwart aufdrückt:

> »Als ich älter wurde, nahm mein Großvater in meiner Vorstellung mythische Ausmaße an. Obwohl er abwesend war, erfüllte er mein Zimmer wie Musik und wachte über mich, wenn ich mich fürchtete. Seine phantasierte Anwe-

> senheit lenkte mich von Gedanken an die Alkoholexzesse und Wutausbrüche meines Vaters ab. Mit dem Alter hörten meine Fantasien auf, und das Bild meines Großvaters verblasste. Was blieb, war die Erinnerung an seine Zärtlichkeit, der Schmerz darüber, dass etwas in meinem Leben fehlte, das mir von rücksichtslosen weißen Jugendlichen entrissen worden war. In mir wuchs ein Gefühl – der Beginn der unausweichlichen Erkenntnis, dass diese Gesellschaft Schwarzen einen unverhältnismäßig großen Anteil an Schmerz und Ausgrenzung zumutet.«

Auf ihrer Reise durchlebt Njeri den Schmerz und den Schrecken der Vergangenheit – nur die Erinnerungen verblassen nicht. Sie bleiben, genauso wie der Schmerz und die Bitterkeit: »Vor dem Hintergrund meines persönlichen Verlustes und meiner Kenntnis der historischen Fakten über das hasserfüllte Verhalten der Weißen gegenüber Schwarzen betrachte ich die Menschen von Bainbridge. Und ich kann ihnen nicht trauen. Ich kann sie nicht freisprechen.« Wenn es möglich ist, den Terror durch eine Art rituelles Nachspielen zu besiegen, dann ist es das, was Njeri tut. Sie geht zurück an den Ort des Verbrechens und wagt es, sich dem Feind zu stellen. Es ist diese Konfrontation, die den Terror der Geschichte dazu zwingt, seinen Griff zu lockern.

Das Weißsein in der Schwarzen Vorstellungswelt in Worte zu fassen, kommt oft einer Darstellung des Terrors gleich. Man muss sich einer Geschichtsschreibung auseinandersetzen, die auslöscht, leugnet und die Vergangenheit neu erfindet, um die gegenwärtige Vision von antirassistischer Harmonie und Pluralismus plausibler zu machen. Um die Last der Erinnerung zu tragen, müssen wir uns bereitwillig an lange unbewohnte Orte begeben, die Trümmer der Geschichte nach Spuren des Unvergesslichen durchsuchen, über das alles Wissen lange unterdrückt wurde. Njeri beklagt, dass »niemand wirklich über uns Bescheid weiß«. Sie schreibt: »Die Ignoranz gegenüber unserer Geschichte und Kultur, unserem Alltagsleben ist institutionell so verankert, dass wir uns oft selbst nicht kennen.« Indem wir theoretisch über die Erfahrungen Schwarzer Menschen reflektieren, streben wir danach, sie aufzudecken, wiederherzustellen, aber auch zu dekonstruieren, sodass neue Wege und andere Zugänge möglich werden.

In diesem Sinne argumentiert Edward Said in seinem Essay »Travelling Theory«, wenn er behauptet, dass Theorie »die Kraft in sich birgt, die Versachlichung sowie das gesamte bürgerliche System, von dem die Versachlichung abhängt, zu zerstören«

Die Aufforderung, Schwarzen Erfahrungen einen theoretischen Rahmen zu geben, wird von konservativen Stimmen, die sich weigern, sicheres Terrain zu verlassen, permanent infrage gestellt und untergraben. Said erinnert uns daran:

> »Theorie ... ist das Endergebnis eines Prozesses, der beginnt, wenn das Bewusstsein zum ersten Mal seine eigene schreckliche Erstarrung angesichts der allgemeinen Versachlichung aller Erscheinungen und Objekte im Kapitalismus erkennt. Wenn dann das Bewusstsein selbst schlussfolgert und verallgemeinert (oder klassifiziert), dass es im Gegensatz zu anderen Objekten steht, und sich selbst als Widerspruch zu (oder Krise innerhalb) der Vergegenständlichung empfindet, entsteht ein Bewusstsein der Veränderung des Status quo. Schließlich, auf dem Weg in Richtung Freiheit und Erfüllung, blickt das Bewusstsein nach vorne auf seine vollständige Selbstverwirklichung. Diese ist natürlich der revolutionäre Prozess, der in die Zukunft reicht und jetzt nur als Theorie oder Projektion wahrnehmbar ist.«

Auf ihrer Reise bewegt sich Njeri in die Vergangenheit und fügt Bruchstücke zusammen. Wen sieht sie im Antlitz eines weißen Mannes aus den Südstaaten, der der Mörder sein soll? Spiegelt die Angst in seinem Gesicht den Blick des arglosen Schwarzen Mannes wider, über dessen Tod die Geschichte nichts erwähnt oder überliefert? Baldwin schreibt: »Die Menschen sind in der Geschichte gefangen, und die Geschichte ist in ihnen gefangen.« Es gibt also nur die Fantasie des Entkommens oder das Versprechen, dass das, was verloren ist, gefunden, wiederentdeckt und zurückgegeben wird. Für Schwarze macht die Rekonstruktion bzw. eine Archäologie der Erinnerung die Rückkehr möglich, die Reise zu einem Ort, den wir nie als Zuhause bezeichnen können, selbst wenn wir ihn wieder bewohnen, um unseren heutigen Standort besser zu verstehen. Eine solche Art des Reisens kann nicht vollständig vom konventionellen Begriff des Reisens erfasst werden. Ausgehend von Saids Essay feiert James Clifford in »Notes on Travel and Theory« diese Idee des Reisens, indem er behauptet:

> »Dieses Gefühl der weltumspannenden, ›kartierten‹ Bewegung ist auch der Grund, weshalb es sich lohnen könnte, an dem Begriff ›Reise‹ festzuhalten, trotz Konnotationen von Bildungs oder Erholungsreisen der Mittelschicht, von Bewegungen im Raum, die lange Zeit mit männlichen Erfahrungen und Tugenden assoziiert wurden. ›Reisen‹ ist zunächst einmal eine profane Aktivität, das Begehen öffentlicher Wege und ausgetretener Pfade. Wie reisen unterschiedliche Bevölkerungsgruppen, Klassen und Geschlechter? Welche Arten von Wissen, Geschichten und Theorien bringen sie hervor? Ein weites Forschungsfeld tut sich auf.«

Als ich diesen Artikel las und Clifford zuhörte, wie er über Theorie und Reisen sprach, war ich beeindruckt von seinen Bemühungen, eine umfassendere

Theorie des Reisens zu entwerfen. Jedoch kam ich zu dem Schluss, dass die Antworten auf die von ihm aufgeworfenen Fragen eine Dekonstruktion des konventionellen Reisebegriffs bedeuteten und dass daneben oder stattdessen eine Theorie des Reisens vonnöten wäre, die aufzeigt, wie sehr das Festhalten am gängigen Konzept des Reisens ein Festhalten am Imperialismus beinhaltet.

Manche Menschen wollen den konventionellen Reisebegriff nicht infrage stellen, erlaubt er ihnen doch, an der Faszination für den Imperialismus festzuhalten und darüber zu schreiben. Sie beschwören dadurch auf verführerische Weise eine »imperialistische Nostalgie« herauf, wie Renato Rosaldo dies in seinem Buch *Culture and Truth* so treffend bezeichnet. In diesem Zusammenhang erinnert er seine Leser:innen daran, dass »sogar das politisch fortschrittliche nordamerikanische Lesepublikum die vornehmen Umgangsformen geschätzt hat, die die Dominanz- und Unterordnungsbeziehungen zwischen den Menschen unterschiedlicher Hautfarbe regulierten«. Theorien des Reisens, die außerhalb konventioneller Grenzen entwickelt werden, könnten als Ausgangspunkt für den Diskurs das Reisen auch unter ganz anderen Überschriften behandeln: Initiationsriten, Einwanderung, Zwangsmigration, Umsiedlung, Versklavung und Wohnungslosigkeit.

›Reisen‹ ist kein Wort, das uns leicht über die Lippen kommt, wenn es um die Middle Passage,[11] den Trail of Tears,[12] die Ankunft chinesischer Migrant:innen in den USA, die Zwangsumsiedlung der Japanisch-Amerikaner:innen oder die Notlage von Wohnungslosen geht. Diverse Arten von Reisen theoretisch zu kontextualisieren, ist von zentraler Bedeutung für unser Verständnis jeglicher Verortung. Clifford führt folgendes am Ende seines Essays aus:

> »Theorie wird immer von einem bestimmten Standort aus entwickelt, und dieses ›Wo‹ besteht weniger in einem Ort als in verschiedenen Reisewegen, in unterschiedlichen, konkreten Geschichten vom Wohnort, von Einwanderung, Exil und Migration. Dies gilt auch für die Migration von Intellektuellen aus der ›Dritten Welt‹ in die Universitäten der Metropolen. Egal, ob sie sich nur zeitweilig dort aufhalten oder bleiben: Ihre Reise verändert sie, auch wenn sie durch ihre Herkunftsorte, durch besondere Loyalitäten und Entfremdungen geprägt sind.«

---

11 Anm. d. Ü.: Middle Passage bezeichnet die Überfahrt der Schwarzen von Afrika nach Amerika in den Sklavenschiffen. Unzählige Menschen starben unter den mörderischen und unmenschlichen Bedingungen an Bord dieser Schiffe.

12 Anm. d. Ü.: Mit Trail of Tears wird die gewaltsame Umsiedlung verschiedener Stämme der Indigenen Amerikas aus dem Süden der USA in den Westen, d.h. in das Gebiet des heutigen Oklahoma, bezeichnet. Auf diesem Marsch starben tausende durch Krankheiten und Gewalt.

Als ich las, wie Clifford beinahe ›spielerisch‹ ein gewisses Reisefieber entfacht, hatte ich gleich das Gefühl, dass diese Darstellung es schwermachen würde, Reiseerfahrungen anzuerkennen, die ganz und gar nicht spielerisch sind, sondern Begegnungen mit Terror und Schrecken. Es ist wichtig, zu erkennen, dass die Dominanz einer bestimmten Reiseerfahrung es unmöglich machen kann, eine andere Erfahrung zu artikulieren oder ihr Gehör zu verschaffen. Von manchen Standpunkten aus bedeutet Reisen, der gewalttätigen Macht der weißen Vorherrschaft zu begegnen. Um meine ›Reise‹-Geschichten zu erzählen, muss ich von meinem Weg aus der rassistisch segregierten Südstaaten-Community und dem ländlichen Schwarzen Baptistenumfeld an renommierte weiße Universitäten berichten.

Ich muss darüber sprechen können, wie es ist, Italien zu verlassen, nachdem ich auf Einladung des Parlaments einen Vortrag über Rassismus und Feminismus gehalten habe, nur um dann stundenlang dastehen zu müssen, während ich von weißen Beamt:innen verhört werde. Sie haben es nicht nötig zu antworten, als ich wissen möchte, warum die Fragen, die sie mir stellen, sich von denen unterscheiden, die sie den Weißen vor mir in der Reihe gestellt haben. Wenn ich nur daran denke, dass ich diese öffentliche Befragung und die Blicke der Menschen um mich herum ertragen muss, weil meine Hautfarbe Schwarz ist! Ich bin fassungslos, als ich gefragt werde, ob ich Arabisch spreche, als mir gesagt wird, dass Frauen wie ich Geschenke von Männern erhalten, ohne zu wissen, um was es sich bei diesen Geschenken handelt. Das erinnerte mich an ein anderes Mal, als mich französische Beamtinnen einer Leibesvisitation unterzogen; Schwarze wurden angehalten, um sicher zu gehen, dass wir keine illegalen Einwander:innen oder Terrorist:innen waren. Ich glaube mittlerweile, dass eine Fantasie der Weißen darin besteht, dass das bedrohliche Andere immer terroristisch ist. Diese Projektion ermöglicht es vielen Weißen, sich einzubilden, dass es kein terrorisierendes Weißsein gibt, kein Weißsein als Terror. Doch es ist genau diese Wahrnehmung von Weißsein im Bewusstsein Schwarzer Menschen, die mir erstmals in der engen Welt der armen Schwarzen ländlichen Community vermittelt und die mir auf meinen vielen Reisen immer wieder bestätigt wurde.

Wenn ich verreise, muss ich mich immer durch die Angst hindurchkämpfen, dem Terror ins Auge zu blicken. Es hilft mir, diese individuelle Erfahrung mit der kollektiven Reise der Schwarzen verbinden zu können, mit der Middle Passage und der Massenmigration der Schwarzen Bevölkerung aus den Südstaaten in die Städte im Norden der USA zu Beginn des 20. Jahrhunderts. Michel Foucault begreift Erinnerung als einen Ort des Widerstands. Wie Jonathan Arac in seiner Einleitung zum Buch *Postmodernism and Politics* feststellt, kann der Prozess des Erinnerns eine Praxis sein, die »Geschichte von einem Urteil über die Vergangenheit im Namen einer gegenwärtigen Wahrheit in eine ›Gegenerinnerung‹ verwandelt, die unseren gängigen Mustern von Wahrheit und Gerechtigkeit zuwiderläuft. Das hilft uns, die Gegenwart zu verstehen und zu verändern, indem es sie in eine neues Verhältnis zur Vergangenheit setzt.« Wenn die Schwarze Erfahrung theoretisch gerahmt werden soll, ist es nützlich, zu untersuchen, wie die Vorstellung von ›Terror‹ mit Bildern vom Weißsein verknüpft ist.

In meiner Kindheit gab es keine realen Erfahrungen mit dem Weißsein, und so wurde mir vermittelt, dass es, um ›sicher‹ zu sein, wichtig war, die Macht des Weißseins zu begreifen, das Weißsein sogar zu fürchten und jede Begegnung damit zu vermeiden. Es gab nichts Erschreckendes an diesem mir als Überlebensstrategie vermittelten Wissen; der Schrecken wurde erst dann zur Realität, wenn ich mich von der Schwarzen Seite der Stadt in die vornehmlich weiße Gegend aufmachte, in der meine Großmutter wohnte. Ich musste dieses Viertel durchqueren, um zu ihrem Haus zu gelangen. Diese Reisen ans andere Ende der Stadt habe ich in meinem Essay »Homeplace: A Site of Resistance« beschrieben:

> »Es war eine Bewegung heraus aus dem segregierten Schwarzsein unserer Siedlung, hinein in ein armes weißes Wohnviertel. Ich erinnere mich an die Furcht, daran, wie ich mich fürchtete zum Haus meiner Großmutter Baba zu gehen, weil wir an diesem Angst einflößenden Weißsein vorbei mussten – an jenen weißen Gesichtern auf den Veranden, die uns hasserfüllt niederstarrten. Sogar wenn die Veranden leer und verlassen waren, schienen sie zu sagen: ›Gefahr! Du gehörst nicht hierher, du bist hier nicht sicher.‹«

Oh! – dieses Gefühl von Sicherheit, vom Ankommen und Heimkommen, wenn wir schließlich den Rand ihres Grundstücks erreichten, wenn wir das tiefschwarze Gesicht unseres Großvaters Daddy Gus erblickten, wie er in seinem Stuhl auf der Veranda saß, wenn wir seine Zigarre riechen und auf seinem Schoß ausruhen konnten. Solch ein Gegensatz, das Gefühl nach Hause gekommen zu sein, diese Süße – und eben noch die Bitterkeit des bewältigten Weges, der uns immer wieder die weiße Macht und Kontrolle in Erinnerung rief. Obwohl es lange her ist, dass ich diese kleinen Reisen unternahm, sind die Assoziationen von Weißsein mit Terror, Angst und Schrecken immer noch lebendig. Auch wenn ich mich in Räumen bewege und lebe, in denen ich von dem Weißen umgeben bin, fühle ich mich dort nicht so wohl, dass Angst und Schrecken verschwinden würden. Alle Schwarzen in den Vereinigten Staaten, ungeachtet ihres Klassenstatus oder ihrer politischen Einstellung, leben damit, dass sie vom Weißsein terrorisiert werden könnten.

Dieser Terror wird sehr anschaulich in fiktionaler Literatur von Schwarzen Autor:innen geschildert, insbesondere in Toni Morrisons Roman *Menschenkind*. Baby Suggs, die Schwarze Prophetin, die sich besonders wortgewaltig über das Weißsein in der Schwarzen Wahrnehmung äußert, stirbt, weil sie am Fehlen von Farbe leidet. Umgeben von diesem Mangel, einem leeren Raum, der vom Weißen vereinnahmt wurde, erinnert sie sich: »Diese weißen Dinger haben mir alles genommen, was ich hatte oder erträumte und auch meinen Herzmuskel haben sie zerrissen. ... Es gibt nichts Schlimmeres auf der Welt als die weißen Leute.« Wenn die Maske des Weißseins, die täuschende Tarnung, das Weiße als immer nur wohlwollend erscheinen lässt, dann verdeckt dies die Assoziation von Gefahr, das Gefühl der Bedrohung. Während der Zeit der rassistischen Apartheid, bei vielen noch unter dem Begriff Jim Crow bekannt, war es für Schwarze schwieriger, diese Vortäuschung zu verinnerlichen. Nicht zu merken, dass die Gestalten unter den weißen Kapuzen die Aufgabe hatten, uns zu bedrohen und zu terrorisieren, war fast unmöglich. Dieses Bild des Weißseins und seine Assoziation mit Unschuld, die Emmett Till[13] verschlang und ermordete, war ein Zeichen; es sollte uns quälen, indem es uns daran erinnerte, dass weiterer Terror in Zukunft jederzeit möglich war.

In Morrisons Roman *Menschenkind* ist die Erinnerung an den Terror so tief in Sethes Körper und in ihr Bewusstsein eingeschrieben und die Verknüpfung des Schreckens mit dem Weißsein so intensiv, dass sie ihre Kinder tötet, damit sie den Schrecken niemals erleben müssen. Als sie Paul D. ihr Handeln erklärt, sagt sie ihm, es sei ihre Aufgabe, »sie vor dem zu bewahren, von dem ich weiß, dass es schrecklich ist«. Natürlich führt Sethes Versuch, die Leidensgeschichte der Schwarzen zu beenden, sie nur in einer anderen Form fort. Sie besiegt den Schrecken durch eine perverse Reinszenierung und durch Widerstand, indem sie Gewalt als Mittel einsetzt. So versucht sie, einer Geschichte zu entkommen, die zu tragen eine zu große Bürdet ist.

Indem wir unsere Geschichte erzählen, sind wir zu politischer Selbstfindung in der Lage. Gegenwärtig glauben Weiße und Schwarze gleichermaßen,

13 Anm. d. Ü.: Der 1955 verübte bestialische Lynchmord an dem 14-jährigen, der eine Weiße sexuell belästigt haben soll (was die Frau ca. fünfzig Jahre später zurücknahm) war ein bedeutendes Fanal für die Entstehung der Bürgerrechtsbewegung.

dass Rassismus in unserer Gesellschaft nicht mehr existiere. Diese Auslöschung ist zwar ein Mythos, lässt jedoch in der Schwarzen Vorstellungswelt das Bild vom Weißsein als Terror immer verschwommener werden. So werden Assimilation und Vergessen möglich. Der Eifer, mit dem die heutige Gesellschaft den Rassismus ausblendet und das Wissen darum durch die Beschwörung von Pluralismus und Diversität ersetzt, verschleiert die Realität noch stärker und ist eine bloße Reaktion auf den Terror. So wird der Terror letztlich aufrechterhalten, indem ihm ein Deckmantel, ein Versteck angeboten wird.

Unterdessen spüren Schwarze Menschen den Terror immer noch und assoziieren ihn nach wie vor mit dem Weißsein. Jedoch sind sie nur selten in der Lage, die mannigfache Art und Weise, wie wir terrorisiert werden, zu artikulieren. Denn es ist leicht, uns zum Schweigen zu bringen – indem wir des umgekehrten Rassismus beschuldigt werden. Oder es wird Schwarzen unterstellt, dass sie nur deshalb darüber sprechen, wie sie von Weißen terrorisiert werden, um sich als Opfer zu inszenieren und so eine privilegierte Behandlung fordern zu können.

Als ich kürzlich an einer kulturwissenschaftlichen Tagung teilnahm, wurde ich daran erinnert, wie sich der Diskurs über *race* zunehmend von jeglicher Auseinandersetzung mit der Politik des Rassismus abgekoppelt hat. Ich besuchte die Konferenz im Vertrauen darauf, dass ich mich in der Gesellschaft gleichgesinnter, ›bewusster‹, fortschrittlicher Intellektueller befinden würde. Deshalb war ich sehr befremdet darüber, wie sich die üblichen hierarchischen Arrangements der weißen Vorherrschaft darin widerspiegelten, wer sprach, welche Personen auf dem Podium und wer im Publikum saß. All dies entlarvte die zugrunde liegenden Annahmen darüber, welche Stimmen als würdig erachtet wurden, das Wort zu ergreifen und gehört zu werden. Je weiter die Konferenz voranschritt, desto mehr Angst bekam ich. Wenn diese fortschrittlichen Menschen, von denen die meisten weiß waren, so blindlings den Status quo reproduzieren konnten und dies nicht ›sahen‹, war der Gedanke daran, wie sich rassistische Politik ›draußen‹, außerhalb dieser Arena, gestaltete, erschreckend. Dieses Gefühl des Schreckens, das ich aus meiner Kindheit kannte, kam wieder hoch.

Ohne überhaupt darüber nachzudenken, ob das Publikum imstande war, sich von dem vorherrschenden Denken zu lösen und eine andere Perspektive zur Kenntnis zu nehmen, sprach ich offen über dieses Gefühl des Terrors. Später hörte ich, wie sich weiße Frauen darüber lustig machten, wie lächerlich es sei, dass ich mich terrorisiert fühlen würde (in ihren Augen bin ich wohl die ›toughe‹, starke Schwarze Frau). Sie waren unfähig, zu begreifen, dass mein Horror, wie der von Sethe, eine Reaktion auf das Erbe der weißen Vorherrschaft und ihre aktuellen Ausdrucksformen ist, und das zeigt, wie wenig diese Kultur die tief greifenden psychologischen Auswirkungen der rassistischen weißen Dominanz versteht.

Auf derselben Konferenz freundete ich mich mit einer progressiven Schwarzen Frau und ihrem Lebensgefährten, einem weißen Mann, an. Wie ich waren sie beunruhigt darüber, wie sehr die Weißen bewusst ignorierten, wie die weiße Vorherrschaft die Struktur der Tagung bestimmte. Als ich mit der Schwarzen Frau sprach, fragte ich sie: »Was tust du, wenn du es leid bist, dich mit dem weißen Rassismus herumzuschlagen, wenn du die tagtäglichen, ›zufälligen‹ Akte des rassistischen Terrorismus satt hast? Ich meine, wie geht man damit um, nach Hause zu kommen, und dann ist da eine weiße Person?« Sie lachte und sagte: »Ach, du meinst, wenn ich unter dem ›White People Fatigue Syndrome‹ (dem Weiße-Leute-Ermüdungssyndrom) leide? Er bekommt das häufiger als ich.«

Nachdem ausgiebig gelacht hatten, sprachen wir darüber, wie Weiße, die wie ihr Lebensgefährte den Standort gewechselt haben, anfangen, die Welt mit anderen Augen zu sehen. Seit er versteht, wie Rassismus funktioniert, kann er erkennen, wie das Weiße terrorisierend agiert, ohne sich selbst – oder alle Weißen – als böse zu begreifen und alle Schwarzen als gut. Die Ablehnung von ›Wir-und-sie‹-Dichotomien bedeutet nicht, dass wir nie darüber sprechen sollten, wie verzerrt die Wahrnehmung tatsächlich ist, wenn wir die Welt nur vom Standpunkt des Weißseins aus betrachten und wie es dem Verständnis davon, wie Rassismus funktioniert, im Wege stehen kann – sowohl in der Welt allgemein als auch in unserem privaten Umfeld.

In ihrem Buch *The Post-Colonial Critic* ruft Gayatri Spivak uns zum Standortwechsel auf und verdeutlicht die radikalen Möglichkeiten, die sich eröffnen, wenn die eigene Verortung problematisiert wird. Sie erklärt: »Was wir fordern, ist, dass die Akteur:innen in den hegemonialen Diskursen ihre Position enthegemonialsieren und ihrerseits lernen, die Subjektposition des:der Anderen einzunehmen.« Dieser Prozess der Neuverortung birgt generell die Kraft, die Praktiken des Rassismus zu dekonstruieren und es Schwarzen Menschen zu ermöglichen, in ihrer Vorstellung die Gleichsetzung von Weißsein und Terror aufzugeben.

Als kritische Intervention verdeutlicht er, dass progressive, antirassistisch eingestellte Weiße verstehen können, wie weiße Vorherrschaft durch ihre kulturellen Praktiken festgeschrieben wird, ohne von Schuldgefühlen gelähmt zu werden oder diese Mechanismen zu leugnen. Ohne die Fähigkeit, Terror auszuüben, ist Weißsein nicht länger gleichgesetzt mit dem Recht zu dominieren. Es wird wirklich zu einem wohltuenden Nichts. Baldwin beendet seinen Essay »Fremder im Dorf« mit der Erklärung: »Diese Welt ist nicht mehr weiß, und sie wird nie wieder weiß sein.« Indem wir die Assoziation von Weißsein mit Terror in der Schwarzen Vorstellungswelt kritisch untersuchen und sie dekonstruieren, benennen wir nicht nur die Auswirkungen des Rassismus, sondern tragen dazu bei, seine Macht zu brechen. Wir dekolonisieren unser Denken und unsere Vorstellungswelt.

8 Durch Tabakfelder fahren

Während der Fahrt im Auto, raus aus der Stadt, auf dem Land, waren wir umgeben von Äckern und Tabakfeldern. Ich bin in Kentucky aufgewachsen, und dort lernte ich die von Generation zu Generation weitergegebene Ehrfurcht vor der Tabakpflanze kennen. In jenen Tagen wurde Tabak noch nicht verteufelt. Tabak war eine heilige Pflanze, geschätzt und geehrt von den Älteren, die ihre Eigenschaften und Möglichkeiten kannten.

Ich kann mich an keine Zeit während meiner Kindheit erinnern, in der Tabak nicht wichtig und präsent war. Sei es, dass ich Big Mama beim Rauchen ihrer Pfeife zusah oder beim Leeren der Kaffeedosen, die benutzt wurden, um Kautabak auszuspucken, oder dass ich Mamas Mutter Baba beim Flechten von Tabakblättern zur Abwehr von Ungeziefer zusah, oder Tante Margaret beim Drehen von Tabak für Zigaretten und Zigarren – der Geruch des Tabaks durchdrang unser Leben und berührt mich immer noch mit dem Duft der Erinnerung. Es gab einmal eine Zeit, in der Tabak die Wirtschaft in vielen Kleinstädten in Kentucky dominierte. Für arme Schwarze Analphabet:innen war das Tabakpflücken zwar eine niedrige und schmutzige Arbeit, aber man konnte damit zusätzliches Geld, bar auf die Hand, nach Hause bringen. Wie geflochtene Tabakblätter waren die Geschichte der Schwarzen und die des Tabaks einst eng miteinander verwoben. Und obwohl diese Geschichte, wie so viele Aspekte der Geschichte unserer Vorfahr:innen, vergessen und begraben ist, erinnern sich die alten Leute, denken an die Vergangenheit und riechen den Duft des Tabaks.

Anbau, Ernte und Verarbeitung von Tabak spielten eine wichtige Rolle im Drama der versklavten Afrikaner:innen in den Südstaaten. Während die Verschleppten in der sogenannten »neuen Welt« auf viele ungewohnte Sitten und seltsame Geschmäcker trafen, war der Tabak eine »vertraute« Pflanze. Als er zum ersten Mal nach Afrika kam, verbreiteten sich seine Macht und sein Genuss schnell über den gesamten Kontinent. Die Afrikaner:innen schrieben der Pflanze von Anfang an mystische und magische Kräfte zu. Sowohl in Afrika als auch in Teilen Südamerikas verwendeten Tabakschaman:innen die Pflanze zeremoniell und rituell. Als Mittel zum Heilen, Segnen und Beschützen hatte der Tabak göttlichen Status.

In seinem ausführlichen Werk *Tobacco: A Cultural History of How An Exotic Plant Seduced Civilization* führt der Kulturkritiker Iain Gately aus: «Tabak spielte eine zentrale Rolle in der spirituellen Ausbildung von Schaman:innen ... Tabakschaman:innen nutzten das Kraut in jedem Aspekt ihrer Kunst.» Auch die Indigenen Nordamerikas betrachteten Tabak als eine heilige Pflanze, und viele Stammesgruppen ehren weiterhin die spirituelle Natur des Tabaks als mächtiges Erbe wie auch als wichtiges Element heutiger Traditionen. In seinem Beitrag über die Geschichte des Tabaks in diesem Land betont Gately, dass der Tabakkonsum «eine prägende Gewohnheit der verschiedenen Stämme und Zivilisationen des präkolumbianischen Nordamerikas» war, denn «jede der lebenden und untergegangenen Kulturen verwendete Tabak».

Die amerikanischen Indigenen nutzten Tabak als Heilmittel, um die Haut zu reinigen, den Körper zu reinigen, zu entschlacken. Während Tabak in den meisten Kulturen auf der ganzen Welt alleinige Angelegenheit von Männern war, nutzten auf dem afrikanischen Kontinent Männer und Frauen Tabak mit dem gleichen Vergnügen und der gleichen Leidenschaft, Kraft und Trost suchend im heiligen Rauch.

In spiritueller Hinsicht sahen und sehen People of Colour auf der ganzen Welt Tabak als eine Möglichkeit, in die geistige Welt eingeweiht zu werden. Früher verwendeten Schaman:innen Tabak, und heute tun es immer noch viele, um sich in Trance zu versetzen oder sogar in den Tod zu gehen, um dann als Zeichen ihrer besonderen Kräfte wieder aufzuerstehen. Gately untersucht den Zusammenhang zwischen Tabak und Religion und erklärt: »Das rituelle Ausblasen von Rauch, mit dem ein:e Schaman:in einen Segen oder Schutz vor Feinden gewähren konnte, sollte eine Transformation symbolisieren, bei der der Tabakrauch einen Schutzgeist repräsentierte. Dies erinnert an das christliche Ritual, bei dem Wein und Brot von Priester:innen in Leib und Blut Christi verwandelt werden.«

In der indigenen amerikanischen Kultur sind Rauchsignale ein nicht ortsgebundenes Mittel kosmischer Kommunikation. In *Reinventing Medicine* erklärt Larry Dossey, dass »die Funktion des Rauchsignals lediglich darin bestand, die Aufmerksamkeit aller zu erlangen, damit dann der Austausch von Geist zu Geist über weite Entfernungen stattfinden konnte.« Dossey zufolge wird »die Möglichkeit, dass der Geist auf Distanz funktioniert, außerhalb der Grenzen des Gehirns und Körpers – und nicht nur in Träumen –, in den meisten Kulturen, die wir ›indigen‹ nennen, für selbstverständlich gehalten.« Tabak und Tabakrauch versprechen die Überwindung der eigenen Grenzen. Daher die Ehrfurcht und der Respekt der indigenen Kulturen vor dem Tabak.

Zu Beginn der eindrucksvollen Memoiren des weisen Stammesältesten Black Elk, *Ich rufe mein Volk: Leben, Visionen und Vermächtnis des letzten großen Sehers der Ogalalla-Sioux*, erzählt er die Geschichte, wie ihm heilige Visionen kommen, während er seine Pfeife raucht; »auf deren einer Seite war ein Büffelkalb eingeschnitzt, das die Erde bedeutete, die uns trägt und nährt, und von dem Rohr hingen zwölf Adlerfedern, die mit unzerreißbarem Gras zusammengebunden waren. Sie bedeuteten den Himmel und die zwölf Monate.« Nach dieser Beschreibung fährt er fort: »Jetzt zünde ich die Pfeife an; und nachdem ich sie den Mächten geweiht habe, die eine Macht sind, und eine Stimme zu ihnen geschickt habe, werden wir zusammen rauchen.« Er spricht mit dem Großen Geist und erklärt: »Großer Geist, Großer Geist, mein Großvater, über der ganzen Erde ist das Antlitz der lebenden Dinge das gleiche. Zart sind diese aus dem Grund hervorgesproßt. Schau auf diese Gesichter von unzähligen Kindern und mit Kindern in ihren Armen, auf daß sie den Winden standhalten mögen und die gute Straße wandern bis zum Tage des Friedens.« Nach seinen Gebeten zum Großen Geist sagt er: »Nun, mein Freund, lass uns zusammen rauchen, auf daß nur Gutes zwischen uns walten möge.«

In der Populärkultur der Vereinigten Staaten haben sich die negativen Darstellungen der Indigenen in den Medien, insbesondere im Fernsehen, kaum verändert. Eine Friedenspfeife zu rauchen wird ständig karikiert. Die herrschende Kultur verhöhnte eindeutig ihren Glauben an die Einheit mit der Natur und an den Frieden als eines natürlichen Zustandes, indem sie das Abschlachten der Indigenen als gerechtfertigt ansah, weil diese angeblich wilde und gewalttätige Völker seien. Erhalten gebliebene Artefakte im Zusammenhang mit Tabak (bspw. wunderschön geschnitzte Pfeifen) zeugen aber von der besonderen spirituellen Bedeutung des Rauchens.

Auch wenn nur wenig über die Rolle des Tabaks als eine Art sozialer Währung zwischen versklavten Afrikaner:innen und weißen Sklavenhaltern:innen geschrieben wurde, so war die Nachfrage nach Arbeitskräften für den Anbau und die Ernte des Tabaks im 18. und 19. Jahrhundert so riesig, dass immer mehr Versklavte gekauft wurden, um sie die harte und schmutzige Arbeit der

Tabakpflanzung und -ernte verrichten zu lassen und dadurch den Reichtum der Besitzer:innen zu mehren. Gately erinnert daran, dass »die Bedeutung des Tabaks nicht auf die Kolonien des Südens beschränkt war«, weil Tabak schon bald eine Hauptanbaukultur für den Export wurde. In der Tat war es dieses »Kraut, das den Kolonien ihren Platz in der Welt bescherte«. Tabak – geraucht, gekaut oder geschnupft – war eine Quelle enormer Macht für eine sich ausbreitende kapitalistische Kultur der Habgier in den Vereinigten Staaten. Für die Versklavten, die Knochenarbeit für eine reiche Ernte leisten mussten und deren Existenz aufgrund der Suche nach immer wieder neuen Anbauflächen extrem nomadisch war, stellte die Freiheit, ein bisschen Tabak mitzunehmen, die einzige sichere Belohnung für die harte und schmutzige Arbeit dar – Tabak, wie Gold, so kostbar und schwer zu bekommen.

Unter den versklavten Schwarzen war es üblich, dass Männer wie Frauen ihren Tabak in der Pfeife rauchten. Ohne Zweifel bot das Rauchen der Pfeife nach einem extrem anstrengenden Arbeitstag, wenn man ruhig in meditativer Haltung saß, den Versklavten aus Afrika eine Möglichkeit ihren harten Lebensbedingungen gedanklich zu entfliehen und buchstäblich woanders zu sein. Die Verehrung des Tabaks als heilige Pflanze, die ein wesentlicher Bestandteil der afrikanischen Erfahrung gewesen war, wurde aufrechterhalten – sowohl von der kleinen Zahl afrikanischer ›Entdecker:innen‹, die bereits vor Kolumbus in der ›Neuen Welt‹ angekommen waren, als auch später von den versklavten Afrikaner:innen. Denn auch wenn ihre Arbeit auf den Tabakfarmen hart und lebensbedrohlich war, konnten die versklavten Schwarzen die zeremonielle Kultur des Tabaks, die ein bestimmender Faktor in ihrem Leben vor dem Exil gewesen war, bewahren.

Dieses kulturelle Erbe wurde im Leben der Schwarzen auch nach dem Ende der Sklaverei weiter gepflegt. Bei den Älteren in meiner Familie hatte die Tabakpflanze einen hohen Stellenwert. Tabak konnte zur Desinfektion benutzt werden und er diente zur Bekämpfung von Ungeziefer. Häufig wurden geflochtene Tabakblätter in Kleider- und Wäschetruhen gelegt, um Motten und andere Insekten abzuwehren, die kostbare Stoffe ruinierten. Tabak war nützlich und er war eine Quelle des Vergnügens. Obwohl ich nicht zum Rauchen oder Tabakkauen verleitet wurde, war ich doch von der Schönheit des Tabaks fasziniert, von der Art, wie er angebaut wird und reift, aufgehängt und geflochten wird.

In dieser Welt, in der die Frauen genauso viel rauchten, kauten und schnupften wie die Männer, gab es nichts Schöneres für mich, als kostbare

Tabakblätter behutsam in die Hand nehmen zu dürfen und sie genau so in Big Mamas Pfeife zu stopfen, dass nichts verschwendet wurde. Damals galt Rauchen noch nicht als gesundheitsschädlich, wie wir das heute wissen. Allerdings muss gesagt werden, dass die Schwarzen in den Südstaaten, die Tabakpflanzen ohne schädliche Pestizide ernteten und ohne Zusätze weiterverarbeiteten, Tabak konsumierten und in der Regel trotzdem lange lebten. Für sie hatte der Tabak eine zutiefst heilende Wirkung. Gefahren gingen vom Rauchen für sie erst aus, als sie begannen, abgepackten Tabak und gekaufte Zigaretten und Zigarren zu rauchen, als sie süchtig nach dem Rauchen wurden. Die älteren Schwarzen arbeiteten hart und betätigten sich körperlich. Nie hätten sie sich einfach nur so dem Genuss des Rauchens hingegeben, es sei denn, am Ende eines harten Arbeitstages.

Nostalgische Gefühle für meine Kindheit in Kentucky kommen oft bei zwei bestimmten Erinnerungen auf – an die Welt des Tabaks und die Welt des Quiltens. Beide assoziiere ich mit einem einfachen Leben und schlichtem Wohlstand. Beide stehen für das Wohlbefinden von Geist, Körper und Seele. Big Mama, Daddys Großmutter, die uns bedingungslos liebte, war klein und stämmig. Wenn sie uns besuchen kam, dann in einer perfekt gebügelten Schürze, mit Taschen, die groß genug waren für Pfeife und Tabak. Es war Burley-Tabak, der um uns herum wuchs. Das Aroma ihres Pfeifentabaks, die Rauchwolken und vor allem die Zufriedenheit, die ihren Leib und ihr Wesen umgaben, machte es für die Enkel schwer, den Tabak als bedrohlich wahrzunehmen. Er war Teil ihrer persönlichen Magie und Erhabenheit.

Wenn ich nicht ein kränkliches Kind gewesen wäre, das ständig unter Atemproblemen litt, hätte Tabakrauchen für mich vielleicht eine größere Anziehungskraft gehabt. Trotzdem war ich fasziniert von der Ästhetik des Tabaks und von seiner Präsenz in unserem Leben, ebenso wie von unserer afrikanischen Tradition und der der amerikanischen Indigenen, den Tabak als heilige Pflanze zu betrachten. Für viele People of Colour, die sich auf die heiligen Sitten der Alten besinnen und daran arbeiten, die sinnstiftenden Traditionen, die vom weißen Imperialismus und Kolonialismus zunichte gemacht wurden, wieder aufleben zu lassen, ist es wichtig, das alte Verständnis von der mystischen und magischen Kraft des Tabaks zu tradieren. Dies ist keine leichte Aufgabe in einer Welt, in der mit Giften versetzter Tabak süchtig macht, zerstört und tötet, wo missbräuchlicher Tabakkonsum zu Krankheit und Tod führt.

Das System des imperialistischen kapitalistischen Patriarchats der weißen Vorherrschaft, das die Tabakpflanze nahm und sie zu einer Ware machte, die nur für den maximalen Profit vermarktet wird, steht immer wieder in der Kritik. Dies ist bei der Tabakpflanze vielleicht mehr der Fall als bei jeder anderen pflanzlichen Droge, weil sie legal ist – und weil die Tabakindustrie durch verleitende Marketingstrategien und Werbung Konsument:innen animiert, sich für den Tod zu entscheiden. Ironischerweise verführt das kapitalistische Marketing die Kundschaft mit unterschwelligen Suggestionen über die mystischen und magischen Kräfte des Tabaks, genauso wie in früheren Zeiten Indigene überall auf der Welt mit diesen (damals viel offener formulierten) Zuschreibungen verführt wurden.

Allerdings trennt das zeitgenössische Marketing Tabak völlig von seinen Wurzeln als eine heilende und heilige Pflanze. Durch die Kolonisierung wurden die indigenen und afrikanischen Völker ihrer Sprache und Identität beraubt und entmenschlicht, und einen ähnlichen Prozess durchlief auch die Tabakpflanze. In *Food of the Gods* beschreibt Terence McKenna, wie die Welt des Tabaks sich mit der Ankunft des weißen Mannes, des Kolonisators veränderte:

> »Tabak war der erste und unmittelbarste Gewinn der Entdeckung der Neuen Welt. Am 2. November 1492, weniger als einen Monat nach seiner ersten Ankunft in der Neuen Welt, landete Kolumbus an der Nordküste Kubas ... Die Kundschafter kehrten zurück mit einem Bericht über Männer und Frauen, die sich brennende gerollte Blätter in ihre Nasenlöcher steckten. Diese brennenden Röllchen wurden Tobak genannt und bestanden aus getrockneten Kräutern, die in ein großes getrocknetes Blatt gewickelt waren. Sie wurden an einem Ende angezündet, und die Menschen saugten am anderen Ende und ›tranken den Rauch‹, das heißt, sie inhalierten etwas, das in Europa völlig unbekannt war.«

Tabak als eine kapitalistische Industrie ist all den Machenschaften imperialistischer Verderbtheit und Gier unterworfen. Ohne Zweifel ist Tabak die am meisten konsumierte pflanzliche Droge der Welt. Gleichzeitig werden seine historischen Traditionen als Heilmittel verleugnet und stattdessen wird der Tabak heute nur noch als ein Produkt verteufelt, das tötet. Bei falschem, süchtig machendem Gebrauch wird er seinen Nutzer:innen in der Tat Krankheit und schließlich Tod bringen. Wenn der gegenwärtige Trend des Rauchens global anhält, werden in diesem Jahrhundert allein eine Milliarde Menschen an den Folgen des Tabakkonsums sterben. Nach Angaben der Weltgesundheitsorganisation entfallen derzeit vierzig Prozent der Rauchenden weltweit auf Indien und China.

In den Vereinigten Staaten hat es eine enorme Sensibilisierung für die Gefahren des Tabaks gegeben, aber wenig oder gar keine Bemühungen, die

Tabakpflanze und ihre positiven Eigenschaften von all dem Negativen zu trennen. In dem Dokumentarfilm *An Inconvenient Truth* von Al Gore, einem Film über die Klimakatastrophe, erzählt er die herzzerreißende Geschichte seiner Schwester, die an Lungenkrebs starb. Sie hatte sehr früh angefangen zu rauchen. Der Film zeigt seinen trauernden Vater, der lange Jahre Tabak angebaut hat und sich jetzt der harten Realität über die Rolle, die der Tabak beim Tod seiner Tochter spielte, stellen muss. Und die Zuschauenden hören Kommentare über die Entscheidung des Vaters, mit dem Tabakanbau aufzuhören. Der Film unternimmt keinerlei Versuch, eine alternative Sichtweise auf den Tabak darzustellen – eine, die die Pflanze von der Tabakindustrie und ihrem kalkulierten Gebrauch giftiger Zusatzstoffe sowie vom Rauchen als Sucht trennen würde.

Die Indigenen in unserer Gesellschaft, die die Tabakpflanze weiterhin mit Ehrfurcht betrachten, haben keine Stimme in der Öffentlichkeit. Zudem verdeckt die Tyrannei des christlichen Fundamentalismus normalerweise die Gegenwart heiliger Traditionen, die nicht aus der Bibel hervorgehen. Keine der gegen den Tabak gerichteten Kampagnen vermittelt jungen Leuten, die besonders anfällig für zielgruppenspezifische Werbung sind, alternative Arten des Denkens und Träumens über Tabak sowie Respekt für diese wunderbare und doch potenziell gefährliche Pflanze, sonst würden sie nicht süchtig werden.

Den Menschen könnte vermittelt werden, den Gebrauch von Tabak mit heiligen Traditionen zu verbinden. Wenn dies zur neuen Kultur des Tabaks würde, hätten sie die Gelegenheit selbst zu bestimmen, wie ihr Verhältnis zum Rauch und Rauchen sein soll, anstatt sich gedankenlos in eine vom vergifteten Mainstream-Tabak erzeugte Kultur des Todes führen zu lassen. Als die imperialistischen Tabakproduzent:innen die Genehmigung erhielten, in weniger industriell entwickelte Länder zu gehen, um dort Tabak anzubauen und zu ernten, signalisierte dies das Ende des großen Tabakanbaus in diesem Land. Im Ausland mussten sie keine Gesundheitsvorschriften bezüglich des Einsatzes von Insektiziden und giftigen, süchtig machenden Zusatzstoffen, die ihnen ›vielleicht‹ in den Vereinigten Staaten gemacht worden wären, beachten.

Die Kulturpflanze Tabak, die früher einmal die weltweite Aufmerksamkeit auf den amerikanischen Markt lenkte, hat in der kulturellen Ikonografie der USA heute kaum noch eine Bedeutung. Mein Heimatstaat Kentucky produzierte einst enorme Mengen von Burley-Tabak, was riesige Einnahmen in die Kassen spülte, Geld, das vor allem die Reichen reicher machte, aber diese Zeiten sind lange vorbei. Tabak spielt keine wichtige Rolle mehr in der Wirtschaft Kentuckys. Die kilometerlangen, scheinbar unendlichen Tabakfelder, die in meiner Kindheit zu sehen waren, gibt es nicht mehr. Früher konnte man in jedes beliebige Kleinstadtgeschäft in Kentucky gehen und Tabak in seiner ganzen Pracht dort hängen sehen, wunderschön geflochtene Blätter, dekoriert als Zeichen der Fülle und der Wertschätzung; heute hingegen ist Tabak nirgends mehr zu finden. Es wäre schlicht undenkbar, die Wände heutiger Supermärkte oder Drive-Through-Tabakläden mit dieser wunderschönen Pflanze zu dekorieren.

Ich unterscheide die schädlichen Folgen des Rauchens sowie das Suchtpotenzial von der eigentlichen Tabakpflanze und betrauere deshalb den Verlust jener Tabakfelder wegen allem, für das sie in meiner Kindheit standen. Zuallererst repräsentierten sie die Fülle der Natur, den Reichtum, den die Erde uns bietet. Und so wurde uns, wie die Alten uns lehrten, die Schönheit des Rauches, das Aroma des Tabaks geschenkt um das Leben zu bereichern. Wenn ich mit meinen Geschwistern spreche, die in der Ernte und Weiterverarbeitung des Tabaks arbeiteten, als wir jung waren, erinnern sie sich an den Staub, die Schmerzen in den Knochen vom Bücken, die kalte Luft im Raum, wo die Tabakblätter gelockert wurden. Aber sie erinnern sich auch an die Kultur des Tabaks, die uns Bilder der Schönheit bescherte, Reihen von Tabakblättern, die in der Scheune hingen, grüne Felder und unsere jungen, kindlichen Stimmen, die den Namen der allgegenwärtigen Pflanze erfahren wollten – Tabak.

Worte zu finden, um der Ästhetik der Tabakpflanze Ausdruck zu verleihen, der Schönheit und Fülle der in den Scheunen hängenden Tabakblätter, ist nicht einfach in der heutigen Welt, in der die Tabakpflanze nur noch mit Abscheu und Verachtung betrachtet wird, wenn man sie überhaupt wahrnimmt und sich an sie erinnert. In meinem Buch mit Liebesgedichten, *When Angels Speak of Love*, ist Tabak meine Muse. Ich träume von »geflochtenen Tabakblättern, verdreht aufgehängt, eine Zeit zum Lockern, eine Zeit zum Abstreifen, eine Zeit zum Trocknen, eine Zeit zum Wenden, braune Blätter, die Zeit wendet sich ab, und die ganze Zeit Liebe, der Geruch von Rauch zwischen uns.« Ob aus einfacher Nostalgie oder als bedeutsames kulturelles Erbe betrachtet, die Tabakpflanze ist es wert, geschätzt zu werden.

Auf der ganzen Welt wurden Tabak und Tabakkonsum von den Anfängen bis zum heutigen Tag mit Freiheit assoziiert. Wie der weiße Abolitionisten-Politiker Henry Clay aus Kentucky, der, wie Gately es ausdrückte, weder

»sabberte noch spuckte«, verstehe ich, die ich niemals rauchen, schnupfen oder kauen werde, die Verlockungen des Tabaks sehr gut. Als einflussreicher Verfechter der universellen Menschenrechte besuchte Clay Kuba und wurde dort so willkommen geheißen, dass 1850 eine Zigarrenmarke als Geste des Respekts nach ihm benannt wurde. Der 1912 von James Weldon Johnson veröffentlichte Roman *The Autobiography of an Ex-Colored Man* enthielt ein fiktives Porträt der Zigarrenherstellung. Seine Hauptfigur erinnert sich daran: »Zuerst widerte mich der schwere Geruch des Tabaks an, aber als ich mich daran gewöhnt hatte, mochte ich den Geruch«.

Im frühen neunzehnten Jahrhundert entdeckten Schwarze Männer, dass sie in der Tabakindustrie mehr Geld verdienen konnten als in anderen Branchen, wo sie gnadenlos diskriminiert wurden. Johnsons Protagonist assoziiert Tabak mit Freiheit und kommentiert: »Die Zigarrenherstellung war ein ziemlich unabhängiges Gewerbe; die Männer gingen zur Arbeit, wann es ihnen gefiel und machten Feierabend, wenn sie Lust dazu hatten.« In den Südstaaten konnten Schwarze Männer, die auf Tabakfeldern und in Tabakfabriken arbeiteten, ein besseres Einkommen erzielen als mit jeder anderen Tätigkeit. Auch wenn die Dominanzkultur den Tabakkonsum in der westlichen Welt zu einem patriarchalen Männerprivileg machte, war er auch für Frauen aller Altersgruppen eine Möglichkeit, ihre Unabhängigkeit zu betonen. Wie bereichernd wäre es, wenn Tabak von Frauen lediglich in Ritualen zum Erwachsenwerden verwendet würde? Leider sind auch bei den Frauen als gleichberechtigte Konsument:innen des Tabaks Tod und Krankheit vorprogrammiert. Weil Nikotin so stark abhängig macht, sind es nur wenige Glückliche, die Tabak konsumieren können, ohne süchtig zu werden.

Eins ist klar: Überall auf der Welt konsumieren Menschen Tabak. Von allen pflanzlichen Drogen ist er die demokratischste. Er ist die Droge, die legal zu konsumieren und leicht zu beschaffen ist. McKenna argumentiert, dass eine höhere Besteuerung des Tabaks den Konsum einschränken könnte. Auf den letzten Seiten des Buches *Food of the Gods* erinnert er uns daran, dass Menschen immer nach Exstase suchen werden und aus sich herausgehen wollen – durch den Konsum von stimmungsverändernden Drogen. Weiterhin stellt er fest, dass diese Sehnsucht im Kern tatsächlich eine religiöse ist. Er konstatiert: »Hilfe von der Natur zu erhalten, bedeutet, zu erkennen, dass die Befriedigung des religiösen Impulses nicht vom Ritual kommt und noch weniger vom Dogma, sondern aus einer fundamentalen Art der Erfahrung – der Erfahrung der Symbiose mit halluzinogenen Pflanzen und dadurch der

Symbiose mit dem ganzen planetarischen Leben … Ohne die Fluchtmöglichkeit in die transzendentale und transpersonale Sphäre, die die pflanzlichen Halluzinogene bieten, wäre die menschliche Zukunft wirklich düster.«

McKenna ist der Meinung, dass unser Heil nicht darin zu suchen ist, Tabak zu verbieten, sondern darin, einen Kontext für den sinnvollen Gebrauch der Pflanzendrogen zu schaffen, eine Verwendung, die dazu beitragen könnte, zur Natur wieder eine nicht dominierende Beziehung herzustellen. Er erklärt: »Die schamanischen Pflanzen und die Welten, die sie offenbaren, sind die Welten, von denen wir uns vorstellen, vor langer Zeit dort hergekommen zu sein, Welten voll Licht und Kraft und Schönheit … Wir können dieses verlorene Erbe nur so schnell antreten, wie wir unsere Sprache und uns selbst neu erfinden können. Unsere Sprache zu erneuern heißt, die von der Dominanzkultur ererbten Bilder von uns selbst abzulehnen … Die Natur ist nicht unsere Feindin; wir dürfen sie nicht vergewaltigen und erobern. Die Natur sind wir selbst – wir sollten sie wertschätzen und erforschen.« Seine Worte spiegeln die Lehren über das rechte Verhältnis zur Natur wider, wie ich sie von den Ältesten in Kentucky übermittelt bekam.

In meinem heutigen Leben in Kentucky kenne ich keinen einzigen Menschen, der Tabak anbaut. Wenn ich auf den Landstraßen unterwegs bin, komme ich an verlassenen, früher mit Kostbarkeiten angefüllten Tabakscheunen vorbei und ich spüre wieder dieses Gefühl von Ehrfurcht und Staunen darüber, was diese Vereinigung von Mensch und Pflanze hervorbringt. Es gibt einen Moment der Zugehörigkeit, des Interseins[14], einer Verbindung von allem mit allem, und dessen Schönheit bezaubert mich. Ich will nicht vergessen. Ich möchte für immer geflochtenen Tabak in meinen Händen halten, gepflanzt von meinen Vorfahr:innen, geflochten von den geliebten Händen von Baba, Mamas Mutter. Ich möchte die Tabakpflanze in Ehren halten – ihre heilige Ausstrahlung soll das Vermächtnis sein, das zu mir spricht.

14 Anm. d. Ü.: Der Begriff ›Intersein‹ (›Interbeing‹) geht zurück auf den buddhistischen Lehrer Thich Nhat Hanh. Er verweist auf die wahre Natur aller Wesen, ihr gegenseitiges Durchdringen- und Verwobensein. Der Buddhismus geht davon aus, dass alles Existierende eins ist und sämtliche Phänomene miteinander verwoben, sind. Alle Dinge sind in ein unendlich komplexes Netz von Beziehungen eingebettet und unterliegen mannigfachen Bedingtheiten. Vgl. u.a. die Zeitschrift *Intersein*.

9 Erdverbundenheit: Festen Boden unter den Füßen haben

Die Hügel von Kentucky waren der Ort meiner frühen Kindheit. Hier waren wir umgeben von einer Wildnis aus Geißblatt, wildem Spargel und schützenden Bäumen, von Büschen, die die angebauten Pflanzen schützten und dem riesigen Garten eines Schwarzen Landbesitzers. Unser Betonhaus auf dem Hügel war eine Hinterlassenschaft der Ölbohrungen, die von den menschlichen Bemühungen zeugten, der Erde immer größere Profite abzuringen. Es stand da wie eine Festung des Kapitalismus und seines Hungers nach immer neuen Territorien.

Als Kind der Hügel lernte ich früh in meinem Leben die Kräfte der Natur kennen. Die Farmer:innen lehrten mich, dass das Land der Wildnis, die ungezähmte Umwelt, Leben geben und Leben nehmen kann. Bereits als junges Mädchen wurde mir beigebracht, mich vor Schlangen, umherstreuenden Wildkatzen, hautreizenden und giftigen Pflanzen in Acht zu nehmen. Ich weiß es instinktiv; ich weiß es, weil es mir von allen klugen Erwachsenen erzählt wurde, dass der Mensch und nicht die Natur, fremd auf diesem Land ist. Überleben war nur möglich in Demut gegenüber den Kräften der Natur.

Da ich von Hillbillys, von Outlaws in den Appalachen abstamme, wurde mir als Kind vermittelt, dass jene von uns, die in Einklang und Verbundenheit mit der Natur lebten, eine Sensibilität aufwiesen, die einzigartig und geradezu gefährlich war. Die Hillbillys neigten dazu, gesellschaftliche Konventionen und gesetzliche Regeln zu ignorieren. Als ›Hinterwäldler:in‹ lernte man, nur auf den Geist zu vertrauen, ihm zu folgen, wohin er sich auch bewegte. Was auch immer gesagt oder getan wurde – letztlich rief uns der Geist von einem Ort jenseits der Worte, von einem Ort jenseits der von Menschen gemachten Gesetze. Der wilde Geist der unberührten Natur bahnte sich seinen Weg in die Hillbillys, ein uraltes Vermächtnis, weitergegeben von Generation zu Generation, und seine eigentliche Gabe ist die Wertschätzung des kostbarsten Gutes: Freiheit. Um völlig frei zu sein, musste man die angestammten Rechte der Erde respektieren.

So mächtig die Menschheit auch sein mag, sie kann die Rechte der Erde nicht missachten. Letztlich regiert die Natur. Dies ist das großartige demokratische Geschenk, das die Erde uns macht: der süße Tod, dem wir alle unweigerlich entgegengehen – die endgültige Vereinigung. Egal, welche Hautfarbe wir haben, welchen sozialen Status und welches Geschlecht, nichts kann irgendjemanden von uns davon abhalten, diesen Tod zu sterben, der uns alle eins macht. Die Erde zu hegen und zu pflegen, bedeutet deshalb immer auch, unser Schicksal, unsere Freiheit und unsere Hoffnungen zu hegen und zu pflegen.

Diese Lektionen meiner Kindheit waren die Gegenerzählungen, die mich lehrten, mich um die Erde zu sorgen und die Menschen vom Land zu respektieren. Der Respekt für die Erde, für das Landkind in mir, hat mir gut geholfen, als ich diese Umgebung verließ und in eine Welt jenseits der ländlichen Kleinstadt, in der ich aufgewachsen war, eintrat. Erst als ich von zu Hause wegging, fort aus der ländlichen Gegend, wo die Pracht der Natur im Überfluss vorhanden und noch unversehrt war, erkannte ich die in unserer Gesellschaft weit verbreitete Verachtung für die Landbevölkerung, die soziale und kulturelle Geringschätzung der bäuerlichen Menschen und derjenigen, die ein einfaches Leben in Einklang mit der Natur führen. Der Schriftsteller und Dichter Wendell Berry, ebenfalls ein Mann aus Kentucky, der zeitweilig auch in der Landwirtschaft arbeitete und unser Land liebt, schreibt in *Another Turn of the Crank*, in seinem Essay »Conserving Communities«, dass »Kommunist:innen und Kapitalist:innen sich in ihrer Verachtung für die Landbevölkerung, das Landleben und ländliche Gegenden einig sind«.

Vor der Massenmigration in die Städte des Nordens im frühen 19. Jahrhundert lebten mehr als neunzig Prozent aller Schwarzen in den agrarischen Südstaaten. Wir waren in der Tat ein Volk der Erde. Das Land zu bearbeiten, barg die Hoffnung zu überleben. Selbst wenn das Land den weißen Unterdrücker:innen, den ›Herren‹ und ›Herrinnen‹, gehörte, war es die Erde selbst, die die ausgebeuteten Schwarzen vor Entmenschlichung bewahrte. Mein Großvater Jerry, ein Pächter, schritt durch die ordentlichen Reihen seiner Anpflanzungen und erzählte mir: »Ich verrate dir ein Geheimnis, kleines Mädchen. Kein Mensch kann die Sonne oder den Regen kommen lassen – das können wir alle bezeugen. Wir können alle sehen, dass wir uns letztlich den Kräften der Natur beugen müssen. Der große weiße Boss mag denken, er könne die Natur überlisten, aber der kleine Farmer weiß es besser. Die Erde ist unser Zeuge.« Eine solche Beziehung zur Erde bedeutete, dass

Schwarze in den Südstaaten, ob verarmt oder nicht, aus eigener Erfahrung wussten, dass die weiße Vorherrschaft mit ihrer systematischen Entmenschlichung des Schwarzseins keine absolute Macht darstellte.

In dieser ländlichen Welt verstanden die Schwarzen, dass mächtige Weiße zwar People of Colour dominieren und kontrollieren konnten, aber nicht die Natur oder den göttlichen Geist. Das tiefe Verständnis, dass Weiße keine Götter sind (denn wenn sie es wären, könnten sie die Natur beherrschen), trug dazu bei, dass die Schwarzen eine widerständige Mentalität entwickelten. Als sie in die urbanen Zentren abwanderten, wurde diese humanisierende Verbindung zur Natur zerstört; Rassismus und weiße Vorherrschaft erschienen als allmächtig, als die ultimativen Faktoren, die unser Schicksal bestimmten. Dieses Denken ging mit einem Niedergang der Religiosität einher, der Weigerung, das Heilige im Alltagsleben zu erkennen, was den Interessen des kapitalistischen Patriarchats mit weißer Vorherrschaft nur dienlich sein konnte.

Im agrarisch geprägten Süden zu leben, das Land zu bearbeiten, Lebensmittel anzubauen, lehrte die Menschen Überlebensfähigkeiten, die denen ähnelten, die die Hippies in ihrer ›Zurück-zur-Natur‹-Bewegung in den späten 1960er- und frühen 1970er-Jahren zu erlangen suchten. Weil ich in einer Welt aufgewachsen bin, in der meine Großeltern keine regulären Jobs hatten, sondern ihren Lebensunterhalt damit verdienten, Angelwürmer auszugraben und zu verkaufen, Lebensmittel anzubauen und Hühner zu halten, war ich immer auf der Suche nach Alternativen zum kapitalistischen System, das den ökologischen Reichtum der Natur zerstört. In diesem Umfeld lernte ich das auf tiefem Schauen basierende Konzept des Interseins kennen, das der buddhistische Mönch Thich Nhat Hanh formulierte – ausgehend von der Erkenntnis, dass alles menschliche Leben miteinander und mit allem verbunden ist.

Dieses Gefühl des Interseins war den Schwarzen im agrarischen Süden früher sehr vertraut. Heutzutage gilt dies nur für die, die unsere Verbindung zum Land, zur Natur aufrechterhalten, die unser Versprechen, in Harmonie mit der Umwelt zu leben, halten und spirituelle Kraft aus der Natur schöpfen. In der Fülle und Schönheit der Natur zu schwelgen, ist eine der Möglichkeiten, wie erleuchtete arme Menschen in Kleinstädten und Dörfern auf der ganzen Welt in Kontakt mit ihrer grundlegenden Güte bleiben, selbst wenn die Kräfte des Bösen – in Form von korruptem Kapitalismus und hedonistischem Konsumverhalten – täglich daran arbeiten, sie von ihrer Verbundenheit mit der Natur loszureißen.

Als Journalist:innen der *New York Times* einmal die arme Landbevölkerung in Kentucky, die mit knappen Ressourcen auskommen muss, interviewten, waren sie überrascht, wie diese vor allem anderen ihre Verbindung zur Natur zum Ausdruck brachten. In dem kürzlich in der *Times* erschienenen Artikel mit dem Titel »Forget Washington: The Poor Cope Alone« (»Vergesst Washington: Die Armen kommen alleine klar«) berichtete die Reporterin Evelyn Nieves: »Die Leute sagen immer wieder, dass sie gesegnet seien, an einem so schönen Ort wie Kentucky zu leben, wo die Berge grün und üppig sind und die Bäume uralt aussehen.« Die Intimität mit der Natur zu bewahren, gibt uns einen konkreten Ort der Hoffnung. Es ist die Natur, die uns wieder und wieder daran erinnert, dass »auch dies vorübergehen wird«. Der Blick auf einen Baum oder einen Wasserfall in den Hügeln, der die Zeit überdauert hat, kann den Geist erneuern. Zu beobachten, wie Pflanzen ohne besondere Pflege aus der Erde wachsen, erweckt in uns wieder ein Gefühl von Ehrfurcht und Staunen.

Mehr als je zuvor in der Geschichte unseres Landes müssen die Schwarzen kollektiv ihr Verhältnis zur Erde und zu ihren agrarischen Wurzeln erneuern. Denn wenn wir nicht aufpassen und uns an der Zerstörung und Ausbeutung der dunklen Erde beteiligen, machen wir uns mitschuldig an der Beherrschung der dunklen Menschen dieser Erde, sowohl hier als auch global. Die Rückbesinnung auf unsere Geschichte, unsere Beziehung zur Natur und zur Landwirtschaft in Amerika ist sinnvoller Widerstand, ebenso wie das Verkünden der heilenden und humanisierenden Wirkung eines Lebens im Einklang mit der Natur, damit die Erde für uns Zeugnis ablegen kann.

In der Stadt ist die Natur so rücksichtslos angegriffen worden, dass man leicht vergisst, einen Baum zu betrachten, den Himmel oder eine Blume, die in einem Meer von Müll sprießt. Wenn ich meine kleine Wohnung in der Stadt verlasse und raus aufs Land fahre, dann suche ich Erneuerung. In Harmonie mit der Erde zu leben und die Kraft der Natur mit Demut und Ehrerbietung anzuerkennen, ist eine Praxis spiritueller Achtsamkeit, die heilt und regeneriert. Indem wir Frieden mit der Erde schließen, machen wir die Welt zu einem Ort, an dem wir eins mit der Natur sein können. Wir schaffen und erhalten eine Umgebung, in der wir zu uns selbst kommen können, wo wir nach Hause zurückkehren, festen Boden unter den Füßen haben und wahrhaft Mensch sein können

10 Fremd und widerständig: Eine Ästhetik des Schwarzseins

Dies ist die Geschichte eines Hauses. Es wurde von vielen bewohnt. Unsere Großmutter Baba machte dieses Haus wohnlich. Sie war überzeugt, dass unsere Lebensart durch Dinge beeinflusst wird, durch die Art und Weise, wie wir sie anschauen und wie sie um uns herum angeordnet sind. Sie war sich sicher, dass wir von Räumen geprägt werden. Von ihr lerne ich etwas über Ästhetik, die Sehnsucht nach dem Schönen, von der sie mir sagt, sie sei das Herzensanliegen, das unsere Leidenschaft erst zu etwas Echtem macht. Sie ist Quiltmacherin und so vermittelt sie mir Wissen über Farben.

Ihr Haus ist ein Ort, an dem ich lerne, die Dinge zu betrachten, an dem ich lerne, wie man in den Raum gehört. In Räumen voller Objekte, vollgestopft mit Sachen, lerne ich mich selbst zu erkennen. Sie reicht mir einen Spiegel und zeigt mir, wie ich schauen muss. Die Farbe des Weins, den sie mir in meinen Becher eingeschenkt hat, die Schönheit des Alltäglichen. Umgeben von Tabakfeldern, die Blätter wie Haar geflochten, getrocknet und aufgehängt, Kringel und Kringel von Rauch erfüllen die Luft. Wir fädeln feurigscharfe, rote Paprikaschoten auf, mit Garn, das man nicht sieht. Sie werden vor einem Spitzenvorhang hängen, um die Sonne einzufangen. ›Schau‹, sagt sie, ›was das Licht mit den Farben macht! Glaubst du, dass der Raum Leben geben kann, oder es nehmen, dass der Raum Macht hat?› Dies sind die Fragen, die sie mir stellt und die mir Angst machen.

Baba stirbt als alte Frau, allein und fremd in der Gegenwart. Ihre Beerdigung ist auch ein Ort, um Dinge zu sehen, mich selbst zu erkennen. Wie kann ich traurig sein im Angesicht des Todes, umgeben von so viel Schönheit? Der Tod, versteckt in einem Feld von Tulpen, trägt mein Gesicht und ruft meinen Namen. Baba kann sie wachsen lassen. Rot und gelb umgeben sie ihren Körper wie Liebende im Taumel, Tulpen überall. Hier ist eine Seele, vor Schönheit entflammt, brennend und vergehend, eine Seele, von Flammen berührt. Wir sehen sie gehen. Sie hat mich gelehrt, wie man die Welt betrachtet und ihre Schönheit sieht. Sie hat mir beigebracht: »Wir müssen lernen hinzusehen.«

Vor Jahren sah ich in einer Kunstgalerie in San Francisco, in der Nähe des *Tassajara*-Restaurants, Räume, die von dem buddhistischen Mönch Chögyam Trungpa eingerichtet worden waren. In einem Moment meines Lebens, in dem ich vergessen hatte hinzusehen, erinnerte er mich daran zu schauen. Er arrangiert Räume. Inspiriert von einer Ästhetik, die von alten Anschauungen geprägt ist. Objekte sind nicht ohne Geist. Als lebende Dinge berühren sie uns in ungeahnter Weise. So lernt man auf diesem Weg, dass ein ganzer Raum ein Ort ist, der gestaltet werden will, ein Ort, der Schönheit, Frieden und eine Harmonie des Seins, eine spirituelle Ästhetik widerspiegeln kann. Jeder Raum ist ein Refugium. Ich erinnere mich. Baba hat mich gelehrt: »Wir müssen lernen hinzusehen.«

Ästhetik ist also mehr als eine Philosophie oder Theorie der Kunst und Schönheit; sie ist eine Art den Raum zu bewohnen, einen bestimmten Ort, eine Art des Schauens und Werdens. Keinesfalls ist sie naturgegeben. Ich bin in einem hässlichen Haus aufgewachsen. Niemand dort dachte über die Funktion von Schönheit oder die Nutzung von Räumen nach. Das Haus war voller toter Dinge, deren Geist längst entschwunden war, weil sie nicht mehr gebraucht wurden, und trotzdem herrschte dort eine große, alles verschlingende Leere. In diesem Haus waren die Dinge nicht zum Anschauen gedacht, sondern sie wurden besessen; der Raum wurde nicht gestaltet, sondern in Besitz genommen – eine brutale Anti-Ästhetik. Als Kind dachte ich bereits darüber nach, wie Kunst und Schönheit in unserem Leben, im Leben der armen Schwarzen Leute, präsent waren. Ohne die richtige Sprache dafür zu finden, verstand ich, dass der fortgeschrittene Kapitalismus unsere Fähigkeit zu schauen beeinträchtigte und dass der Konsumismus begann, an die Stelle unserer Herzensangelegenheit, der Suche nach Schönheit, zu treten. Heutzutage sehnen sich viele von uns nur noch nach Dingen.

Es war ein Haus, in dem mir der Stellenwert der Ästhetik im Leben der armen Schwarzen Landbevölkerung bewusstwurde. Dort lernte ich Schönheit als eine Kraft zu verstehen, die man sich erschaffen und erträumen kann. Die alten Leute erzählten von ihrem Gefühl, dass wir von der Sklaverei in diesen Raum der Freiheit gekommen seien und eine Welt erschaffen müssten, die den Geist erneuert und Leben schenkt. In diesem Haus gab es einen Sinn für Geschichte. In dem anderen Haus, dem Haus, in dem ich lebte, war kein Platz für Ästhetik. Dort drehten sich die Lektionen nie um Kunst und Schönheit, sondern immer nur darum, Dinge zu besitzen. Mein Nachdenken über Ästhetik ist von der Wahrnehmung dieser beiden Häuser geprägt: In dem einen

Haus wurde eine Ästhetik des Daseins kultiviert und zelebriert; sie gründete in der Vorstellung, dass kein materieller Mangel uns je daran hindern kann zu lernen, wie man mit einem wachen Blick auf die Welt schauen sollte, wie man Schönheit erkennt oder wie man sie als eine Kraft nutzt, um das innere Wohlbefinden zu steigern. Das andere Haus verleugnete die Macht der abstrakten Ästhetik. Weil ich in diesem anderen Haus wohnte, in dem wir uns des Mangels so sehr bewusst, der Materialität so verhaftet waren, konnte ich täglich beobachten, wie der Konsumkapitalismus die Schwarzen Armen quälte und in uns ein Verlangen nach Dingen nährte, und so oft genug unsere Fähigkeit untergrub, den ästhetischen Wert der Dinge zu ermessen.

Trotz widriger Umstände gab es in der traditionellen, rassistisch segregierten Schwarzen Gemeinschaft der Südstaaten ein Bemühen darum, die Lebensbedingungen der Schwarzen zu verbessern. In diesem Zusammenhang wurde auch gefordert, die Notwendigkeit anzuerkennen, die künstlerische Ausdrucksfähigkeit und das kulturelle Schaffen von Schwarzen zu fördern. Der Kunst wurde eine politische Funktion zugeschrieben: Was auch immer Afroamerikaner:innen an Musik, Tanz, Poesie, Malerei usw. schufen, es wurde als Beleg betrachtet, der das rassistische Denken infrage stellte, das behauptete, Schwarze seien minderwertig, unzivilisiert, und dass unsere kollektive Unfähigkeit, ›große‹ Kunst zu schaffen, der Beweis dafür sei.

Die Ideologie der weißen Vorherrschaft beharrte darauf, dass Schwarzen, da sie mehr Tiere als Menschen seien, eine gewisse Sensibilität fehle und sie deshalb nicht zu den feineren Empfindungen fähig seien, die den Nährboden für Kunst darstellten. Als Reaktion auf diese Propaganda betonten Schwarze im 19. Jahrhundert die Relevanz des kulturellen Schaffens, weil sie dies als das wirksamste Instrument zur Entkräftung derartiger Behauptungen erachteten. Viele verschleppte afrikanische Sklav:innen brachten eine Auffassung von Ästhetik mit in dieses Land, die davon ausging, dass Schönheit, besonders die in einem kollektiven Kontext geschaffene, im Alltagsleben integriert und so dem Überleben und der Gemeinschaftsbildung förderlich sein sollte. Solche Vorstellungen bildeten die Grundlage der afroamerikanischen Ästhetik. Kulturschaffen und künstlerischer Ausdruck eröffneten den verschleppten afrikanischen Menschen auch Möglichkeiten, die Verbindung zur Vergangenheit aufrechtzuerhalten. Künstlerische afrikanische Kulturgüter überdauerten noch lange, nachdem andere Ausdrucksweisen verloren oder vergessen waren. Sie wurden zwar aus politischen Gründen nicht bewahrt oder wertgeschätzt, aber sie wurden doch immer wieder in Erinnerung gerufen. Damit wollte man den Behauptungen weißer Rassist:innen und auch mancher kolonisierter Schwarzer, dass keine vitalen Verbindungen zwischen der afroamerikanischen Kultur und den Kulturen Afrikas mehr existierten, entgegentreten. Dieses historische ästhetische Erbe hat sich als so kraftvoll erwiesen, dass es dem Konsumkapitalismus nicht gelungen ist, die künstlerische Produktion in den Schwarzen Unterschichten völlig zu zerstören.

Obwohl das Haus, in dem ich wohnte, hässlich war, war es doch ein Ort, an dem ich Kunst schaffen konnte und es auch tat. Ich malte und schrieb Gedichte. Es war zwar ein Umfeld, das sich mehr mit praktischer Realität beschäftigte als mit Kunst, dennoch wurde ich in meinen Ambitionen gefördert. In einem Interview in *Callaloo* beschreibt die Malerin Lois Mailou Jones, welche enorme Unterstützung sie von Schwarzen Menschen erhielt: »Nun, ich habe schon sehr früh in meinem Leben mit Kunst angefangen. Als Kind habe ich immer gezeichnet. Ich liebte die Farben. Meine Mutter und mein Vater erkannten, dass ich Talent hatte, und versorgten mich mit einem reichlichen Vorrat an Bunt- und Bleistiften und Papier – und sie ermutigten mich.« Arme Schwarze Eltern betrachteten das Kunst- und Kulturschaffen als entscheidend im Kampf gegen Rassismus, aber sie waren sich auch der Verbindung zwischen Kunst und Vergnügen bewusst. Kunst war notwendig, um Freude, Vergnügen und Schönheit in ein entbehrungsreiches, hartes Leben zu bringen. Sie war ein Ausgleich für die bitteren Lebensverhältnisse in Armut und Knechtschaft. Kunst war auch eine Möglichkeit, der eigenen Not zu entkommen. Die protestantischen Schwarzen Kirchen wiesen oft auf das berühmte Gleichnis von den anvertrauten Talenten hin, und so bedeutete die Hingabe an die Spiritualität auch, die eigenen Begabungen zu schätzen und sie zu nutzen. Wenn in unserer Kirche jemand gut singen oder Klavier spielen konnte und diese Talente nicht in die Gemeinde einbrachte, wurde diese Person ermahnt.

Die darstellenden Künste – Tanz, Musik und Theater – waren die am besten zugänglichen Möglichkeiten, Kreativität auszudrücken. Insbesondere das Musizieren und Hören von Schwarzer Musik, sowohl weltlicher als auch geistlicher Musik, ermöglichte es Schwarzen, eine eigene Ästhetik zu entwickeln. Diese Ästhetik wurde nirgends schriftlich dokumentiert; dennoch prägte sie die Kulturproduktion. Eine Analyse der Rolle der ›Talentshows‹ in segregierten Schwarzen Gemeinden, die wirklich eine gemeinschaftsbasierte Methode der Unterstützung und Förderung des Kulturschaffens darstellten, würde viel über den Stellenwert der Ästhetik im traditionellen

Leben der Schwarzen offenbaren. Sie waren sowohl ein Ort der kollektiven künstlerischen Darbietung als auch ein Ort, an dem ästhetische Standards entwickelt wurden.

Ich erwähne diese Aspekte hier, um das afroamerikanische Interesse an ästhetischen Belangen in einen historischen Kontext zu stellen, der die Kontinuität dieses Anliegens aufzeigt. Es wird oft angenommen, dass Schwarze erst während der 1960er-Jahre begannen, ein eigenes ästhetisches Bewusstsein zu erlangen. Denn im 19. und frühen 20. Jahrhundert waren privilegierte Schwarze, wie ihre weißen Pendants, oft noch von Idealvorstellungen über die ›höheren Künste‹ besessen gewesen. Es ist bezeichnend, dass eine der wichtigsten Schwarzen Kunstströmungen, die meist als *Harlem Renaissance* bezeichnet wird, die Forderung nach Aufwertung populärer Kunstformen in den Mittelpunkt stellte. Wie in anderen Perioden der intensiven Auseinandersetzung mit Kunst in der afroamerikanischen Community wurde die Aufmerksamkeit hier auf Formen des künstlerischen Ausdrucks gelenkt, die sonst einfach untergingen, weil sie im Kontext einer konventionellen, sich auf die ›höheren Künste‹ beschränkenden Ästhetik nicht wertgeschätzt wurden. Häufig eigneten sich afroamerikanische intellektuelle Eliten diese Formen an und gestalteten sie in einer Weise um, die an den jeweiligen Standort angepasst war. Sicherlich ist das Spiritual, so wie es von Paul Robeson auf Konzerten in Europa gesungen wurde, ein Beispiel aus der afroamerikanischen Volkskultur, das in einem Kontext gesungen wurde, der weit von den kleinen, hitzigen Gottesdiensten im Süden entfernt war, wo arme Schwarze sich in religiöser Ekstase zusammenfanden. Das Zelebrieren populärer Formen sicherte ihr Überleben und bewahrte sie so als ein Erbe, dass es weiterzugeben galt, auch wenn sie durch das Zusammenspiel verschiedener kultureller Kräfte verändert und transformiert wurden.

Die bewusste Konstruktion und Artikulation einer Schwarzen Ästhetik durch afroamerikanische Künstler:innen und Kritiker:innen in den 1960er- und frühen 1970er-Jahren war gleichzeitig der Versuch, eine untrennbare Verbindung zwischen Kunstproduktion und revolutionärer Politik herzustellen. Laura Mulvey thematisiert die Verflechtung von Kunst und Politik in ihrem Essay »Frida Kahlo und Tina Modotti« und stellt fest: »Sobald die Grundsatzentscheidung gegen die abstrakte Kunst gefallen war, dienten die volkstümlichen Kunstformen der künstlerischen Avantgarde daher nicht nur als ein Mittel zur Erleichterung der Kommunikation, sondern auch zur Konstruktion einer mythischen Vergangenheit, deren Wirkung in der Gegenwart zu spüren war.« Damit brachte sie sich in Einklang mit dem revolutionären Impetus, eine mythische Vergangenheit der Nation zu konstruieren.

Eine ähnliche Tendenz zeichnete sich in der afroamerikanischen Kunst ab, als Maler:innen, Schriftsteller:innen und Musiker:innen daran arbeiteten, Vorstellungen über eine Schwarze Nation, ein Schwarzes Heimatland zu entwickeln, indem sie neue Bande zur afrikanischen Vergangenheit knüpften und zugleich die Idee einer mythischen, im Exil geborenen Nation beschworen. Zu dieser Zeit erklärte Larry Neal das *Black Arts Movement* zum »kulturellen Arm der Schwarzen Revolution«. Kunst sollte die Schwarzen im Befreiungskampf unterstützen. Sie sollte zum Widerstand aufrufen und ihn inspirieren. Eine der wichtigsten Stimmen der Schwarzen Kulturbewegung, Maulana Karenga, forderte in seinem Buch *Thesis on Black Cultural Nationalism*, dass Kunst funktional, kollektiv und engagiert sein sollte.

Die Schwarze Kunstbewegung war zutiefst essentialistisch, denn sie zeichnete sich durch eine Umkehrung der Dichotomie von ›wir‹ und ›sie‹ aus. Sie hat die konventionelle Denkweise über ›das Andere‹ auf eine Weise umgedreht, die suggerierte, dass alles Schwarze gut und alles Weiße schlecht war. In seiner Einleitung zu der Anthologie *Black Fire* formulierte Larry Neal die Standards der Bewegung, indem er die Arbeiten Schwarzer Künstler:innen, die nicht aus der Black-Power-Bewegung hervorgingen, abqualifizierte:

> »Heute wird eine revolutionäre Kunst zum Ausdruck gebracht. Die Ängste und die Ziellosigkeit, die unsere großen Künstler:innen der 1940er- und 1950er-Jahre begleiteten und die meisten von ihnen früh ins Grab sinken ließ, sie der Ausschweifung und Auflösung preisgaben, ist vorbei. Irregeleitet durch Maßstäbe einer weißen Kultur (den Leitbildern, die die Kultur ihren Individuen vorgibt), und der Unvereinbarkeit diese Leitbilder mit der Realität Schwarzer Menschen, wurden Männer wie Bird in die willentliche Selbstzerstörung getrieben. Es gab kein Programm, und die Daseinsvorbilder passten nicht, denn es waren weiße Modelle. Wenn Bird ein Schwarzes Wirklichkeitsmodell gehabt hätte, wäre es vielleicht anders gekommen ... In Birds Fall gab es eine Dichotomie zwischen seinem Genius und der Gesellschaft. Aber dass er kein angemessenes Leitbild für sein Leben finden konnte, war das Tragische an der ganzen Sache.«

Die Verbindungen zwischen einem Schwarzen kulturellen Nationalismus und der revolutionären Politik führte letztlich zur Unterordnung der Kunst unter die Politik. Anstatt als Katalysator zur Förderung vielfältiger künstlerischer Ausdrucksformen zu wirken, begann das *Black Arts Movement*, alle Formen afroamerikanischer Kulturproduktion abzuwerten, die den Standards der Bewegung nicht genügten. Dies führte oft dazu, dass die Vielfalt

Schwarzer Erfahrungen sowie die Komplexität des Schwarzen Daseins in den ästhetischen Urteilen nicht berücksichtigt wurde, wie das Beispiel von Neals kritischer Interpretation des Schicksals des Jazzmusikers Charlie Parker zeigt. Sicherlich waren die Probleme, mit denen Parker sich konfrontiert sah, nicht bloß ästhetischer Natur, und sie wären auch nicht einfach durch kritische Theorien über die Eigenarten der Schwarzen Kunstproduktion zu lösen gewesen. Ironischerweise basierte das *Black Arts Movement* in seiner ästhetischen Praxis häufig auf der Vorstellung, dass eine Volkskunst, eine Kulturproduktion für die Massen weder komplex und abstrakt noch divers in Stil, Form, Inhalt etc. sein konnte.

Trotz seiner Grenzen leistete das *Black Arts Movement* wertvolle Kritik, denn es beruhte auf einer radikalen Infragestellung des Stellenwertes und der Bedeutung der Ästhetik in der Schwarzen Kunstproduktion. Das Insistieren darauf, dass alle Kunst politisch sei und eine ethische Dimension haben sollte, sowie die Förderung einer Ästhetik, die die Kunstproduktion nicht isoliert von den jeweiligen Lebensbedingungen betrachtete, waren wichtig für Schwarze Intellektuelle, die sich mit Strategien der Dekolonisation auseinandersetzten. Eigentlich hätten diese positiven Aspekte der Schwarzen ästhetischen Bewegung zur Schaffung eines kritischen Raumes führen müssen, in dem die Relevanz des Kulturschaffens für den Schwarzen Befreiungskampf offener hätte diskutiert werden können. Paradoxerweise behauptete das *Black Arts Movement* zwar von sich, für einen Bruch mit den weißen westlichen Traditionen zu stehen, ein Großteil ihrer philosophischen Grundlagen verfestigte jedoch die vorherrschenden Denkweisen über das Verhältnis zwischen Kunst und Massenkultur wieder. Die Annahme, dass Naturalismus oder Realismus einem Massenpublikum zugänglicher waren als abstrakte Kunst, stellte sicherlich keine revolutionäre Position dar. In der Tat waren die vom *Black Arts Movement* vertretenen Paradigmen des Kunstschaffens meist restriktiv und entmündigend. Sie schränkten viele Künstler:innen in ihrer künstlerischen Freiheit ein, indem ihre Arbeiten entwertet und zurückgewiesen wurden, weil sie entweder zu abstrakt waren oder sich nicht offen zu einer radikalen Politik bekannten.

Über die sozialistische Auffassung von Kunst und Politik schreibt John Berger in *Art and Revolution*. Er meint, dass das Verhältnis zwischen Kunst und politischer Propaganda in radikalen und revolutionären Kontexten oft verworren sei, so häufig auch im *Black Arts Movement*. Berger konzediert zwar bereitwillig, »dass alle Kunstwerke einen ideologischen Einfluss ausüben – selbst Werke von Künstler:innen, die erklären, außerhalb der Kunst kein Interesse zu haben«, jedoch kritisiert er die Vorstellung, dass Einfachheit der Form oder des Inhalts zwangsläufig ein kritisches politisches Bewusstsein fördere oder zur Entwicklung bedeutender revolutionärer Kunst führe. Seine mahnenden Worte sollten von denjenigen beherzigt werden, die eine präskriptive, die Freiheit der Kunst einschränkende Schwarze Ästhetik wiederbeleben wollen. Berger spricht sich gegen eine solche normative Ästhetik aus:

> »Wenn die Erfahrung ›geopfert‹ wird, darf nicht erwartet werden, dass sie in irgendeiner Weise transformiert wird. Ihre Vergegenwärtigung sollte unmittelbar sein und gewissermaßen unsichtbar. Der künstlerische Prozess wird als gegeben vorausgesetzt: er bleibt immer außerhalb der Erfahrung der Zuschauenden. Er ist nicht mehr als ein bereitgestelltes Vehikel, in das die Erfahrung verfrachtet wird, um gewissermaßen sicher ihren kulturellen Zielort erreichen zu können. So wie der akademische Blick den Kunstprozess auf ein bloßes Instrument für Kunstschaffende reduziert, reduziert er ihn auf ein Vehikel für die Zuschauenden. Es gibt absolut keine Dialektik zwischen Erfahrung und Ausdruck, zwischen Erfahrung und ihren Artikulationen.«

Die Schwarze Kunstbewegung war in diesem Sinne Ausdruck einer bei vielen vorhandenen Verunsicherung, einer tiefsitzenden Furcht vor der Kraft der Kunst und ihrem grenzüberschreitenden Potenzial.

Nicht wenige afroamerikanische Kunstschaffende zogen sich vom Schwarzen kulturellen Nationalismus zurück und nahmen eine rückschrittliche Haltung ein, indem sie behaupteten, es bestünden überhaupt keine Verbindungen zwischen Kunst und Politik. Um diese Position zu verteidigen, beriefen sie sich auf überholte Vorstellungen von Kunst als transzendent und rein. Dies war ein weiterer Rückschritt. Nirgends gab es einen sinnvollen Versuch, die Schwarze Ästhetik mit neuen konzeptuellen Kriterien für die Schaffung und Bewertung von Kunst weiterzuentwickeln, die ihren ideologischen Gehalt anerkannt und zugleich eine großzügige Auffassung über künstlerische Freiheit zugelassen hätte. Insgesamt führten beide Bewegungen, die Schwarze ästhetische Bewegung und die ihrer Gegner:innen, zu einer Unterdrückung der afroamerikanischen Kunstproduktion in praktisch jedem Medium mit Ausnahme der Musik. Insbesondere die Jazz-Musik-Avantgarde rang mit einem Experimente erfordernden künstlerischen Ausdruck und widersetzte sich restriktiven Ansprüchen an ihr Schaffen, egal ob sie von Weißen kamen, die sagten, ihre Kunst sei keine richtige Musik, oder vom Schwarzen Publikum, das eine deutlichere Anbindung dieser Arbeit an den politischen Kampf sehen wollte.

Um den kreativen, vom *Black Arts Movement* zu einem Großteil versperrten Raum wieder zu öffnen, scheint es für Schwarze Kunstschaffende der Gegenwart unerlässlich zu sein, die Diskussionen über Ästhetik wiederzubeleben. Denn kritische Theorien über Kulturproduktion und Ästhetik schränken Schwarze Künstler:innen nach wie vor ein. Doch passiver Rückzug vom Ästhetikdiskurs ist die falsche Reaktion. So irrt auch Clyde Taylor, wenn er in seinem Essay »We Don't Need Another Hero: Anti-Theses On Aesthetics« erklärt, dass das Scheitern der Schwarzen ästhetischen Bewegung ebenso wie das weiße, westliche Theoretisieren über Kunst Grund genug seien, dass Afroamerikaner:innen sich nicht weiter mit dem Thema befassen sollten.

Diese Ansicht spiegelt wieder einmal nur ein essentialistisches Projekt wider, das künstlerische Entwicklung behindert und nicht fördert. Ein afroamerikanischer Diskurs über Ästhetik muss nicht bei weißen westlichen Traditionen ansetzen, und muss auch nicht präskriptiv sein. Kulturelle Dekolonisierung geschieht nicht nur dadurch, alles abzulehnen, was Bezüge zur kolonisierenden Kultur aufweist. Es ist wirklich wichtig, sich von der Vorstellung zu verabschieden, dass die weiße westliche Kultur, wie Taylor suggeriert, der einzige Ort ist, wo die Diskussion über Ästhetik entstanden ist – sie ist nur ein Ort unter anderen.

Progressive Afroamerikaner:innen, die sich um die Zukunft unserer Kulturproduktion Gedanken machen, sind bestrebt, eine radikale Ästhetik kritisch zu konzeptualisieren, die den hohen Stellenwert der Theorie nicht verneint – sowohl für die Aufstellung von Kriterien für das künstlerische Urteil, als auch als vitales Fundament, auf dem bestimmte Werke erst möglich werden, insbesondere expressive, grenzüberschreitende und widerständige Kunst. Hal Fosters Bemerkungen über die Bedeutung einer Anti-Ästhetik in seinem Essay »Postmodernism: A Preface« bieten ein brauchbares Paradigma, das Afroamerikaner:innen anwenden können, um modernistische Vorstellungen von Ästhetik infrage zu stellen, ohne den Diskurs als solchen abzulehnen. Foster schlägt dieses Paradigma vor, um die Vorstellung kritisch zu hinterfragen, »dass die ästhetische Erfahrung völlig zweckfrei ist und sich jenseits aller Geschichte bewegt, oder dass Kunst heute direkt eine Welt beeinflussen kann, die zugleich (inter-)subjektiv, konkret und universell ist – also eine symbolische Totalität darstellt«. Foster vertritt die Position, dass eine Anti-Ästhetik »eine interdisziplinäre Praxis signalisiert, die offen für politisch engagierte kulturelle Formen ist, wie beispielsweise feministische Kunst, oder aus einem bestimmten Jargon stammen, d.h. für Formen, die die

Idee einer privilegierten ästhetischen Sphäre ablehnen». Dadurch eröffnet Foster die Möglichkeit, dass Werke marginalisierter Gruppen ein breiteres Publikum und eine größere Wirkung haben können.

Wenn die Ausgangsbasis darin besteht, Differenz und Anderssein als Kräfte anzuerkennen, die in die westliche, ästhetische Theoriebildung eingreifen, um die Diskussion neu zu beleben und zu verändern, dann werden Afroamerikaner:innen ermächtigt, mit alten Sichtweisen zu brechen, die suggerieren, es gäbe nur ein einziges Publikum für unsere Arbeit und nur einen einzigen ästhetischen Maßstab für ihren Wert. Sich vom engen kulturellen Nationalismus abzuwenden, heißt auch, die rassistische Annahme hinter sich zu lassen, dass Kulturproduktion von Schwarzen Menschen nur für ein Schwarzes Publikum eine »authentische« Bedeutung haben könne.

Schwarze, die künstlerische Werke schaffen wollen, die eine emanzipatorische Politik verkörpern und widerspiegeln, wissen, dass ein wichtiger Teil eines jeden dekolonialen Prozesses die kritische Intervention und das Hinterfragen bestehender repressiver Herrschaftsstrukturen ist.

Afroamerikanische Künstler:innen und Kritiker:innen, die darüber sprechen, wie wichtig es ist, sich in die herrschenden Diskurse einzumischen, laufen immer Gefahr, als angepasst abgetan zu werden. Sich mit weißer Kultur zu beschäftigen, in der Absicht, sie zu dekonstruieren und zu entmystifizieren, herauszufordern und zu verändern, ist etwas grundlegend anderes als eine Geste der Kollaboration und Komplizenschaft. Wir können nicht an einem Dialog teilnehmen, der Ausdruck von Freiheit und kritischer Handlungsfähigkeit ist, wenn wir alle Arbeiten, die aus weißen, westlichen Traditionen stammen, ablehnen. Die Annahme, dass die Krise der Afroamerikaner:innen nur von uns selbst angesprochen werden kann oder sollte, muss ebenfalls infrage gestellt werden. Vieles von dem, was unser kollektives Wohlergehen bedroht, ist das Produkt der herrschenden Strukturen. Rassismus ist ebenso sehr ein weißes wie ein Schwarzes Problem.

Die gegenwärtige intellektuelle Auseinandersetzung mit ›Anderssein und Differenz‹, wie sie sich in der Literaturkritik, den Kulturwissenschaften, der feministischen Theorie und den *Black Studies* manifestiert, führt zu einer wachsenden Zahl von Arbeiten, die den kritischen Dialog und die Debatten über klassistische, rassistische und sexistische Grenzen hinweg befördern kann. Diese Entwicklung sowie die stärkere Betonung von Pluralismus im Bereich der (Sozial-)Politik schaffen ein kulturelles Klima, in dem es möglich wird, die Idee von Differenz als ein Synonym für Mangel und Entbehrung infrage zu stellen und zugleich zu einer kritischen Neuausrichtung der Kunsttheorie aufzurufen. Die rückblickende Untersuchung der repressiven Auswirkungen einer präskriptiven Schwarzen Ästhetik auf das afroamerikanische Kulturschaffen sollte uns ein warnendes Beispiel sein. Es kann nie nur ein kritisches Paradigma für die Bewertung künstlerischer Arbeit geben. Zum Teil erkennt eine radikale Ästhetik an, dass wir ständig unsere Positionen, unsere Standorte wechseln, dass unsere Bedürfnisse und Interessen variieren und dass diese vielfältigen Entwicklungen mit Verschiebungen im kritischen Denken einhergehen müssen. Enge und begrenzende ästhetische Vorstellungen innerhalb Schwarzer Communitys haben die Tendenz, innovative Schwarze Kunst an den Rand zu drängen. Oft erhalten solche Arbeiten wenig oder gar keine Aufmerksamkeit. Wann immer Schwarze Künstler:innen grenzüberschreitend arbeiten, gelten wir als suspekt, sowohl innerhalb unserer eigenen Gruppe als auch in der dominanten Kultur. Ein Überdenken der ästhetischen Prinzipien könnte zur Entwicklung eines kritischen Standpunktes führen, der verschiedene Arten der künstlerischen und kulturellen Produktion fördert.

Als Künstlerin und Kritikerin finde ich eine radikale Ästhetik überzeugend, die einerseits darauf abzielt, Verbindungen zwischen Kunst und revolutionärer Politik, insbesondere dem Schwarzen Befreiungskampf, aufzudecken und wiederherzustellen und andererseits auch eine umfassende, kritische Grundlage für die Bewertung von Kunst bietet. Die Sorge um die gegenwärtige Misere der Schwarzen Bevölkerung erfordert es, dass ich meine Kunst daraufhin überprüfe, ob sie die Entwicklung eines kritischen Bewusstseins und einer Widerstandsbewegung fördert. Ich bleibe jedoch leidenschaftlich einer Ästhetik verbunden, die den Zweck und die Funktion von Schönheit in den Mittelpunkt stellt, insbesondere des Ästhetischen im Alltagsleben, im Leben armer Menschen. Mein Herz schlägt für eine Ästhetik, die die Verbindung zwischen unserer Fähigkeit zum kritischen Widerstand und zugleich zum Erleben von Vergnügen und Schönheit erkunden und feiern will. Ich möchte ein Werk schaffen, das dem Publikum, speziell den unterdrückten und marginalisierten Gruppen, das Gefühl von Handlungsfähigkeit und Ermächtigung vermittelt, das so nur die Kunst erzeugen kann. Ich möchte das ästhetische Erbe teilen, das meine Großmutter und Generationen Schwarzer Vorfahr:innen, deren ganzheitliche Ansichten darüber in der afrikanischen Diaspora entwickelt und durch die Erfahrung von Exil und Herrschaft geprägt wurden, an mich weitergegeben haben. Ich möchte die Botschaft wiederholen, dass »wir lernen müssen hinzusehen«. Sehen ist hier im übertragenen Sinn gemeint als eine intensivere Wahrnehmung und ein vertieftes Verständnis, als die Steigerung der Fähigkeit, die Wirklichkeit durch das Reich der Sinne zu erfahren.

Wenn ich mich an die Häuser meiner Kindheit erinnere, sehe ich, wie sehr mein ästhetisches Interesse von Schwarzen Frauen geprägt wurde, die eine Ästhetik des Seins entwarfen und darum kämpften, ihren Kindern eine andere, oppositionelle Weltsicht zu eröffnen, die mit dem Raum arbeiteten, um ihn lebenswert zu gestalten. Meine Großmutter Baba konnte weder lesen noch schreiben. Ihre kontemplative Hinwendung zur Ästhetik entstammte keiner weißen, westlichen Literaturtradition. Sie war ihr Leben lang arm. Die Erinnerung an sie könnte Intellektuellen, insbesondere linken, zu denken geben, wenn sie davon ausgehen, dass die Fähigkeit zum kritischen Denken, zum Umgang mit abstrakten Konzepten und Theorien von Klassen- und Bildungsprivilegien abhängig sind. Intellektuelle, die sich heute für progressive Politik engagieren, müssen wieder und wieder daran erinnert werden, dass die Fähigkeit, etwas zu benennen (speziell in Begriffen der Schriftsprache wie ›Ästhetik‹, ›Postmoderne‹, ›Dekonstruktivismus‹ usw.) nicht gleichbedeutend damit ist, die Voraussetzungen zu erfüllen oder die Umstände zu schaffen, auf die sich jene Begriffe beziehen mögen. Viele Schwarze aus der Unterschicht, die die übliche akademische Theoriesprache nicht verstehen, denken sehr wohl kritisch über Ästhetik nach, doch der Reichtum ihrer Gedanken ist selten in Büchern festgehalten. Darüber hinaus haben auch innovative afroamerikanische Kunstschaffende ihren künstlerischen Prozess und ihre kritischen Gedanken zum Thema Ästhetik nur selten dokumentiert. Dennoch ist eine Erläuterung der Theorien, die ihre Werke beeinflusst haben, nötig und essentiell. Daher wende ich mich gegen jeden Standpunkt, der dieses kritische Projekt abwertet. So werden beispielsweise viele der revolutionären, visionären und kritischen Perspektiven auf Musik, die John Coltranes oppositionellen ästhetischen Ideen und seinem künstlerischen Werk zugrunde lagen, nie bekannt werden, weil sie nicht vollständig dokumentiert sind. Solch tragische Leerstellen verzögern die Entwicklung reflektierter kunsttheoretischer Arbeiten von Afroamerikaner:innen, die mit emanzipatorischer Politik verknüpft sind. Wir dürfen nicht vergessen, wie sehr Ästhetik als Fundament für neue Visionen dienen kann. Für manche von uns schafft sie einen kritischen Raum, der das kreative Schaffen inspiriert und fördert. Wie wir diesen Raum interpretieren und ihn mit Leben füllen, ist unterschiedlich.

Als erwachsene Frau bin ich im Haus meiner Mutter zu Besuch und erkläre, dass meine inneren Landschaften von Minimalismus geprägt sind, dass ich in keinem Raum leben kann, der mit zu vielen Dingen angefüllt ist. Das Haus meiner Großmutter ist nur noch von Geistern bewohnt und kann mich nicht länger beherbergen oder retten. Kühn erkläre ich, dass ich Minimalistin bin. Meine Schwestern wiederholen dieses Wort mit einer Heiterkeit, die uns zum Lachen bringt, denn wir feiern zusammen diese besondere Art und Weise, wie Sprache und die ›Bedeutung‹ der Wörter sich wandeln, wenn sie aus der hierarchischen Sphäre, wo sie beheimatet sind (dem weißen Universitätsmilieu), in die volkstümliche Kultur und das Vokabular der Umgangssprache gelangen, in das deklassierte Schwarzsein und die segregierten Communitys, wo es noch viel Analphabetismus gibt. Wer kann schon sagen, was mit diesem Wort ›Minimalistin‹ geschehen wird? Wer weiß, wie es sich verändern wird, umgeformt durch den breiten Schwarzen Südstaatendialekt? Diese Erfahrung lässt sich nicht in Worte fassen. Selbst wenn ich versuchen würde, sie zu beschreiben, würde dies niemals den eigentlichen Verarbeitungsprozess wiedergeben.

Eine meiner fünf Schwestern möchte wissen, wie ich dazu komme, über diese Dinge nachzudenken, über Häuser und Räume. Sie kann sich nicht an lange Gespräche mit Baba erinnern. Sie hat ihr Haus als hässlich in Erinnerung, vollgestopft mit Sachen. Meine Erinnerungen faszinieren sie. Mit Erstaunen hört sie zu, wie ich die Schatten in Babas Haus beschreibe und erkläre, was sie mir bedeuteten, die Art und Weise, wie der Mond durch das Dachzimmer schien und mir neue Sichtweisen auf Dunkelheit und Helligkeit eröffnete. Nachdem ich Tanizakis Essay über Ästhetik, »In Praise of Shadows«, gelesen habe, erzähle ich dieser Schwester während eines nächtlichen Gesprächs, dass ich lerne, auf neue Weise über Schwarzsein nachzudenken. Tanizaki spricht davon, Schönheit in der Dunkelheit zu sehen und teilt uns folgende Einsicht mit: »Die Qualität, die wir Schönheit nennen, muss immer aus den Realitäten des Lebens erwachsen, und unsere Vorfahr:innen, die gezwungen waren, in dunklen Räumen zu leben, entdeckten schließlich die Schönheit in den Schatten, um letztlich die Schatten zum Ziel der Schönheit zu führen.« Meine Schwester hat dunklere Haut als ich. Wir betrachten unsere Haut als einen dunklen Raum, einen Ort der Schatten. Wir sprechen oft über die Politik der Farben und darüber, wie der Rassismus eine Ästhetik geschaffen hat, die uns verletzt, eine Art über Schönheit zu sprechen, die weh tut. Im Schatten der späten Nacht sprechen wir über die Notwendigkeit, die Dunkelheit anders zu sehen, auf eine neue Weise über sie zu sprechen. In diesem Raum der Schatten sehnen wir uns nach einer Ästhetik des Schwarzseins – fremd und eigenwillig.

11 Eigensinnig und faszinierend

Es gibt Familienmitglieder, die du zu vergessen versuchst, und solche, an die du dich immer erinnerst, über die du nicht aufhören kannst zu sprechen. Sie mögen schon lange tot sein, aber sie bleiben anwesend, und du musst der Welt mitteilen, wer sie waren und wer sie noch sind. Du willst, dass alle sie so kennen, wie du sie gekannt hast, sie lieben, so wie du es getan hast.

Mein Leben lang war ich verzaubert von der Gegenwart der Eltern meiner Mutter, Sarah und Gus Oldham. In meiner Kindheit waren sie schon alt, was ich jedoch damals nicht so sah. Sie waren Baba und Daddy Gus und über siebzig Jahre ein Paar gewesen, als er starb. Ihre Ehe faszinierte mich. Sie waren Fremde und Liebende zugleich – zwei exzentrische, eigenwillige Menschen, die sich ihre eigene Welt geschaffen hatten.

Mehr als andere in meiner Familie vermittelten sie mir, beide zusammen, eine Weltsicht, die mir während einer schwierigen und schmerzhaften Kindheit Halt gab. Wenn ich über die vielseitige Schriftstellerin nachdenke, die ich geworden bin, sehe ich mich selbst als eine Mischung aus diesen beiden sehr verschiedenen, aber gleich starken Persönlichkeiten meiner Kindheit. Baba war groß, ihre Haut so hell und ihr Haar so tiefschwarz und glatt, dass sie leicht als Weiße hätte ›durchgehen‹ und alle Spuren des Schwarzseins verleugnen können. Hingegen war der Mann, den sie heiratete, klein und dunkel, und manchmal sah seine Haut aus wie Ruß von verbrannter Kohle. In unserer Kindheit wurde mit Kohle geheizt. Es war eine helle Glut, leuchtend und heftig. Wenn du ihr zu nahekamst, konntest du dich leicht verbrennen.

Zusammen erzeugten Baba und Daddy Gus eine heiße Glut. Er war kein Mann vieler Worte, sondern hatte sich der Stille verschrieben – so sehr, dass es für ihn wie eine Religion war. Wenn er sprach, konntest du kaum verstehen, was er sagte. Baba war genau das Gegenteil. Sie rauchte jeden Tag eine Unmenge Zigaretten und redete ohne Unterlass. Sie predigte. Sie wurde laut. Sie schimpfte. Oft ließ sie ihre Wut an Daddy Gus aus, der ruhig in seinem Stuhl am Herd saß, so ruhig und still wie der Buddha sitzt. Und wenn er genug von ihren Worten hatte, griff er nach seinem Hut und ging.

Weder Baba noch Daddy Gus fuhren selbst Auto. Nur selten fuhren sie einmal in einem Auto mit. Sie gingen lieber zu Fuß. Jedoch war ihre Art zu gehen selbst dann unterschiedlich. Er bewegte sich langsam, als ob er eine schwere Last trüge, während sie sich mit ihrer großen, schlanken und jungenhaften Statur schnell bewegte, so als hätte sie keine Zeit zu verlieren. Die einzige Leidenschaft, die sie teilten, war das Angeln, obwohl sie nicht einmal das gemeinsam taten. Sie lebten eng beieinander, und doch in getrennten Welten.

In einem großen zweistöckigen Holzhaus mit vielen Zimmern schufen sie sich einen Ort, der ihren sehr verschiedenen Persönlichkeiten Raum bot. Eines der ersten Dinge, die uns als Kinder an unseren Großeltern auffiel, war, dass sie nicht im selben Zimmer schliefen. Dieses Arrangement widersprach allem, was wir über die Ehe zu wissen glaubten. Während Mama nie über deren getrennte Welten sprechen mochte, sagte Baba dir geradeheraus, wie eklig Daddy Gus sei, dass er nach Tabaksaft roch, dass er sich nicht genug wusch und dass sie ihn auf keinen Fall in ihrem Bett haben wollte. Daddy Gus sagte nichts Böses über sie, nur, dass er nicht einsehe, warum er mit jemand anderem das Bett teilen sollte, wenn er doch ein eigenes Bett für sich haben könnte, ohne dass sich jemand über irgendetwas beschwerte.

Ich liebte die Gerüche meines Großvaters. Sie erfüllten meine Nasenlöcher immer mit dem Duft des Glücks. Für mich war es die reinste Ekstase, sein innerstes Heiligtum betreten zu dürfen. Sein Bereich war wie bei Vincent van Gogh ziemlich klein und lediglich ein vom Wohnzimmer abgetrennter Raum. Es gab keine Tür. Ein altmodischer Vorhang war der einzige Versuch, Privatsphäre zu schaffen. Normalerweise war der Vorhang zugezogen. Sein Zimmer roch stark nach Tabak. Überall in dem kleinen Raum lagen Schätze. Als jüngerer Mann hatte Daddy Gus verschiedene Gelegenheitsarbeiten übernommen, und selbst im hohen Alter erledigte er manchmal noch Arbeiten für irgendeine Frau, die Hilfe brauchte. Während er seine Arbeit verrichtete, hob er gefundene Dinge, Krimskrams auf. All diese Dinge lagen dann in seinem Zimmer herum, auf der Kommode oder dem Tisch neben seinem Bett. Anders als alle anderen Erwachsenen machte es ihm nichts aus, wenn Kinder seine Sachen durchsuchten. Alles, was wir haben wollten, gab er uns.

Daddy Gus sammelte schöne hölzerne Zigarrenkisten. Sie enthielten viel von dem wichtigen Kram – den Schätzen. Er besaß Unmengen von kleinen Tagebüchern, in die er Notizen schrieb. Er schenkte mir meine erste Geldbörse, mein erstes kleines Heftchen, meinen ersten schönen Füller, der zwar nicht lange funktionierte, aber doch ein wertvoller und gern genommener Schatz war. Wenn ich auf seinem Bett lag oder nah bei ihm saß, manchmal auch, wenn ich einfach nur neben ihm stand, spürte ich, wie der ganze Schmerz und die Angst meiner schwierigen Kindheit von mir abfielen. Sein Geist war ruhig. Er gab mir die bedingungslose Liebe, nach der ich mich sehnte.

»Zu ruhig«, dachten seine erwachsenen Kinder. Deshalb lässt er sich von dieser alten Frau herumkommandieren, würde mein Cousin BoBo sagen. Schon als Kinder wussten wir, dass Daddy Gus den Erwachsenen leidtat. Zuweilen schienen seine Söhne ihn als keinen ›richtigen Mann‹ zu betrachten. Seine Weigerung, in Kriegen zu kämpfen war für sie ein weiteres Zeichen von Schwäche. Es war mein Großvater, der mich gelehrt hat, gegen den Krieg zu sein. Sie sahen ihn als einen Mann, der von den Launen anderer beherrscht wurde, insbesondere von dieser großen, schrillen und anspruchsvollen Frau, die er geheiratet hatte. Für mich war er ein Mann mit tiefen Überzeugungen, ein Mann von großer Integrität. Wenn er ihre Sticheleien hörte – denn sie redete immer über seine Faulheit –, murmelte er nur, dass er ihre Kommentare nicht brauche. Er ließ sich von niemandem vorschreiben, was er mit seinem Leben anfangen sollte.

Daddy Gus war ein frommer Gläubiger, ein Diakon in seiner Kirche; er war einer der Männer zur Rechten Gottes. In der Kirche bewunderten alle seine ruhige Art. Baba hatte nichts für die Kirche übrig. Sie tat nichts lieber, als uns zu erzählen, was für ein heuchlerischer Ort die Kirche war: »Warum? Ich kann Gott finden, wo ich will – ich brauche keine Kirche.« Und tatsächlich, als meine Großmutter starb, konnte ihre Beerdigung in keiner Kirche stattfinden, denn sie hatte nie einer angehört. Ihre Weigerung, in die Kirche zu gehen, störte einige ihrer Töchter, denn sie glaubten, dass sie sich gegen Gott versündigte und ein schlechtes Beispiel für die Kinder abgab. Wir sollten nicht zuhören, wenn sie anfing, die Kirche und alle ihre Mitglieder zu verdammen.

Baba liebte es, zu fluchen. Es gab kein böses Wort, das sie nicht bereit war zu sagen. Die Improvisationskunst, mit der sie diese Worte aneinanderreihte, war fantastisch. Es waren die gottverdammten Hurensöhne, die dachten, sie könnten sie verarschen, wenn sie doch nur ihren Schwarzen Arsch kussen durften. Eine Frau mit starken Worten und kraftvollen Metaphern, aber sie konnte weder lesen noch schreiben. Sie lebte in der Macht der Sprache. Ihre Lieblingssprüche waren der Auftakt zum Geschichtenerzählen. Sie war es, die mir sagte: »Spiel mit einem Welpen, und er leckt dir den Mund ab.« Wenn ich diesen Spruch hörte, wusste ich, was mich erwartete – eine lange Polemik darüber, Leute nicht zu nah an sich heranzulassen, weil sie sich mit dir anlegen würden. Baba liebte es, ihre Geschichten zu erzählen, und ich hörte sie gern. Sie nannte mich Glory. Und während sie erzählte, machte sie immer eine Pause, um zu sagen: »Glory, hörst du mir zu? Verstehst du, was ich dir sage?« Manchmal musste ich die Lektionen, die ich gelernt hatte, wiederholen. Manchmal gelang es mir nicht, sie richtig zu verstehen, und dann sie fing wieder von vorne an. Wenn Mama das Gefühl hatte, dass ich ›zu Hause‹ (so nannten wir Babas Haus) zu viele Verrücktheiten lernte, wurden meine Besuche eingeschränkt. Als Teenager lernte ich, all die alten Weisheiten, die ich ›zu Hause‹ aufgeschnappt hatte, für mich zu behalten.

Baba war eine unglaublich gute Quiltmacherin, aber als ich endlich alt genug war, ihre Arbeit wirklich zu verstehen und deren Schönheit wahrzunehmen, hatte sie bereits Probleme mit ihren Augen. Sie konnte nicht mehr so viel nähen wie früher, als ihre Handarbeiten auf sämtlichen Betten zu sehen waren. Sie wollte nie etwas wegwerfen, weshalb sie gerne Crazy Quilts anfertigte, weil bei dieser Technik jeder noch so kleine Stoffrest verwendet werden konnte. Obwohl sie irgendwann anfing, Quiltmuster zu bestellen und perfekte Patchworkdecken in aufeinander abgestimmten Farben herstellte, sammelte sie weiterhin Stoffreste.

Lange bevor ich Virginia Woolfs *A Room of One's Own* las, lernte ich von Baba, dass eine Frau ihren eigenen Raum zum Arbeiten braucht. Sie hatte ein riesengroßes Zimmer für ihre Stepparbeiten. Wie in jedem anderen Raum in ihrer privaten Welt, die sie sich im Obergeschoss eingerichtet hatte, fanden sich hier ihre Schätze, eine endlose Reihe von Hutschachteln, Federn und Koffern voller alter Kleidung, von der sie sich nicht trennen konnte. In allen Zimmern gab es Federkernmatratzen; wenn sie zurückgezogen wurden, kamen die Holzleisten des Bettes zum Vorschein, gepolstert mit edlen handgenähten Steppdecken.

In all diese Truhen, in Ritzen und Schubladen waren geflochtene Tabakblätter gelegt worden, um Motten und andere Insekten fernzuhalten. Ein richtig heißer Sommer konnte die Textilien zum Schwitzen bringen, sodass Flecken von Tabaksaft auf noch nie benutzten Quilts landeten. Als ich klein war, hielt mich eine Patchworkdecke, die meine Großmutter gefertigt hatte, warm und spendete mir Trost. Obwohl Mama protestierte, als ich die alte zerrissene Tagesdecke von Kentucky nach Stanford mitschleppte, wusste ich, dass ich ein bisschen vom Süden, von Babas Welt brauchte, damit es mich stärkte.

Wie Daddy Gus war sie eine ehrliche Person, auf deren Wort man sich verlassen konnte. Sie verkündete immer gern und mit Stolz: »Ich meine, was ich sage und ich sage, was ich meine.« – »Glory«, sagte sie, »kein Mensch ist besser als sein Wort. Wenn du nicht Wort halten kannst, bist du nichts wert auf dieser Welt.« Es konnte vorkommen, dass sie nicht mehr mit Leuten sprach, die ihr Wort gebrochen oder gelogen hatten. Unsere Mama hatte nichts übrig für lautes Reden oder Konfrontation. Ich lernte all diese Dinge von Baba – »aufzustehen und die eigene Meinung zu sagen«, sich »einen Dreck darum zu scheren«, was andere Leute, die »keinen Topf zum Reinpissen« haben, über einen denken. Meinen Eltern war es wichtig, wie sie in der Öffentlichkeit dastanden. Für sie war es pure Blasphemie, wenn Baba uns beibrachte, dass es egal sei, was andere denken – »Du musst das tun, was für dich selbst, in deinem Herzen das Richtige ist – dass ist alles, was zählt.« Baba lehrte mich, auf mein Herz zu hören –und ihm zu folgen. Von ihr lernten wir als kleine Kinder, uns an unsere nächtlichen Träume zu erinnern und sie zu erzählen, wenn wir aufwachten. Baba deutete sie dann. Sie brachte uns bei, auf die Weisheit in unseren Träumen zu hören. Mama pflegte zu sagen, das sei alles Unsinn, aber auch sie fragte gern einmal nach der Bedeutung eines Traums.

Auf ihre Weise waren meine Großeltern Rebell:innen, die sich zutiefst einem radikalen Individualismus verschrieben hatten. Ich habe von ihnen gelernt, ich selbst zu sein. Mama hat das gehasst. Sie hielt es für wichtig, gemocht zu werden, sich anzupassen. Sie hatte es gehasst, in einem so exzentrischen, eigenwilligen Haushalt aufzuwachsen, in einer Welt, wo die Leute ihren eigenen Wein, ihre eigene Butter und ihre eigene Seife herstellten; wo Hühner gehalten und riesige Gärten angelegt wurden, um alles einzukochen. Das war die Welt, die Mama hinter sich lassen wollte. Sie wollte im Geschäft gekaufte Dinge.

Baba lebte in einer anderen Zeit, in der alle Dinge in den einzelnen Haushalten selbst hergestellt wurden. Alles, was die Familie brauchte, wurde zu Hause produziert. Sie liebte es, mir Geschichten zu erzählen, wie sie lernte, Tiere zu fangen und zu häuten, Opossum und Waschbär in Salzlake einzulegen, ein frisches Kaninchen zu braten. Obwohl sie eine absolute Naturliebhaberin war, die so gut schießen und Fallen stellen konnte wie ein Mann, war sie der Meinung, dass jede Frau nähen sollte – sie hatte ihren ersten Quilt als Mädchen gefertigt. In ihrer Welt waren die Frauen so stark wie die Männer, weil sie es sein mussten. Sie war auf dem Land aufgewachsen und wusste, dass das Landleben die beste Art zu leben war. Diese Frau, die weder lesen noch schreiben konnte, prahlte damit, alles tun zu können, was ein Mann tun konnte, und zwar besser. Selbstbewusst war sie und sich ihres Stellenwertes im Universum sicher. Meinen Sinn für Ästhetik habe ich von ihr. Sie lehrte mich, die Dinge wirklich anzuschauen, unter die Oberfläche zu blicken, die verschiedenen Rottöne in den Paprikaschoten zu sehen, die sie zum Sonnentrocknen in der Küche aufgehängt hatte. Die Schönheit des Gewöhnlichen und Alltäglichen war ihr ein Freudenfest, aber für die Schätze in der Welt meines Großvaters hatte sie keine Verwendung. Großvater lehrte mich, nach dem lebendigen Geist in den Dingen zu suchen – den Dingen, die weggeworfen wurden, aber immer noch berührt und gepflegt werden wollten. Wenn er einen gefundenen Gegenstand in die Hand nahm, erzählte er mir dessen Geschichte oder erklärte mir, wie er vorhatte, ihm wieder Leben einzuhauchen.

Im Geiste verbunden, aber im Alltag so weit voneinander entfernt, waren Baba und Daddy Gus selten höflich zueinander. Jedes gemeinsame Gespräch, das mit gutem Willen begonnen hatte, endete in Meinungsverschiedenheiten und Streitigkeiten. Jeder wusste, dass Baba es liebte, sich aufzuregen. Sie liebte einen guten Krieg der Worte. Und es war ihr ein Vergnügen, Worte zu benutzen, um auszuteilen und zu verletzen, um zu bestrafen. Wenn Worte nicht ausreichten, konnte sie auch schon mal zum Riemen greifen, einem langen Stück schwarzen Leders, das winzige Abdrücke auf der Haut hinterließ.

Daddy Gus war nicht gewalttätig. Mama erzählte, er sei schon immer so gewesen, ein ruhiger und sanfter Mann voller Zärtlichkeit. Ich erinnere mich, wie ich mich an seine Zärtlichkeit klammerte, als nichts, was ich tat, in den Augen meiner Mutter richtig war, als ich ständig bestraft wurde. Baba war keine Verbündete. Sie befürwortete harte Strafen. Sie hatte keine Verwendung für Kinder, die nicht gehorchen wollten. Sie war nie zärtlich. Wenn wir ihr Haus betraten, gaben wir ihr einen Kuss zur Begrüßung und das war›s. Mit Daddy Gus konnten wir kuscheln, in seinen Armen verweilen, ihm so viele Küsse geben, wie wir wollten. Seine Arme und sein Herz waren immer offen.

Hinter dem Haus gab es Obstbäume, Hühnerställe und den Garten, vor dem Haus Blumen. Baba konnte alles zum Wachsen bringen, und sie wusste alles über Kräuter und Wurzeln. Ihre Hausmittel heilten unsere Kinderkrankheiten. Natürlich fand sie es verrückt, zum Arzt zu gehen, konnte sie uns doch genau sagen, was wir brauchten. All diese Dinge hatte sie von ihrer Mutter gelernt, Bell Blair Hooks, deren Namen ich als mein Pseudonym wählte.

Alle waren sich einig, dass ich das Temperament dieser Urgroßmutter besaß, an die ich mich nicht erinnern konnte. Sie war eine wortgewandte Frau. So sagte man jedenfalls. Und man glaubte, ich hätte meinen Umgang mit Worten von ihr geerbt. So ist das in Familien. Sie zeichnen psychische Genealogien auf, die oft übersehen, was direkt vor unseren Augen liegt. Ich mag die Wortgewandtheit von meiner Urgroßmutter Bell Hooks geerbt haben, aber ich lernte diese Worte zu benutzen, indem ich meiner Großmutter zuhörte. Ich lernte, mutig zu sein, weil ich sah, wie sie ohne Angst handelte. Ich lernte das Risiko zu wagen, weil sie wagemutig war. Ihr Zuhause und ihre Familie waren ihre Welt. Während mein Großvater in die Stadt ging, andere Leute besuchte, in die Kirche ging und unterwegs war, um Dinge zu erledigen, verließ Baba ihr Zuhause nur selten. In der Welt gab es nichts, was sie brauchte. Die Dinge da draußen griffen ihren Geist an. Als Kind hatte ich keine Vorstellung davon, was es bedeutete, über so viele Generationen hinweg zu leben, ohne lesen und schreiben zu können. Für mich war Baba eine Frau mit Macht. Dass sie in einer Welt jenseits der Broad Street, Nr. 1200 außerordentlich machtlos gewesen wäre, war ein Gedanke, der mir nie in den Sinn kam. Ich glaubte, dass sie zu Hause blieb, weil es der Ort war, den sie am liebsten mochte. Genau wie Daddy Gus das Bedürfnis zu haben schien, durch die Gegend zu laufen – umherzustreifen.

Nach seinem Tod war es einfacher zu erkennen, wie sie sich gegenseitig ergänzt und vervollständigt hatten. Denn plötzlich, ohne ihn als stille Kulisse, war Babas Kampfgeist geschwächt. Etwas in ihr war für immer einsam und konnte keinen Trost finden. Aufgebahrt wurde sie mit Tulpen, ihren Lieblingsblumen, um sie herum. Der Prediger sagte uns, dass ihr Tod kein Anlass zur Trauer sei, denn »es ist schwer, in einer Welt zu leben, in der deine besten Freunde weg sind.« Daddy Gus war der Gefährte, den sie am meisten vermisste. Seine Anwesenheit war immer der Spiegel ihrer Erinnerung gewesen. Ohne ihn gab es so vieles, was nicht geteilt werden konnte. Es gab keinen Zeugen.

Auf ihr gemeinsames Leben blickend, lernte ich, dass es für Frauen und Männer möglich war, Haushalte zu gründen, die auf ihre jeweiligen Bedürfnisse zugeschnitten waren. Die Macht wurde geteilt. Wenn es ein Ungleichgewicht gab, hatte Baba das Sagen. Es war mir völlig fremd, wenn Schwarze Frauen und Männer keine Familien und Haushalte zusammen hatten. Ich war nicht in einer Welt abwesender Männer aufgewachsen. Eines Tages, so wusste ich, würde ich mir ein Leben nach den Mustern, die ich von Baba und Daddy Gus geerbt hatte, aufbauen. Ich bewahre Schätze in meiner Zigarrenkiste auf, die nach all den Jahren immer noch riecht. Die Steppdecke, die mich als Kind zudeckte, ist immer noch da, voller Tintenflecken und die Farben verblasst. In meinen Koffern sind geflochtene Tabakblätter, die ich noch von zu Hause habe. Sie halten das Böse fern – halten böse Geister davon ab, die Schwelle zu übertreten. Wie meine Vorfahr:innen bewachen und schützen sie mich.

12 Ein Ort, an dem die Seele Ruhe finden kann

Straßenecken waren schon immer ein Raum, der Männern vorbehalten war – patriarchales Territorium. Die feministische Bewegung hat daran nichts ändern können. So wie sie nicht stark genug war, die Nacht zurückzuerobern und die Dunkelheit zu einem sicheren Ort zu machen, an dem sich Frauen aufhalten, umherstreifen und nach Belieben herumschlendern können, war sie auch nicht in der Lage, das Gesetz der Straßenecke zu verändern. Geschlechtergerechtigkeit am Arbeitsplatz, ja, aber die Straßenecke verwandelt jede Frau, die es wagt, sich dort aufzuhalten, in einen Körper, der sich verkauft, einen Körper, der nach Drogen sucht, einen Körper, der zugrunde geht. Eine Frau, die sich an eine Straßenecke hinstellt, dort verweilt, herumlungert, wird von allen gesehen, angestarrt, beobachtet. Ob sie es will oder nicht, sie ist Beute für den Räuber, für den Mann, sei es ein Zuhälter, die Polizei oder einfach nur ein Passant. In der Stadt haben Frauen kein Territorium im Freien zu besetzen. Sie müssen ständig in Bewegung bleiben, wenn sie sich nicht in einem geschlossenen Raum aufhalten. Sie müssen ein Ziel haben. Sie können nicht herumschlendern oder verweilen.

Veranden und Terrassen wurden für Frauen geschaffen, damit sie sich im Freien aufhalten können. Sie sind ein typisches Merkmal des Südstaatenlebens. Bevor Klimaanlagen jeden heißen Raum kühlten, war die Veranda der Ort des Sommers, der Ort, an den sich alle frühmorgens und in den späten Abendstunden zusammenfanden. In unserer Welt in Kentucky, den armen Schwarzen Südstaatenvierteln mit Blockhäusern und Schindelhütten, war eine Veranda ein Zeichen für ein Leben ohne Scham. Auf die Veranda zu gehen, bedeutete, zu sehen und gesehen zu werden, nichts zu verstecken. Es signalisierte die Bereitschaft, sich zu erkennen zu geben. Oftmals ging es von den Behausungen der Armen direkt in den Staub und Dreck hinaus, denn sie hatten weder Zeit noch Geld, sich eine Veranda zu bauen. Die Veranden, mit denen ich aufwuchs, waren Orte der Gemeinschaft – Außenräume, die Frauen nutzten, während die Männer weg waren, arbeiten gingen oder an

Straßenecken standen. Auf der eigenen kleinen Veranda zu sitzen, bedeutete, dass die Hausarbeit erledigt war, das Haus geputzt, das Essen zubereitet. Oder wenn man reich genug und im Besitz einer großen Veranda war, stellte dies den Rückzugsort dar, während die Putzfrau oder das Hausmädchen das Haus putzte. Als Kinder brauchten wir die Erlaubnis, auf der Veranda zu sitzen, um, wenn auch nur für eine gewisse Zeit, an diesem Ort der Muße und Ruhe zu verweilen. Das erste Haus, in dem wir wohnten, hatte keine Veranda. Es war ein Haus aus Betonformsteinen, für Arbeiter gebaut, die außerhalb der Stadtgrenzen nach Öl suchten, gedacht als eine Art Wartezone, ein Ort für Leute, die entschlossen waren, weiterzuziehen – ein Ort in der Wildnis. In der Wildnis gab es keine Nachbar:innen, denen man zuwinken oder mit denen man sich unterhalten konnte, oder denen man einfach etwas zurief und deren Anwesenheit man am Türenknallen erkennen konnte, wenn sie ein- und ausgingen. Ein Haus ohne Nachbar:innen brauchte gewiss keine Veranda, sondern nur schmale Stufen, um seine Bewohner:innen hinein- und hinauszugeleiten.

Als wir aus der Wildnis wegzogen, als wir sozial aufstiegen, führte uns unsere Reise zu besseren Verhältnissen in ein Holzrahmenhaus mit Ober- und Untergeschoss. Unser Neuanfang war grandios: Wir zogen an einen Ort mit nicht nur einer, sondern drei Veranden – einer vorderen Veranda, einer Seitenveranda und einer hinteren Veranda. Die seitliche Veranda war ein Ort, an dem man schlafen konnte, wenn sich die Hitze des Tages gelegt hatte. Das Träumen nach draußen zu verlegen, machte die Dunkelheit zu einem sicheren Ort. Und in dieser Geborgenheit konnte eine Frau, ein Kind – Mädchen oder Junge – verweilen. Seitenveranden waren Orte für geheime Treffen, Orte für vertrauliche Besuche, wo man kommen und gehen konnte, ohne gesehen zu werden, Zeit verbringen konnte, ohne dass jemand wusste, wie lange der Besuch blieb. Nach einem Jahr Leben auf der Seitenveranda und sechs Mädchen im Teenageralter zog Daddy Wände ein, tapezierte sie und versperrte die Tür, so dass es das Zimmer unseres Bruders wurde, ein geschlossener Raum ohne Fenster nach draußen.

Wir saßen auf der hinteren Veranda und erledigten Aufgaben wie Walnüsse knacken, Mais schälen und Fische säubern, wenn Baba, Mamas Mama, und die anderen einen guten Fang gemacht hatten, wenn schwarze Farmer:innen die Früchte ihrer Arbeit in die Stadt brachten. Unsere hintere Veranda war winzig. Sie bot nicht genügend Platz für uns alle. Und so war sie ein begrenzter Ort der Begegnung. Als Kind fühlte ich mich dort wohler, unbeobachtet, konnte meinen kindlichen Tagträumen nachgehen, ohne dass jemand vorbeikam und vielleicht ein paar Worte redete, ohne dass sich irgendjemand kurz zu mir setzen wollte. In Mr. Porters Haus (er war der alte Mann, der dort gelebt hatte und gestorben war, bevor wir einzogen) gab es ein Gefühl der Ewigkeit, der Zeitlosigkeit. Er hatte der Seele dieses Hauses seine Note verliehen, den Geschmack und den Geruch eines langen Lebens. Wir würdigten das, indem wir seinen Namen benutzten, wenn wir über das Haus in der First Street sprachen.

Für unseren patriarchalen Vater, Mr. V., war die Veranda eine Gefahrenzone – denn in seiner sexistischen Denkweise war jeder weibliche Raum gefährlich, eine Bedrohung. Ein fremder Mann, der Mr. V.'s Veranda betrat, gab damit ein mögliches Angriffsziel ab, denn schließlich begab er sich in ein inneres weibliches Heiligtum, was in den Augen eines jeden Patriarchen gleichbedeutend mit der Vergewaltigung der Frau eines anderen Mannes war. Und wir alle – Mutter, Töchter – waren Besitz unseres Vaters. Wie jeder Patriarch erinnerte er uns von Zeit zu Zeit daran, in wessen Haus wir lebten – in einem Haus, in dem Frauen keine Rechte hatten, in dem sie jedoch die Veranda für sich beanspruchen, sie besetzen und in einen Ort verwandeln durften, an dem Männer Frauen zwar anschauen, aber nicht anfassen durften, einen Ort, der unseren Vater nicht interessierte, an dem er nicht saß. Tatsächlich gab unser Vater immer vor, die Veranda zu hassen. Oft, wenn er von der Arbeit nach Hause kam, betrat er das Haus durch die Hintertür, für uns immer überraschend, und markierte sein Revier. Wir lernten, dass es am besten war, sich nicht auf der Veranda aufzuhalten, wenn er nach einem langen Arbeitstag den Gehweg hinaufkam. Wir kannten unseren Platz: Er war drinnen, um die Welt für den Patriarchen bequem zu machen, uns darauf vorzubereiten, uns zu verbeugen und zu dienen – nicht wörtlich zu verbeugen, sondern um unser Dasein unterzuordnen. Und das taten wir. Kein Wunder also, dass wir die Veranda liebten und uns danach sehnten, aus dem inneren patriarchalen Bereich dieses Hauses, der auf seine Weise ein Gefängnis war, herauszukommen.

Wie so vieles andere, das durch die Wut des Patriarchen zerstört wurde, wie so viele andere weibliche Räume, die beschädigt wurden, nahm unser Vater, der Patriarch, uns an einem sehr heißen Sommerabend die Veranda weg. Als er von der Arbeit nach Hause kam, begann er in dem Moment zu schimpfen, als er den Gehweg betrat und benutzte dabei drohende, hässliche Worte. Wir waren alles Frauen dort auf der Veranda, und unsere Körper teilten sich wie Wellen im Meer, sodass Mama von gewalttätigen Händen durch die Vordertür ins Haus geschoben werden konnte, wo seine Drohungen, zu töten und wieder zu töten, von den Nachbar:innen nicht gehört werden würden. Dieses Trauma der männlichen Gewalt hat meine Teenagerjahre ergriffen und sie in den Fängen einer tiefen und andauernden Trauer gehalten – und mir die weibliche Gemeinschaft genommen, die Freiheit der Tage und Nächte, die ich auf der Veranda saß. Gefangen in den Zwischenräumen des patriarchalen Geschlechterkriegs, blieben wir der Veranda fern, aus Angst, dass irgendein unschuldiger Mann, der sich uns näherte, von unserem Vater gesehen werden würde und einen Wutanfall auslösen könnte. Wenn ich von außen hereinkam, sah ich bereits aus der Ferne, wie verlassen und verkleinert der Verandaraum jetzt war, seine Lebensenergie erloschen und sein Herz einsam. Mama und Papa versorgten die Wunden, die die Wut geschlagen hatte, und hielten ihre innige Verbindung aufrecht. Sie zogen aus Mr. Porters Haus aus und in ein kleines Holzhaus ohne Veranda, und selbst als eine kleine Veranda angebaut wurde, war es keine zum Sitzen, sondern nur ein Platz zum Stehen. Vielleicht hat dieser Raum Vaters Angst vor dem gefährlichen Weiblichen, vor der Macht der Frauen gemildert.

Sicherlich hat unser Vater, wie alle guten Patriarchen, gespürt, dass die Veranda als weiblicher Versammlungsort in irgendeiner Weise eine Bedrohung für die Kontrolle seitens des männlichen Hausherren darstellte. Die Veranda als Grenzraum, der zwischen dem Haus und der Welt der Straßen und Gehwege lag, war eine symbolische Schwelle. Das Überschreiten dieser Schwelle eröffnete die Möglichkeit zur Veränderung. Die Frauen und Kinder auf der Veranda konnten beginnen, die Außenwelt anders zu interpretieren als das im patriarchalen Haushalt vermittelt wurde. Die Veranda hatte keinen Herrn; selbst unser Vater konnte sie nicht erobern. Veranden konnten aufgegeben werden, aber sie konnten nicht übernommen und von einer bestimmten Gruppe vereinnahmt werden, um andere auszuschließen.

Die Veranda war ein demokratischer Treffpunkt, an dem Menschen aus verschiedenen Lebensbereichen und mit unterschiedlichen Perspektiven Platz fanden. Sie stellte einen frei schwebenden Raum dar, der nur durch die Schaukel verankert war, und selbst die war ein Symbol für potenzielles Vergnügen. Die Schaukel spielte an auf den Wunsch, sich frei zu bewegen, bewegt zu werden. Als Symbol des Spiels, das die anhaltende Sehnsucht nach der Kindheit einfing und uns in die Zeit der Kindheit zurückversetzte, verzauberte sie uns, hypnotisierte uns mit ihrer Hin- und Her-Bewegung.

Die Verandaschaukel war auch ein Ort, an dem sich Intimitäten anbahnen konnten, wenn im Moment der Nähe beim Schaukeln Verlangen aufkam.

In den Tagen meiner Kindheit, als alle auf ihren Veranden saßen, meist auf ihren Schaukeln, lernten wir uns alle dadurch kennen und bildeten so eine Gemeinschaft. In M. Scott Pecks Werk *Gemeinschaftsbildung – Der Weg zu authentischer Gemeinschaft* erklärt er, dass echte Gemeinschaft immer ganzheitlich ist und dass sie »immer durch Integrität gekennzeichnet ist«. Die Integrität, die sich in unseren segregierten Gemeinschaften entwickelte, als ich aufwuchs, basierte auf der Kultivierung von Höflichkeit, dem Respekt für andere und der Anerkennung der Mitmenschen. An einem Haus vorbeizugehen, wo eine Person auf der Veranda zu sehen war und diese nicht anzusprechen, war ein Verstoß gegen die Regeln der Gemeinschaft. Ab und zu waren meine Geschwister oder ich so dreist anzunehmen, dass wir die Regeln der Höflichkeit, zu denen auch der Respekt vor den Älteren gehörte, ignorieren und an den Häusern der Leute vorbeistolzieren konnten, ohne etwas zu sagen. Wenn wir dann zu Hause ankamen, hatte Mama bereits einen Anruf erhalten, weil wir es versäumt hatten, Höflichkeit und Respekt zu zeigen. Sie zwang uns, noch einmal hinauszugehen und das erforderliche Ritual zu vollziehen, mit unseren Nachbar:innen zu sprechen, die auf ihren Veranden saßen.

In *Eine neue Ethik für die Welt. Grundwerte für eine menschlichere Gesellschaft* erweitert M. Scott Peck seine Ausführungen über die Herstellung von Gemeinschaft um die Praxis der Kultiviertheit. Als ich in den segregierten Südstaaten aufwuchs, wurde ich dazu erzogen, dass es wichtig ist, kultiviert bzw. höflich zu sein. Dies war mehr als nur die Einsicht, dass man zuvorkommend sein und gute Manieren haben muss. Vielmehr war es die Forderung, dass wir Kinder uns ständig unserer Verbundenheit und Abhängigkeit von allen Menschen um uns herum gewahr sein sollten. Die Lektionen, die wir lernen, wenn wir unsere Nachbar:innen auf ihren Veranden sehen und mit ihnen plaudern oder ihnen einfach nur höflich begegnen, ist ein wertvoller Zugang, um unsere Verbundenheit zu pflegen. Peck vertritt die Ansicht, dass Höflichkeit eine ganz bewusste Handlung und im Kern eine ethische Praxis darstellt. Indem wir uns in Höflichkeit üben, erinnern wir uns daran, schreibt er, dass »jedes einzelne menschliche Wesen – du, alle Freund:innen, alle Fremden, alle Ausländer:innen – wertvoll sind«. Die Etikette der Höflichkeit ist also weit mehr als die Beachtung von Manieren: Es gilt, ihre tiefere psychoanalytische Bedeutung für das zu verstehen, was uns für einander zu Subjekten und nicht zu Objekten werden lässt.

Afroamerikaner:innen haben eine lange Geschichte, in der sie darum kämpfen, sich als Subjekte zu positionieren, und dadurch den entmenschlichenden Auswirkungen des Rassismus entgegenzutreten, die uns ständig zu Objekten machen wollen. In der segregierten Welt unserer Kleinstadt lebten wir in Gemeinschaften des Widerstands, in denen selbst eine kleine Geste des Alltags wie das Sitzen auf der Veranda eine Rolle bei unserer Vermenschlichung spielte. Rassistische Weiße empfanden oft extremen Unmut, wenn sie eine Gruppe Schwarzer Menschen auf einer Veranda versammelt sahen. Sie benutzten Schimpfwörter wie ›Veranda-Affen‹, um ihre Verachtung auszudrücken und dabei einmal mehr die rassistische Ikonografie, die das Schwarzsein mit Natur und mit Tieren in der Wildnis assoziiert, heraufzubeschwören. Als revolutionäre Schwelle zwischen dem Haus und der Straße konnte die Veranda als Grenzraum auch ein Ort des antirassistischen Widerstands sein. Die Weißen konnten zwar die Handlungen einer Schwarzen Person auf der Straße nach ihrem eigenen Gutdünken interpretieren, aber eine oder mehrere Schwarze Personen auf einer Veranda entzogen sich einer solchen Deutung. Das rassistische Auge konnte nur zuschauen, aber nie wirklich wissen, was sich auf den Veranden der Schwarzen abspielte.

Ich war ein kleines Mädchen in einer rassistisch segregierten Welt, als ich zum ersten Mal erfuhr, dass es Weiße gab, die Schwarze geringer als Tiere achteten. Auf der Veranda sitzend, beobachteten meine Geschwister und ich, wie die Weißen ihre Dienerinnen nach Hause brachten, die Mägde und Köchinnen, die sich abmühten, um ihr Leben angenehm zu gestalten. Diese Schwarzen Bediensteten wurden immer auf den Rücksitz verbannt. Neben der fahrenden weißen Person auf dem Vordersitz saß der Hund und auf dem Rücksitz die Schwarze Hausangestellte. Allein dieser Anblick lehrte mich viel über die Verflechtung von Rassismus und Klassismus. Ich habe mich oft gefragt, wie sich die Schwarze Person fühlte, wenn sie nach Hause kam und der Hund vorne platziert wurde, wo Rassismus und weiße Vorherrschaft bestimmt hatten, dass keine Schwarzen sitzen durften. Obwohl ich noch ein Kind war, als ich diesen Akt der Vorherrschaft miterlebte, verstand ich, dass sich die Bediensteten schämen mussten, denn sie schauten nie aus dem Fenster; nie nahmen sie eine Welt jenseits dieses fahrenden Wagens wahr.

Es war, als würden sie in Trance nach Hause fahren – alles auszublenden war ein Versuch, sich den beschämenden Gefühlen nicht stellen zu müssen. Stille Schatten auf den Rücksitzen der schicken Autos, erwachsene Hausangestellte, vereinzelt, wendeten ihren Blick nie zur Veranda, wo ›befreite‹

Schwarze beim Zusammensein gesehen werden konnten. Ich war das Mädchen, das sie nicht sahen, das auf der Schaukel saß, ihren Schmerz spürte und ihn lindern wollte. Und ich saß dort und schaukelte hin und her im Rhythmus des Traumes von einem Leben, in dem Schwarze frei von Angst leben konnten.

Ich ließ die vom Rassismus erzeugte Angst hinter mir, damit aber auch den Rhythmus von Verandaschaukeln, von heißen Nächten voller liebevoller Körper und Lachen, das die Dunkelheit erhellt wie Glühwürmchen. Für meine Ausbildung ging ich an die Westküste, weg von der lähmenden Jim-Crow-Apartheid, die zwar per Gesetz abgeschafft worden, aber noch lange nicht überwunden war, in den Norden, wo ich die Intellektuelle werden konnte, von der mir der Süden damals gesagt hatte, ich könne es nicht sein. Aber wie die Schwarzen Menschen, über die die Anthropologin Carol Stack schreibt, die aus dem Norden zurück in den Süden fliehen, weil sie sich nach einem Leben sehnen, von dem sie befürchten, dass es an ihnen vorbeizieht, kehrte auch ich nach Hause zurück. Für alle Menschen aus den Südstaaten, die den Süden je geliebt haben, bleibt er immer und ewig ihr Zuhause. Von Geburt an haben wir seinen verführerischen, berauschenden Duft eingeatmet, und dies ist die Luft, die wirklich tröstet. Als Südstaatler:innen wurden wir von Geburt an von verheißungsvollen Einblicken in ein anständiges Leben als freie Bürger:innen geprägt, in einer Gemeinschaft, wie sie nirgendwo anders zu finden ist. Sinnbild dieses Lebens war für mich die Veranda.

Auf der Suche nach einem Zuhause im neuen Süden, d.h. dem Ort, an dem die rassistische Diskriminierung sich immer noch in allgemein akzeptiertem grobem Verhalten niederschlägt, begab ich mich in eine Immobilienwelt, in der materielles Profitstreben stärker war als der Drang, Wohnviertel rassistisch segregiert zu halten. Ich wollte in der Nähe von Wasser wohnen, wo ich spazieren gehen konnte, umgeben von einer üppigen tropischen Naturlandschaft, wo ich Freund:innen aus Kentucky besuchen und auf ihren Veranden sitzen konnte, und so ertappte ich mich dabei, wie ich mich für ein Viertel entschied, das hauptsächlich von Weißen der alten Schule bewohnt war. Auf der Suche nach meinem Zuhause in den Südstaaten hielt ich Ausschau nach einem Haus mit einer Veranda. Ich renovierte einen Bungalow aus den 1920er-Jahren, so einen, wie er im alten Sears-and-Roebuck Katalog für weniger als siebenhundert Dollar mit oder ohne Bad angeboten wurde, und ich genoss die Arbeit an der Veranda. Ich sprach mit Nachbar:innen, die nicht mit mir sprachen oder die mich wissen ließen, dass sie auf diese Seite der

Stadt gezogen waren, um die faulen Schwarzen loszuwerden. Ich fühlte mich daran erinnert, wie die Schwarzen Familien, die während der Bürgerrechtsbewegung Häuser in ›weißen‹ Vierteln kauften, gelitten haben mussten – und dachte daran, dass ihr Leid zusammen mit dem ihrer Verbündeten, die sich für Gerechtigkeit einsetzten, mir erst ermöglicht haben, meinen Wohnort frei zu wählen. Im Vergleich dazu ist das, was ich und andere Schwarze Menschen heute erleben, wenn wir Diversität in ein Quartier bringen, das bisher nur Weißen vorbehalten war, lediglich Unbehagen.

Ihnen zu Ehren und zum Gedenken an sie möchte ich ein Wort der Anerkennung sprechen, ein Lob auf die Tapferen, die kämpften und litten, damit ich dort leben kann, wo ich will. Ich habe meine Veranda zu einem kleinen alltäglichen Ort des antirassistischen Widerstands gemacht, einem Ort, an dem ich die Etikette von Höflichkeit und Anstand pflege. Meine beiden Schwestern, die in der Nähe wohnen, und ich sitzen auf der Veranda. Wir winken allen, die vorübergehen, zu. Es sind meist Weiße, die unsere Anwesenheit kaum zur Kenntnis nehmen. Weiße Frauen aus dem Süden sind am wenigsten bereit, höflich zu sein, egal ob alt oder jung. In den Südstaaten gibt es viele weiße Frauen, die sich nach den alten Zeiten sehnen, als sie sich darauf verlassen konnten, irgendwann im Laufe ihres Lebens von einer Schwarzen Frau bedient zu werden und die Macht ihrer Hautfarbe ausnutzen konnten, um sie zu unterdrücken. Eine Schwarze Hausbesitzerin stört diese rassistisch-sexistische Fantasie. Egal, wie viele weiße Frauen ihren Blick auch abwenden, wir schauen hin, und indem wir schauen, beanspruchen wir unsere Subjektivität. Wenn wir sprechen, zeigen wir die südliche Gastfreundschaft, die Höflichkeit, die uns unsere Eltern beigebracht haben, damit aus uns anständige Mitbürger:innen werden konnten. Wir sprechen mit allen.

Scherzhafterweise nennen wir diese kleinen Interventionen jeweils einen weiteren ›Martin-Luther-King-Moment‹. Indem wir einfach höflich sind, grüßen und ›Konversation‹ betreiben, leisten wir die antirassistische Arbeit der friedlichen Integration. Dazu gehört auch, dass wir die wenigen Schwarzen ansprechen, die wir von der Veranda aus sehen. Sie kommen hauptsächlich als schlecht bezahlte, schlecht behandelte Arbeiter:innen in unsere Nachbarschaft, und wir suchen das Gespräch mit ihnen. Wir bieten ihnen unsere Solidarität im Kampf.

In Kings berühmtem Essay »Loving Your Enemies« erinnerte er uns daran, dass dieses Aufeinanderzugehen in Liebe die einzige Geste der Höflichkeit ist, die den Grundstein für eine wahre Gemeinschaft legen kann. Er vermittelt die folgende Einsicht: »Liebe ist die einzige Kraft, die einen Feind in einen Freund verwandeln kann. Wir werden einen Feind nicht los, indem wir Hass mit Hass begegnen; wir werden einen Feind los, indem wir die Feindschaft loswerden. Hass ist seiner Natur nach destruktiv und vernichtend; die Liebe schafft und baut auf. Die Liebe verwandelt mit erlösender Kraft.« In meinem Haus im Süden kann ich mir eine Welt jenseits der rassistischen Feindseligkeit aufbauen. Wenn ich auf meine Veranda hinausgehe, werde ich mir meiner Hautfarbe und des feindseligen rassistischen weißen Blicks wieder bewusst, aber ich kann das mit den warmen Blicken des Willkommens und der Anerkennung einzelner Weißer ausgleichen, die sich auch auf die Etikette der Höflichkeit, der Gemeinschaftsbildung und der Friedensstiftung verstehen.

Der *Starlight*-Bungalow ist vorläufig mein Zuhause im Süden (als moderne Nomadin bleibe ich nicht lange an einem Ort). Das Haus mit seiner weitläufigen Veranda trägt diesen Namen nach dem Modell aus dem *Sears-and-Roebuck*-Katalog der 1920er-Jahre. Die Holzdecke ist mit Stuck verkleidet, um ihm ein mediterranes Flair zu verleihen. Architektonisch ist die Veranda keine, auf der sich eine Schaukel, ein Schaukelstuhl oder gar eine Bank anbietet. Mit warmen sandfarbenen mexikanischen Fliesen bedeckt, ist die Veranda nicht zum wirklichen Verweilen gemacht. Sie ist weitläufig, mit Rundbögen und Säulen und lädt die Seele ein, sich weit zu öffnen, das Herz des Hauses zu betreten und dabei eine friedliche Schwelle zu überschreiten.

Als ich in den Süden zurückkehrte, sehnte ich mich nach einer Veranda für Geselligkeit und für nächtliche Zusammenkünfte. Aber so wie ich meiner inneren Berufung treu bin, akzeptiere ich, was ich als architektonischen Willen der Veranda empfinde und deshalb belasse ich sie so, wie sie ist, ohne zusätzliche Sitzgelegenheiten, mit nur einem einzelnen Blechstern zur Dekoration. Es ist eine Veranda zum kurzen Sitzen, eine breite Stehveranda zum Heraus- und Hinunterblicken, ein Ort der Kontaktaufnahme – ein Ort, an dem man gesehen werden kann. Im damaligen Katalog von *Sears and Roebuck* wurden die Häuser nicht nur mit Namen versehen, sondern es wurde auch gesagt, welche Art von Leben man sich in dieser Wohnstätte vorstellen konnte. Mein *Starlight*-Bungalow wurde als »ein Ort für individuelles und einzigartiges Wohnen« beschrieben. Als ich zum ersten Mal auf der Veranda saß und die Leute begrüßte, bevor ich das lichtdurchflutete Hausinnere betrat, verkündete ich in traditionellem Südstaatendialekt: »Meine Seele ist zur Ruhe gekommen.« Die perfekte Veranda ist ein Ort, an dem die Seele Ruhe finden kann. In Kentucky hat mein Haus auf dem Hügel eine lange, breite Veranda mit Blick auf den See, der unsere Wasserquelle ist. Dies ist keine Veranda zum Treffen und Grüßen. Hoch oben auf einem Hügel gelegen, kommen weder am Haus noch an der Veranda Leute vorbei. Wie beim *Starlight*-Bungalow‹ ist es eine Veranda für »Ruhe und Erholung«. Sie lädt ein, still zu sein – und göttlichen Stimmen zu lauschen.

13 Ästhetische Vermächtnisse: Geschichte handgefertigt

Um diesen Artikel zu schreiben, habe ich mich auf Fragmente, Bruchstücke und hier und da gefundene Informationen gestützt, auf nette spätabendliche Anrufe bei Mama, um zu fragen, ob sie sich an »damals« erinnert. Wieder und wieder auftauchende Erinnerungen an vergangene Gespräche, Erinnerungen an wiederverwendeten Stoff in einem Crazy Quilt, der für den richtigen Moment aufbewahrt wurde. Ich habe gesammelt und mich erinnert. Und dann wollte ich irgendwann alles aufzeichnen und dokumentieren, um mich nicht an der weiteren Auslöschung des ästhetischen Vermächtnisses und des künstlerischen Beitrages Schwarzer Frauen zu beteiligen. Dieser Text wurde durch das Werk der Künstlerin Faith Ringgold inspiriert, die schon immer das künstlerische Schaffen unbekannter und unbeachteter Frauen wertschätzte. Indem sie dieses Erbe in ihrem Werk beschwört, ruft sie uns auf, uns daran zu erinnern, es zu feiern und zu würdigen.

Obwohl ich immer den Wunsch hatte, über das Quilten meiner Großmutter zu schreiben, habe ich nie die Worte, nie die richtige Sprache gefunden. Einmal träumte ich davon, sie beim Quilten zu filmen. Dann starb sie. Nichts war getan worden, um die Kraft und Schönheit ihrer Arbeit zu dokumentieren. Als ich Faith Ringgolds kunstvolle Geschichten-Quilts sah, die auf Namensgebung und Dokumentation beharren, darauf, dass Schwarze Frauen unsere Geschichte erzählen, fand ich die Worte. Wenn Kunstmuseen die künstlerischen Leistungen amerikanischer Quiltmacherinnen hervorheben, betrübt es mich, dass meine Großmutter nicht unter denjenigen ist, die genannt und geehrt werden. Die Darstellung in solchen Ausstellungen suggeriert häufig, dass weiße Frauen die einzigen waren, die sich der Patchworkkunst ernsthaft gewidmet haben. Das ist nicht der Fall. Dennoch werden Quilts von Schwarzen Frauen als Ausnahmen dargestellt, normalerweise gibt es nur einen zu sehen. Auf der Karte zur Identifizierung der Herstellerin steht dann meist »anonyme Schwarze Frau«. Die Kunstgeschichte hat gerade erst begonnen, die Traditionen Schwarzer Quiltmacherinnen zu dokumentieren, Namen zu nennen, Einzelheiten zu vermerken.

Meine Großmutter war eine leidenschaftliche Quiltmacherin. Das ist die allererste Aussage, die ich über Baba, Mamas Mutter, ausgesprochen mit dem langen »a«, treffen möchte. Dann möchte ich ihren Namen nennen, Sarah Hooks Oldham, Tochter von Bell Blair Hooks. Sie waren beide Quiltmacherinnen. Ich nenne ihre Namen als Zeichen des Widerstandes, um der Auslöschung Schwarzer Frauen entgegenzutreten – diesem historischen Merkmal rassistischer und sexistischer Unterdrückung. Wir haben zu oft keine Namen gehabt, unsere Geschichte wurde ohne jede Spezifizierung aufgezeichnet, als ob es nicht wichtig wäre, zu erfahren, wer, welche von uns es war, die Details eben. Baba war an den Einzelheiten interessiert. Wann immer wir »nach Hause« gingen – so nannten wir den Ort, an dem sie wohnte –, ließ sie uns ›sofort‹ wissen, dass wir sie beim Eintreten ansehen, ihren Namen sagen und Notiz von ihrer Anwesenheit nehmen sollten. Sobald das geschehen war, sollten wir unsere »Angaben« machen – wer wir waren und was wir wollten. Wir sollten uns selbst und unsere Geschichte vorstellen. Diese rituelle Vorstellung der eigenen Person war beängstigend. Es fühlte sich an, als sei dieser lange Moment der Begrüßung ein Verhör. Für sie war es eine Möglichkeit, dass wir uns selbst kennenlernten, dass wir Verwandtschaft und Verbindung herstellten, unsere Vorfahr:innen kennenlernten und ehrten. Es war ein Prozess des Sammelns und Erinnerns.

Baba konnte weder lesen noch schreiben. Sie arbeitete mit ihren Händen. Sie nannte sich nie eine Künstlerin. Das war keines ihrer eigenen Worte. Selbst wenn sie es benutzt hätte, gab es vielleicht nichts im Klang oder der Bedeutung dieses Wortes, das ihre lebhafte Phantasie hätte anregen können. Stattdessen sagte sie: »Ich erkenne Schönheit, wenn ich sie sehe.« Sie war eine engagierte Quiltmacherin – begabt, geschickt, spielerisch in ihrer Kunst; siebzig Jahre lang fertigte sie Quilts, selbst als ihre »Hände müde« wurden und ihre Augen »aufgaben«. Es ist schwer, das Werk eines ganzen Lebens schließlich aufzugeben, und doch hörte sie in den Jahren vor ihrem Tod auf, solche Patchworkarbeiten herzustellen. Da war sie fast neunzig. Allerdings sprach sie weiterhin über ihre Arbeit mit jeder Person, die sich dafür interessierte. Ich war fasziniert von der Arbeit ihrer Hände und wollte mehr wissen, und sie war begierig, mich zu unterrichten und zu lehren, mir zu zeigen, wie man die Schönheit erkennt und sich ihr hingibt. Für sie war das Patchworken ein spiritueller Prozess, bei dem man lernte, sich hinzugeben. Es stellte eine Form der Meditation dar, bei der das Selbst losgelassen wurde. Auf diese Weise hatte sie das Quilten von ihrer Mutter gelernt. Für sie bedeutete es eine Kunst der Stille und Konzentration, eine Arbeit, die den Geist regeneriert.

Für Baba war das Quilten im Wesentlichen Frauenarbeit, eine Tätigkeit, die der Psyche Harmonie und Gleichgewicht verleiht. Ihr zufolge war es der Moment in der Arbeit einer Landfrau, der es ihr ermöglichte, aufzuhören, sich um die Bedürfnisse anderer zu kümmern und »zu sich selbst zurückkehren«. Es war tatsächlich »Ruhe für den Geist«. Ich hörte diese Dinge von ihr, als ich sie als Kind fragte, wie und warum sie mit dem Quilten begonnen hatte. Ihre Antwort überraschte mich schon damals. In erster Linie sah sie sich als ein Naturkind. Sie liebte es leidenschaftlich, nach Würmern zu graben, zu angeln, Gemüse- und Blumengärten anzulegen, zu pflügen, zu jagen und Hühner zu halten. Sie hatte, wie sie es ausdrückte, »eine rebellische Natur«, wild und ungezähmt. Heute würde man in der Schwarzen Umgangssprache sagen, dass sie »außer Kontrolle« war. Bell Blair Hooks, ihre Mutter, wusste, dass das Quilten der jungen Sarah Zeit und Raum geben würde, um sich zu beruhigen und wieder zu sich selbst zu finden. Als ernsthafte Quiltmacherin gab Bell Hooks diese Fähigkeit an ihre Tochter weiter. Sie begann damit, dass sie diese Handarbeit als einen Vorgang der Stille bezeichnete, als einen Prozess, durch den eine »Frau Geduld lernt«. Diese Schwarzen Landfrauen kannten keine weibliche Passivität. Sie waren ständig aktiv, sie waren Arbeiterinnen – Schwarze Frauen mit scharfen Zungen, starken Armen, schweren Händen, mit zu viel Arbeit und zu wenig Zeit. Es gab immer etwas zu tun, es musste Raum für Stille, für Ruhe und Konzentration geschaffen werden. Das Quilten war ein Weg, um »das Herz zu beruhigen« und »den Geist zu entspannen«.

Vom 19. Jahrhundert an und bis zum heutigen Tag haben Quiltmacherinnen, jede auf ihre Weise, über das Patchworken als meditative Praxis gesprochen. Die Herausgeberinnen von *Artists in Aprons: Folk Art by American Women* beleuchten die Verbindung zwischen Quilten und der Suche nach innerem Frieden. Sie erinnern uns an Folgendes:

> »Das Quilten war, wie auch andere Handarbeiten, oft nicht nur ein Ventil für kreative Energie, sondern auch für die aufgestauten Frustrationen einer Frau. Ein Schriftsteller bemerkte, dass ›eine Frau so schnell wie möglich Steppdecken herstellte, damit ihre Familie nicht frieren musste, und sie so schön wie möglich machte, damit ihr Herz nicht zerbrach‹. Die Gedanken und Gefühle der Frauen, ihr ganzes eigenes Leben, waren untrennbar mit den Entwürfen verbunden, so wie die Stofflagen mit den Fäden.«

Im Haushalt ihrer Mutter lernte Baba die Ästhetik der Quiltgestaltung. Sie lernte dies als meditative Übung (nicht unähnlich der japanischen Teezeremonie) und lernte, ihre Arme und die Nadeln richtig zu halten, die korrekte Körperhaltung einzunehmen und dann ihre Arbeit schön zu gestalten, sodass sie den Geist und das Herz erfreute. Diese ästhetischen Überlegungen waren ebenso wichtig wie die materielle Notwendigkeit, die arme Schwarze Frauen auf dem Land zur Herstellung dieser Decken zwang. In der heutigen kapitalistischen Gesellschaft, in der ›Volkskunst‹ eine teure Ware auf dem Markt ist, gehen viele Kunsthistoriker:innen, Kurator:innen und Sammler:innen immer noch davon aus, dass die Frauen, die diese Werke geschaffen haben, ihren ›ästhetischen Wert‹ nicht vollständig erkannt und geschätzt hätten. Doch das mündliche Zeugnis von Schwarzen Quiltmacherinnen aus dem 19. und frühen 20. Jahrhundert, das so selten dokumentiert ist (aber unsere Mütter sprachen mit den Müttern ihrer Mütter und hatten ein Gefühl dafür, wie diese Frauen ihre Arbeit sahen), zeigt ein ausgeprägtes Bewusstsein für ästhetische Dimensionen. Harriet Powers, eine der wenigen Schwarzen Quiltmacherinnen, deren Arbeit von der Kunstgeschichte anerkannt wird, verstand, dass ihre kunstvollen Quilts mit aufwändigen Applikationen einzigartig und exquisit waren. Sie wusste, dass selbst Leute, die ihre eigenen Quilts herstellten, ihre Arbeiten kaufen wollten, weil sie anders und besonders waren. Wirtschaftliche Schwierigkeiten zwangen sie oft zum Verkauf ihrer Arbeiten, doch Powers tat dies nur widerwillig, weil sie den Wert ihrer Werke kannte – nicht nur in Bezug auf ihr Können und wegen der vielen Zeit und Arbeit, die darin steckten, sondern als einzigartigen Ausdruck ihrer fantasievollen Vision. Ihre Geschichten-Quilts mit ihren einfallsreichen bildlichen Erzählungen waren eine wahre Augenweide. Babas Sinn für den ästhetischen Wert des Patchworks wurde ihr von einer Mutter beigebracht, die darauf bestand, dass die Arbeit noch einmal gemacht wurde, wenn die Nähte oder die Wahl des Stoffes nicht »genau richtig« waren. Baba wurde eine Frau, die verstand und schätzte, wie sich die eigene kreative Fantasie in der Quiltgestaltung ausdrücken kann.

Die Arbeit Schwarzer Quiltmacherinnen bedarf einer besonderen feministisch-kritischen Betrachtung, die den Einfluss von Rassismus, Sexismus und Klassismus berücksichtigt. Viele Schwarze Frauen fertigten Quilts trotz repressiver wirtschaftlicher und sozialer Verhältnisse, was oft eine ganz andere kreative Vorstellungskraft verlangte, die sich von der der weißen Frauen radikal unterschied. Dies galt insbesondere für privilegierte Frauen, die einen besseren Zugang zu Material hatten und über mehr Zeit verfügten. Schwarze Sklavinnen quilteten oft als Teil ihrer Arbeit in weißen Haushalten. Die Arbeit von Mahulda Mize, einer Schwarzen Sklavin, wird in *Kentucky Quilts 1800-1900* behandelt. Ihren kunstvollen Quilt *Princess Feathers with Oak Leave* (Prinzessinnenfedern mit Eichenlaub), der aus Seide und anderen feinen Fasern gefertigt ist, hatte sie 1850 fertiggestellt, als sie gerade einmal achtzehn Jahre alt war. Bewahrt von der weißen Familie, deren Eigentum ihre Handarbeit war, wurde dieses Werk von Generation zu Generation weitergegeben. Viele zeitgenössische Schriften über die Quiltherstellung versäumen es, diese Kunstform von einem Standpunkt aus zu erörtern, der die Auswirkungen von Rassismus und Klassismus berücksichtigt. In ihrem Essay »Quilting: Out of the Scrapbag of History« weist Cynthia Redick darauf hin, dass der Crazy Quilt mit seinem unregelmäßigen Design keineswegs der ursprüngliche und am weitesten verbreitete Stil war. Sie behauptet: »Eine erfahrene Näherin hätte ihre Zeit nicht damit verschwendet, ungerade Formen zusammenzufügen.« Redick fährt fort: »Die Begeisterung für Crazy Quilts im 19. Jahrhundert war eine zeitaufwändige Freizeitbeschäftigung für wohlhabende Damen.» Feministische wissenschaftliche Studien über die Erfahrungen Schwarzer Frauen als Quilterinnen würden eine Revision von Redicks Behauptungen erfordern. Angesichts der Tatsache, dass Schwarze Sklavinnen Steppdecken für weiße Besitzer:innen nähten und gelegentlich Reste behalten durften, oder, wie wir aus Erzählungen Versklavter erfahren, diese gelegentlich einfach mitnahmen, konnten sie nur eine Art von Arbeit für sich selbst anfertigen – einen Crazy Quilt.

Der weiße Kunsthistoriker John Finley schrieb über Mahulda Mizes ausgefallenen Quilt und verwies in seinen Kommentaren zu ihrem Werk auf die durch Rassismus und Klassismus bedingten Einschränkungen: »Zweifellos wurde die Steppdecke für ihre Besitzer:innen gemacht, denn ein versklavtes Mädchen hätte nicht das Geld gehabt, um solche Stoffe zu kaufen. Es ist auch unwahrscheinlich, dass sie die Muße und die Freiheit gehabt hätte, so etwas für ihren eigenen Gebrauch herzustellen.» Natürlich sind keine Dokumente überliefert, aus denen hervorgeht, ob sie die schicken Stoffreste behalten durfte. Doch wäre dies der Fall gewesen, dann hätte sie daraus nur einen *Crazy Quilt* machen können. Es ist möglich, dass Schwarze Sklavinnen zu den ersten Frauen gehörten, wenn nicht sogar die erste Gruppe von Frauen waren, die *Crazy Quilts* herstellten, und dass dies erst später zu einer Modeerscheinung für privilegierte weiße Frauen wurde.

Baba hat ihr Leben lang Quilts hergestellt, und die meisten ihrer frühen Arbeiten waren Crazy Quilts. Als ich ein junges Mädchen war, arbeitete sie nicht mehr außerhalb ihres Haushaltes, obwohl sie eine Zeit lang für Weiße gearbeitet und deren Häuser geputzt hatte. Die meiste Zeit ihres Lebens als Schwarze Landfrau konnte sie selbst über ihre Zeit bestimmen, und das Quilten war Teil ihrer täglichen Arbeit. Ihre Tagesdecken wurden aus wiederverwendeten Stoffresten hergestellt. Sie kam an solches Material heran, wenn die Weißen es ihr als Lohnersatz gaben, oder aus der abgetragenen Kleidung ihrer Kinder. Erst als ihre Kinder erwachsen waren und es ihr wirtschaftlich besser ging, begann sie, Quilts nach Mustern und aus Materialien anzufertigen, die keine wiederverwendeten Stoffreste waren. Davor entwarf sie Muster nach ihrer Fantasie. Meine Mutter, Rosa Bell, erinnert sich, wie sie die ersten Quiltmuster aufschrieb. Diese Quilts dienten im Alltagsleben eher dekorativen Zwecken, während *Utility Quilts* oder *Crazy Quilts* für den ständigen täglichen Gebrauch gedacht waren. Sie dienten als Bettüberwurf und als Polsterung unter den weichen, mit Federn gefüllten Baumwollmatratzen. In den vielen und lange andauernden Zeiten wirtschaftlicher Not wurden Steppdecken aus Schneiderresten gefertigt und dann wieder, nachdem die Kleider abgetragen waren. Baba zeigte uns eine Steppdecke und deutete auf denselben Stoff, der eine hellere Farbe hatte, um uns zu demonstrieren, wie ein ›frischer‹ Stoff (der von der ersten Anfertigung übrig geblieben war) sich von einem unterschied, der wiederverwendet wurde, nachdem ein Kleid nicht mehr tragbar war.

Als ihre Söhne weggingen, um in Kriegen zu kämpfen, schickten sie ihrer Mutter Geld, um ihr Haus zu erweitern. Es ist ein Zeugnis für die Ernsthaftigkeit, mit der Baba Quilts herstellte, dass einer der ersten Räume, die sie anbaute, ein Handarbeitszimmer, ein Raum zum Nähen und Quilten war. Ich habe lebhafte Erinnerungen an diesen Raum, weil er so ungewöhnlich war. Er war gefüllt mit Körben und Säcken voll mit Stoffresten, Hutschachteln, zusammengestückelten Materialien, die auf den Rückenlehnen der Stühle lagen. In diesem Zimmer konnte man nie wirklich sitzen, solange man nicht vorher die Stoffe weggeräumt hatte. Dieser Arbeitsplatz war wie ein Künstleratelier eingerichtet, doch erst als ich bereits eine junge Frau und Baba schon tot war, sollte ich ein ›richtiges‹ Künstleratelier betreten und die Gemeinsamkeiten erkennen. Bevor der Anbau eingerichtet worden war, hatte Baba im geräumigen Wohnzimmer vor dem Kamin Quiltrahmen aufgestellt. In ihrem Arbeitszimmer lagerten die Quilts in Truhen und unter Matratzen.

Steppdecken, die nicht gebraucht wurden, und ausgefallene Steppdecken (die am Fußende der Betten lagen, wenn Besuch kam) wurden in altmodischen Truhen mit schönen gedrehten Tabakblättern aufbewahrt, um Insekten fernzuhalten. Baba lebte ihr ganzes Leben lang in Kentucky – dem Land des Tabaks. Er war da und leicht zu bekommen. Er wurde vielseitig verwendet.

Obwohl sie keine Story Quilts herstellte, glaubte Baba, dass jeder Quilt seine eigene Geschichte hatte – eine Geschichte, die in dem Moment begann, wenn sie seine Herstellung in Betracht zog. Die Erzählung war in der Geschichte des Quilts verwurzelt, warum er gemacht wurde und warum ein bestimmtes Muster gewählt wurde. In ihrer Sammlung befanden sich auch die wenigen Quilts, die dafür gemacht wurden, um sie in die Ehe einzubringen. Baba sprach oft davon, dass sie Quilts als Vorbereitung auf das Eheleben angefertigt hatte. Nach der Heirat waren es meist Gebrauchsdecken, notwendige Bettdecken. Erst später im Leben und im Zeitalter der Modernität konzentrierte sie sich auf die Herstellung von Steppdecken aus kreativem Vergnügen. Anfangs fertigte sie ausgefallene Quilts an, indem sie sich Muster einprägte, die sie in den Häusern der Weißen, für die sie arbeitete, gesehen hatte. Später kaufte sie Muster. In ihren über einen langen Zeitraum entstandenen Patchworkarbeiten spiegelten sich sowohl Veränderungen in der wirtschaftlichen Lage der Schwarzen Landbevölkerung als auch der Wandel der Textilindustrie wider.

Als die Stoffe immer leichter erhältlich waren und die erwachsenen Kinder anfingen, ihre Kleidung nicht mehr tragen zu wollen, bis sie wirklich abgenutzt war, stand ihr eine Vielzahl von Materialien zur Verfügung, aus denen sie Decken mit besonderen Motiven anfertigte. Es gab *Britches Quilts* aus gekauften, wollenen Männerhosen, schwere Steppdecken für kalte Räume ohne Heizung. Es gab auch einen Quilt, der aus Seidenkrawatten hergestellt worden war. Veränderungen im Kleidungsstil lieferten ebenfalls neues Material. Kleidungsstücke, die nicht umgeändert werden konnten, wurden für die Herstellung von Steppdecken verwendet. So gab es einen Quilt aus den Anzügen unseres Großvaters, der viele Jahre dieser siebzigjährigen Ehe überdauerte. Typischerweise zeigte Baba ihre Steppdecken und erzählte deren Geschichte (das Konzept hinter dem Quilt), wie sie auch über die Beziehung der ausgewählten Stoffe zu den persönlichen Lebenswegen der betreffenden Personen sprach. Obwohl sie ihn nie vollendete, begann sie beispielsweise einen Quilt mit kleinen Sternen aus Fetzen von Baumwollkleidern, die ihre Töchter getragen hatten. Gemeinsam betrachteten wir diese Arbeit, und sie erzählte mir von den Einzelheiten, darüber, was meine Mutter und ihre Schwestern gerade so machten, als sie ein bestimmtes Kleid trugen. Sie beschrieb den Kleidungsstil und die Wahl bestimmter Farben. In ihren Augen waren diese Quilts eine Art Landkarte unseres gesamten Lebensweges. Sie waren die Geschichte des gelebten Lebens.

Die Geschichte eines bestimmten Quilts zu erzählen, war ein zentraler Bestandteil von Babas kreativer Selbstdarstellung als Familienhistorikerin und Geschichtenerzählerin, die das Werk ihrer Hände präsentierte. Sie mochte Crazy Quilts nicht besonders, weil sie das Spiegelbild einer durch materielle Notwendigkeiten motivierten Arbeit waren. Sie mochte wohlgeordnete Designs und ausgefallene Decken, denn diese drückten die Ernsthaftigkeit der Quiltmacherin aus. Ihre gemusterten Quilts, *Der Davidstern* und *Der Baum des Lebens*, wurden zu dekorativen Zwecken angefertigt, um sie bei Familienfeiern vorzuführen. Sie zeigten, dass das Quilten ein Ausdruck von Geschick und Kunstfertigkeit war. Diese Steppdecken waren nicht zum Gebrauch bestimmt, sondern sollten bewundert werden. Meine Lieblingsquilts waren die für den täglichen Gebrauch. Besonders mochte ich die Arbeiten, die mit der Kindheit meiner Mutter verbunden waren. Als ich mir einen von mehreren Quilts aussuchen durfte, wählte ich einen aus Baumwollkleidern in kühlen, tiefen Pastelltönen. Baba konnte es nicht verstehen, als ich mich für diesen Quilt mit kleinen Sternen, die aus den Baumwollkleidern meiner Mutter und meiner Schwester gefertigt waren, entschied, anstatt eine kunstvollere Steppdecke auszuwählen. Doch diese Stücke und Teile von Mamas Leben, die dort eingearbeitet sind, bleiben für mich kostbar.

In ihren Ausführungen zur Quiltherstellung hat Faith Ringgold ihre Faszination über den Zusammenhang zwischen der kreativen Kunstfertigkeit des Patchwork und deren grundlegendem Bezug zum täglichen Leben ausgedrückt. Der Zauber von Quilts als Kunst und des Quiltens als Kunsthandwerk liegt in dem Möglichkeitsraum, in dem Kunst und Leben zusammenkommen. Sie betont die Nützlichkeit eines Quilts und verweist auf Folgendes: »Er deckt Menschen zu. Er kann für immer ein Teil von jemandem sein.« Als ich ihre Worte las, dachte ich an die Steppdecke, mit der ich mich in meiner Kindheit und dann wieder als junge Frau zugedeckt hatte. Ich erinnerte mich daran, dass Mama nicht verstand, warum ich diese »hässliche, zerlumpte« Steppdecke mit aufs College nehmen musste. Doch sie war ein Symbol für meine Verbindung zum Leben der Schwarzen Landbevölkerung – zur Heimat. Dieser Quilt ist aus Stoffresten gemacht. Obwohl er ursprünglich von Hand genäht worden war, wurde er mit der Nähmaschine »überarbeitet« (wie Baba es nannte), damit er einem längeren täglichen Gebrauch besser standhielt. Die Geschichte, die ich mit diesem Quilt erzähle, dreht sich um das Vermächtnis der Hingabe an die eigene ›Kunst‹, das Baba mir mitgegeben hat. Da meine kreative Arbeit das Schreiben ist, zeige ich mit Stolz auf die Tintenflecken auf diesem Quilt, die für mein Bemühen stehen, eine disziplinierte Schriftstellerin zu werden. Da ich mit fünf Schwestern aufgewachsen bin, war es schwierig, einen eigenen Rückzugsraum zu finden, weshalb ich oft auf dem Bett arbeitete. Diese Steppdecke (die ich für den Rest meines Lebens in Ehren halten werde) erinnert mich daran, wer ich bin und woher ich stamme. Er steht symbolisch für eine Tradition Schwarzer weiblicher Kunst und widerspricht damit der Vorstellung, dass kreative Schwarze Frauen seltene Ausnahmen seien. Wir sind tief und leidenschaftlich mit den Schwarzen Frauen verbunden, deren Sinn für Ästhetik, deren Engagement für schöpferische Arbeit inspirierend und bestärkend ist. Wir machen uns ihre Geschichte zu eigen, nennen ihre Namen und beschreiben ihre Besonderheiten, um uns zu versammeln und zu erinnern, um unser gemeinsames Erbe zu bewahren.

14 Alle Teile zusammenfügen

Wenn ich Quilterinnen bei ihrer Handarbeit beobachte, kann ich darin eine ganzheitliche Praxis der Achtsamkeit erkennen. Die Aufmerksamkeit ist konzentriert, fokussiert, repetitiv. Sarah Oldham (Baba), Mamas Mutter, sah im Quilten eine Möglichkeit für eine Frau, Geduld zu lernen, die Stille des Geistes und des Herzens, die sie als erwachsene Frau brauchen würde, um sich um Arbeit, Haus und Familie zu kümmern. Schon als Mädchen lernte sie das Quilten, und bis zu ihrem Tod widmete sich Baba der Praxis der Geduld und verband Spiritualität mit kreativer Phantasie. In der Stille, im Sitzen, beim Nähen gelang es ihr, der göttlichen Stimme zu lauschen und Gott in ihrer Arbeit sichtbar zu machen. Baba war geduldig, aber sie war nicht still. Indem sie Schönheit erschuf, fand sie einen Weg sich auszudrücken, eine Möglichkeit zu sprechen, die über Worte hinausging.

Kreativität ist nicht still. Ich erlebe den Schaffensdrang oft als ein grollendes Gefühl in den Tiefen meines Wesens. Wie die Erschütterungen vor einem bevorstehenden Erdbeben zeigt mir dieses innere Grollen und Rumoren, dass meine Sinne erwacht und aufgerüttelt sind, dass ich mich in die Phantasie hineinbewegen kann, als wäre sie eine heftige Welle, die mich mitreißt, mich auf eine andere Ebene, an einen Ort der Extase befördert. Die ursprüngliche Bedeutung des Wortes Ekstase ist es, außerhalb des eigenen Ichs zu stehen – das ist es, was Kreativität bewirkt, sie erlaubt der schöpferisch tätigen Person, über sich selbst hinauszuwachsen und an einen Ort der transzendenten Möglichkeiten zu gelangen – an den Ort der Phantasie, wo alles denkbar ist. In diesem Prozess ist man sowohl über die Maße ergriffen als auch ehrfürchtig. In seinem aufschlussreichen Werk *The Happiness Hypothesis* schreibt der Autor Jonathan Haidt: »Ehrfurcht ist die Empfindung der Selbsttranszendenz.« Gerade weil Künstler:innen erkennen, dass die Vision, die der Kreation eines Werks vorausgeht, aus einem geheimnisvollen Ort hervorgeht, den wir weder lokalisieren noch benennen können, stehen wir in Ehrfurcht vor dem Geschaffenen. Und diese Ehrfurcht ist nicht den Gebildeten oder Gelehrten vorbehalten, sondern sie ist demokratisch. Sie ist eine Erfahrung, die jede Person machen kann, unabhängig von ›ethnischer‹ und sozialer Herkunft, von Geschlecht und Nationalität; sie kann allen zuteilwerden, die Kunst schaffen.

Immer wieder werden Geschichten über die Überlebensstrategien erzählt, mit denen sich Menschen in verzweifelten, lebensbedrohlichen Situationen der Unterdrückung, Entmenschlichung und Gewalt ihre Hoffnung erhalten. Wir erzählen Geschichten darüber, wie wir uns in unerträglichen Lebenslagen ein Gefühl von Wert und Würde bewahren. Ich hörte solche Geschichten zum ersten Mal, als Baba über das Leben in der Sklaverei und in der Zeit danach erzählte. Sie sprach über die Entbehrungen, von denen sie gehört hatte wie auch über jene, die sie als junges Mädchen selbst erlebt hatte. In diesem Zusammenhang erwähnte sie auch die Rolle des Quiltens als einer funktionalen Lebensnotwendigkeit (Herstellung der Decken, die die Kälte abhalten und den Körper warmhalten), aber sie erzählte auch von der lebenserhaltenden Energie der Phantasie und Kunstfertigkeit, die hinter der Herstellung von Quilts steht.

Seit einiger Zeit können wir die Lebensgeschichten der Schwarzen Quiltmacherinnen von Gee›s Bend, Alabama, lesen und uns von ihrem Leben und Werk beeindrucken lassen. Ihre neuerliche Berühmtheit bewirkte, dass sie eine öffentliche Stimme fanden, um über die Härten zu sprechen, denen sie tagtäglich ausgesetzt waren. Sie lebten, wie sie sagen, »ein Hungerleben«, in dem alle nur darum kämpften, über die Runden zu kommen, um einen Weg aus der Ausweglosigkeit zu finden. Dennoch, in einem Leben, das oft von Entbehrungen, Schmerz und Leid geprägt war, fanden sie Freude, Vergnügen und Ekstase, einen Ort, an dem sie über sich selbst hinauswachsen konnten, und dieser Ort war das künstlerische Schaffen – die Anfertigung von Quilts.

Jahrelang bewahrte ich die Quiltoberseite auf, die Baba mir geschenkt hatte, bevor ich mein Zuhause verließ, um aufs College zu gehen. Das Muster war ein Davidstern und jede Spitze des Sterns war aus Stoff von Sommerkleidern gemacht, die Mama und ihre Schwestern geliebt und getragen hatten – so sehr, dass sie abgenutzt waren. Doch diese weichen Baumwollstoffe, die in einer anderen Kultur vielleicht zu Lumpen geworden wären, wurden zu einem Kunstwerk, einer visuellen Geschichte des sommerlichen Vergnügens. Ich saß in einem Schaukelstuhl im Obergeschoss von Mamas Elternhaus in der Broad Street, Nr. 1200 und studierte diese Decke als wäre sie ein Text, der gelesen werden musste, während Baba mir die Geschichte eines jeden Kleides und des Mädchens, das es getragen hatte, erzählte. Ich konnte mir dann

Mama und ihre Schwestern vorstellen, hübsche junge Mädchen, die sich am Sommer erfreuen, in ihren heiß begehrten und so gern getragenen Lieblingskleidern.

Ich habe diese Decke auf jede meiner Lebensreisen mitgenommen, in weiche Baumwollkissenbezüge verpackt (denn ein Quilt sollte niemals in Plastik verpackt werden). Es gab keinen Ort, an dem sich nicht diese besonderen Momente fanden, um diesen kostbaren Schatz mit einer Person zu teilen, die ein Auge für schöne alte Dinge hatte. Aber wann immer ich diese Patchworkarbeit an eine freundliche Person weitergeben sollte, die bereit war, sie für mich zu steppen, damit ich eine fertige Decke hatte, besaß ich nicht genug Vertrauen, um sie aus der Hand zu geben. Ich hatte Angst, sie könnte verloren gehen, so wie meine Baba verloren war, an einem Ort, an dem sie nie mehr nähen wird. Zu ihren Lebzeiten konnte sie sich nicht vorstellen, im Jenseits viel von dem zu tun, was sie auf Erden immer getan hatte. Der Himmel war für sie eine große Veranda, auf der sie einfach sitzen, die Wärme und den milden Sonnenschein genießen konnte. Ich nehme an, der Sonnenschein durfte nicht heiß sein, denn das konnte darauf hindeuten, dass sie sich irgendwo in der Hölle befand. Nein, sie war dort oben auf der himmlischen Veranda und schaute den vorbeiziehenden Engeln zu, so wie sie auf ihrer Veranda in Kentucky gesessen und die Welt beobachtet hatte. Als wir Kinder waren, saß sie nie allein auf dieser Veranda, aber als sie alt wurde und, wie der Prediger bei ihrer Beerdigung sagte, »ihre besten Freunde nicht mehr da waren«, war sie oft allein auf der Veranda, schaukelte ganz einsam vor sich hin und schaute in die Welt hinaus.

Ich frage mich, wie sie mich jetzt sieht und was sie davon hält, dass ich nach Hause gekommen bin, um wieder in Kentucky zu leben. Zweifellos ist sie sicher, dass sie Recht damit hatte, dass es unnatürlich sei, fern von seinen Leuten zu leben und dass es das Beste sei, nach Hause zu kommen, um seine Seele zu retten, selbst wenn man nur zum Sterben heimkommt. Als Kinder erlebten wir das oft: Leute, die ihr ganzes Leben in den Städten des Nordens gelebt hatten, kamen nach Hause, um zu sterben. Sicherlich weiß Baba, dass ich nach Hause gekommen bin, um hier zu leben und, ja, auch um eines Tages hier zu sterben, aber hoffentlich nicht so bald.

Der Ort, an dem ich mich in Kentucky niedergelassen habe, ist bekannt für seine vielen Kunsthandwerker:innen, von denen etliche Quilts herstellen. Als ich meiner Nachbarin und Freundin Alina Strand die Decke meiner Großmutter zeigte, sagte sie mir, dass sie genau die richtige Person kannte, die dieses Stück für mich steppen könnte. Sie hörte mir zu, als ich ihr von meiner Angst erzählte, dieses letzte Stück intimer Kindheit, das ich mit Baba geteilt hatte, zu verlieren, und sie versicherte mir, dass sie meine Sorge verstand. Dennoch sagte sie mit ihrer unverblümten Ich-weiß-über-was-ich-rede-Stimme: »Gib mir diese Decke, damit ich sie Fräulein Pauline gebe. Sie wird wissen, was sie damit machen soll, und sie wird es richtig machen.« Sie ist eine Frau aus den Bergen, so erzählte sie mir, »die quiltet, seit sie ein Mädchen war. Sie wird deine Decke mit der Hand steppen. Du wirst sehen.« Ich warte, bis meine Schwester V. zu Besuch ist, bevor ich das Oberteil des Quilts übergebe, denn ich brauche eine Zeugin. Zu Alina sage ich: »Was wäre, wenn ich sterben würde und ihr alle würdet meinen Quilt einfach vergessen?« Wenn ich nicht mehr bin, so sage ich ihnen, »muss diese Decke in der Familie bleiben. Sie muss die Geschichte erzählen.« Das ist es, was die älteren Gee›s Bend-Quiltmacherinnen meinten, dass ein Quilt ein Dokument ist, das die Geschichte eines Lebens nachzeichnet, genauso wie sie eine kuschelige Decke zum Zudecken ist. In ihrer Einleitung zu dem umfassenden Buch über ihr Schaffen, *The Quilts of Gee's Bend*, erzählt Alvia Wardlaw von der kulturellen Geografie, die in dieser kollektiven Geschichte der Quiltherstellung dokumentiert wird: »Die Frauen von Gees› Bend betrachten ihre Patchworkdecken nicht nur als Geschenke für die Familie, sondern auch als Zeugnisse ihrer eigenen Einzigartigkeit – eine Kombination aus Fleiß und Einfallsreichtum, ein singuläres Markenzeichen ihrer Fähigkeiten als Hausfrauen«. In jeder Hinsicht war Baba stolz auf ihr Haus, auf die Eier, die ihre Hühner legten, auf die Blumen im Garten, den frischen Fisch, den sie im Bach gefangen hatte, oder die Steppdecken, die sie im Laufe der Zeit anfertigte. All das zeugte von ihrer Kunstfertigkeit – ihrer Fähigkeit, sich selbst zu erfinden und selbstbestimmt zu leben.

Der Tag, an dem ich Babas ›Davidstern‹-Quilt ausbreitete, war einfach ein Glückstag. Es berührte meine Seele, dieses Treffen zweier großartiger Quilterinnen, eine tot, eine lebendig, aber beide verstanden es, Stoffresten Leben einzuhauchen. Als Fräulein Pauline den Quilt fertiggestellt hatte, war es ein wunderschönes Werk, das uns Tränen in die Augen trieb. Die von Hand gearbeiteten Steppnähte waren ein Kunstwerk für sich. Es war, als ob jeder Punkt des Sterns mit einem zärtlichen, wachsamen und fürsorglichen Auge gesteppt worden wäre. Die Überarbeitung des Quilts war wie eine Einladung zum Gespräch zwischen den Toten und den Lebenden. Wie viele ältere weiße Frauen, die in den Hügeln von Kentucky lebten, hatte Miss Pauline wenig

Kontakt zu Schwarzen, aber mit diesem Quilt stellte sie eine Verbindung her. Sie und ihre Schwestern schlossen eine Verbindung zu Sarah Oldham und lernten kennen, wie sie nähte, wie sie die Stücke zusammensetzte. Miss Pauline lachte, als sie mir die Details von Babas Charakter schilderte, die sie beim Steppen des Quilts erfahren hatte. Sie sagte mir: »Sie war eine starke Frau – eine Frau, die wusste, was sie wollte, die ihren eigenen Kopf hatte.« Geraldine Westbrook, eine der Quilterinnen von Gee›s Bend, die jung angefangen hat zu quilten, erklärt: »Ich halte mich nicht an ein Muster. ... Wenn man sich hinsetzt, muss man sich seinen eigenen Kopf machen und selbst einen Weg finden, sie zusammenzusetzen.« Feministische Denkerinnen haben gerade erst begonnen, das Quilten, ob individuell oder kollektiv, als eine bewusstseinsbildende Arbeit zu begreifen, die wohl kaum von völlig unterdrückten Wesen getan werden kann.

Alvia Wardlaw bekräftigt dies, wenn sie über eine der Gee›s-Bend-Quilterinnen, die ihre Kunst für die Öffentlichkeit schaffen, schreibt: »Dann hat sie ihre eigene kühne, in gewissem Sinne trotzige Unabhängigkeitserklärung abgegeben, denn im Angesicht von solch fast tragischen, epischen Sagen von Armut und Elend, hat sie die Kühnheit besessen, etwas Helles und Schönes zu schaffen, das nie zuvor gesehen wurde und auch nie wieder so gesehen werden wird, und es gehört ihr ganz allein ...« Das ist ganz klar die Macht der Vorstellungskraft, dass sie uns verwandeln kann, dass sie einen Willen zum transzendenten Überdauern entfachen kann.

Denn der Geist der Selbstständigkeit und Selbstbestimmung, der durch das Quilten geweckt wurde und wird, durch diese Verschmelzung des Praktischen mit dem Künstlerischen, regt die Phantasie in einer Weise an, die fast immer zu emotionalem Bewusstsein und Wachstum führt. Dieser Geist der Selbstständigkeit schafft oft den sozialen Kontext, der das Überleben überhaupt erst möglich macht, der Momente des Triumphes und der Chancen eröffnet. Auch wenn die meisten der älteren Quilterinnen in Gee›s Bend häufig über ihr hartes Schicksal und die Widrigkeiten des Alltags sprechen, hat die große Mehrheit von ihnen doch ein langes Leben gelebt. Und die Frauen haben ihren Ruhm genossen. Sie alle waren harte Arbeiterinnen, die auf den Feldern ebenso unermüdlich schufteten, wie sie Quilts genäht haben.

Sicherlich trennten die meisten Landfrauen in der Vergangenheit nicht zwischen der harten Arbeit im Freien und der Arbeit im Haushalt. Über die Verbindung zwischen Ökopsychologie und der Kunst des Quiltens gäbe es viel zu schreiben. Fast alle der älteren Schwarzen Frauen, die ich als Kind kannte und die großartige Quilts herstellten, arbeiteten auch im Garten – mit Obst, Gemüse und Blumen. Und so heißt der Quilt, der heute auf meinem Bett liegt, tatsächlich »Großmutters Blumengarten«. In der Geschichte der Schwarzen Quiltmacherinnen zeigt sich eine beflügelnde kreative Fantasie.

In einem Essay über den Bürgerkrieg betont Wendell Berry, dass »die besondere Kraft der Fantasie eine Kraft der Gerechtigkeit ist. ... Die überall reichlich vorhandene Vorstellungskraft bringt das, was wir wollen, und das, was wir haben, immer näher zueinander. ... Wenn die Fantasie für uns einen wirklichen Wert haben soll, muss sie einen reellen praktischen Nutzen haben. Sie muss uns an unseren Standorten mit einer konkreten Wertschätzung dessen, was außer uns noch da ist, ausstatten. Ich glaube, das höchste irdische Ergebnis der Fantasie ist die lokale Anpassung. Wenn wir lernen könnten, vollständig und wahrhaftig dorthin zu gehören, wo wir leben, dann wären wir endlich alle amerikanische Indigene, und wir hätten einen authentischen Multikulturalismus.« Niemand verbringt viel Zeit mit Gesprächen über Quilts und Gerechtigkeit, über Quilts und den Nutzen der Fantasie. Und doch war die traditionelle, praktische Verwendung von Steppdecken, die dazu dienten, eine Familie warm zu halten, eine wichtige Geste des Recyclings, der Wiederverwertung statt der Verschwendung. Dieser sparsame Umgang mit Stoffen war und ist ein wichtiger Beitrag zur Entwicklung von Nachhaltigkeit. Quilts sind eine erstaunlich demokratische Kunstform, wurden sie doch von Menschen aller Klassen und Hautfarben geschaffen. Sie sind ein großartiges Symbol der Demokratie. Sie halten die Menschen warm und bringen gleichzeitig Schönheit und Kreativität in ihr Leben. Als eine Form der bildenden Kunst haben Quilts eine wichtige Rolle dabei gespielt, Visionen von ästhetischer Schönheit in das Leben der Armen zu projizieren, derjenigen, denen es an wirtschaftlicher Macht und Privilegien fehlt, die gebildet sein mögen oder auch nicht, die vielleicht keine Möglichkeit zur Teilhabe am kulturellen Leben haben.

Baba konnte weder lesen noch schreiben. Aber das hätte man nur wissen können, wenn sie es einem gesagt hätte (es war ein Aspekt ihrer Kindheit, über den sie mit Bitterkeit sprach, weil sie die Schule früh hatte verlassen müssen, um auf den Feldern zu arbeiten). Ihre Welt war geprägt von andauernder kreativer Tätigkeit. Ständig war sie dabei, etwas zu schaffen. Zugleich konnte sie, wie die meisten Hillbillys in Kentucky, reden und reden – und richtig gute Geschichten erzählen. Ihre lebendigen Geschichten sind auch in ihren Quilts wiederzufinden. Wären sie alle gesammelt und ausgestellt, würden sie eine ganze Kultur dieses Ortes offenbaren, sorgfältig und fantasievoll ausgestaltet.

Glücklicherweise haben die Quiltmacherinnen von Gee>s Bend nationale Aufmerksamkeit erregt, was dazu führen kann, dass das Bewusstsein für diese Kunst im Leben der armen Schwarzen Frauen aus der Arbeiter:innenklasse der Südstaaten gesteigert wird. Es ist wichtig, dass die Aufmerksamkeit für diese lokale Kultur nicht als toter oder sterbender Ausdruck von Kreativität betrachtet wird, der nur wertgeschätzt wird, weil es ihn nicht mehr gibt. Stattdessen sollte diese Kultur als Teil eines Kontinuums betrachtet werden, in dem dieses Vermächtnis der Kreativität und der Nutzung der Vorstellungskraft zur Steigerung des Lebensglücks zweifellos neue und andere Formen annehmen wird, wenn es entsprechend gewürdigt wird. Es gibt einzelne Schwarze Quiltmacherinnen, deren Arbeit niemals öffentliche Anerkennung finden wird. Dies schmälert jedoch nicht ihre transformative Kraft in der Abgeschiedenheit ihrer jeweiligen lokalen Kultur. Denn ob in einer Villa oder in einer Hütte, der Quilt kann uns die Augen für die Schönheit öffnen, für eine Ästhetik unendlicher Möglichkeiten.

15 Über das Leben als Schriftstellerin in Kentucky

Eine Schriftstellerin aus Kentucky zu sein, ist für mich eine Frage der Sozialisation und der persönlichen Haltung. Alles, was ich bisher geschrieben habe und derzeit schreibe, hat einen besonderen Beigeschmack durch die Tatsache, dass ich als Kind in den ländlichen Hügeln Kentuckys und später in einer Kleinstadt dort aufgewachsen bin. Diese persönliche Note ist vergleichbar mit der Würze bei der Zubereitung von Speisen. Ein bestimmtes Kraut oder Gewürz, mit dem ein Gericht gewürzt wird, kann es deutlich anders machen – ungewöhnlich, herausragend sogar. Diejenigen, die das Gericht essen, können den Unterschied schmecken, ohne genau sagen zu können, was ihn ausmacht. Das gleiche Gericht kann überall auf der Welt gekocht und gegessen werden, aber wenn es von verschiedenen Köch:innen zubereitet wird, kann es unverwechselbare Geschmacksnoten haben, die es auszeichnen. Wie viele großartige Köch:innen weiß ich vielleicht, welcher Geschmack mein Gericht einzigartig macht, verrate es aber nie. Wenn ich es erzähle, verliert es vielleicht seine köstliche, unwiderstehliche Note.

Ich beginne diese Ausführungen über das Dasein als Schriftstellerin in Kentucky mit der Analogie zum Essen, weil die Hausmannskost meiner Mutter, Rosa Bell, meinen Körper und meinen Geist genährt hat (Rosa Bell ist eine großartige Köchin, selbst noch im hohen Alter, wo sie mit dem Verlust ihres Kurzzeitgedächtnisses zu kämpfen hat). Als ich Kentucky verließ, um woanders zu leben, fand ich an den neuen Orten nicht die gleichen Speisen, wie ich sie bis dahin kannte, weshalb ich mich völlig fremd fühlte. Die Gerichte, die meinem Geschmack und meinem Appetit so fremd waren, erinnerten mich ständig an die Besonderheit der Welt, aus der ich stammte. Außerhalb meiner Heimat waren die Speisen, die ich als Kind gegessen hatte, unbekannt. Was ich mochte, war niemand in meiner Welt außerhalb von Kentucky gewohnt zu essen. Meine Vorlieben, diese vertrauten Gaumenfreuden, die so einladend auf meine Sinne wirkten, konnten anderen nur schwer vermittelt werden. Ich behielt sie für mich. Ich versteckte sie. Ich verspürte kein Bedürfnis, über meinen Hunger nach vertrauten Speisen zu sprechen. Ich hatte kein Interesse, das Gefühl des tiefen Mangels zu erklären, das mich während der Mahlzeiten bedrückte. Bei den seltenen Gelegenheiten, bei denen ich den Drang verspürte, etwas zu erklären, waren die Worte nie frisch oder schmackhaft genug. Sie konnten die Empfindungen, die ich von Mund zu Mund, von Herz zu Herz erlernt hatte, nicht vermitteln. Selbst jetzt, wenn ich die Familie besuche, kocht Rosa Bell die mir so vertrauten Gerichte, die eine bestimmte Art von Körper und eine bestimmte Art von Seele nähren, und zwar nach Rezepten, die von Generationen von Frauen aus Kentucky überliefert wurden.

Die Geografie hat meine Perspektive in einer Weise geformt, die sie noch komplexer machte. Als ich aus einer ländlichen Kleinstadt in Kentucky in die große weite Welt kam, verdeutlichte mir dies die Einzigartigkeit meiner Bluegrass-Sensibilität. Anders als die meisten meiner Mitstudierenden war ich durch die Umstände meiner Geburt und Herkunft gezwungen, mich mit den Intersektionen von Geografie, *race*, Klasse und Geschlecht auseinanderzusetzen. Doch als ich Hopkinsville, Kentucky, verließ, um das College zu besuchen, bestimmte die Geografie mehr als jeder andere Faktor mein Schicksal. Mein Akzent aus Kentucky trennte mich immer von den Gleichaltrigen, und obwohl es nicht lange dauerte, bis ich meine Sprechweise änderte, redete ich in meinen Träumen in der Mundart meines Heimatortes. Ich lernte, über die Denk- und Lebensweisen zu schweigen, die mir als Mädchen aus Kentucky, als Hillbilly-Kind, beigebracht worden waren, aber das hieß nicht, dass diese Gefühlswelt nicht weiterhin die Grundlage meines Denkens und Handelns bildete.

Der Schreibtisch war der Ort, an dem ich diese Sensibilität am besten ausdrücken konnte, ohne die Aufmerksamkeit zu sehr auf die Geografie zu lenken. Da ich Englisch im Hauptfach studierte und mir sowohl im Grund- als auch im Hauptstudium vermittelt wurde, dass das Ziel einer Schriftstellerin darin bestand, allgemein Gültiges zu schreiben, bemühte ich mich, das ›Ich‹ und das persönliche Selbst aus dem Schreiben herauszuhalten, oder zumindest im Geschriebenen so tief zu vergraben, dass es schwer zu finden sein würde. Ich erkannte bald, dass diese Gleichsetzung von Universalität mit der Abwesenheit der Persönlichkeit im Schreiben falsch war. Denn indem wir unser spezifisches und einzigartiges Gespür dafür, wer wir sind, zum Ausdruck bringen, laden wir zu jener empathischen Identifikation ein, die das Spezifische auch zum Universellen werden lässt. In den Jahren, in denen ich nach

Anerkennung durch eine akademische, elitäre, weiße und (meist) männliche Hierarchie strebte, habe ich zugelassen, dass mein Selbst und meine persönliche Stimme durch einen symbolischen kulturellen Imperialismus geschwächt wurde, der mit seiner angeblichen Fokussierung auf das Universelle nur den lauten und aggressiven Grundtenor der besonderen Weltsicht elitärer weißer Männer zu verschleiern suchte.

In seinem Roman *The Language of Cannibals* kritisiert George Chesbro die herrschende Dominanzkultur und stellt fest: »Der schnellste Weg, eine Gesellschaft zu zerstören, ist, die Sprache zu korrumpieren.« In der Tat, so behauptet er, seien »Lügen ... die Sprache der Kannibalen«. Die Hingabe an die Wahrheit, die mich in meinem Leben und meiner Arbeit antreibt, gehört zu den Werten, die mir in die Wiege gelegt wurden. Ganz wesentlich prägte sie das kulturelle Ethos der Hinterwäldler:innen in Kentucky, der Hillbillys auf dem Land, die meine Vorfahr:innen und Verwandten waren. Wahrheit war ein zentraler Bestandteil ihrer widerständigen, anarchischen Denkweise, ihrer Rebellion gegen etablierte Normen. Sie waren stolz auf ihre Fähigkeit, das Falsche und Unechte zu durchschauen, um das Echte und Authentische zu erkennen. Rebellion gegen falsche Autoritäten war entscheidend für die Art Freiheit, wie sie meine Hillbilly-Verwandtschaft mich lehrte.

Doch diese Überzeugungen gaben mir lediglich das Gefühl, eine Fremde in einem fremden Land zu sein, als ich die arme und von der Arbeiter:innenklasse geprägte Lebenswelt meiner Kindheit in Kentucky verließ, um ein Elite-College zu besuchen. Dort stellte ich fest, dass die Leute mein Bemühen um Integrität und Ehrlichkeit für naiv hielten, nur eine weitere Eigenart, die mich als provinziell und ungebildet auswies. Wie alle Leute aus Kentucky, die sich die anarchischen Werte der Hillbillys zu eigen machten, fühlte ich mich schon, bevor ich meine Heimat verließ, als Außenseiterin. Judy Lief schreibt über die spirituelle Bedeutung des Abseitsstehens und erklärt, was es bedeutet, Außenseiter:in zu sein: »Außenseiter:innen sind bereit, ihre Stimme zu erheben, wenn andere schweigen, bereit, konventionelle Weisheiten infrage zu stellen, bereit, die eigene Bequemlichkeit und Reputation zu opfern, um Menschen aus der Verzweiflung zu holen und sie wieder mit dem zu verbinden, was heilig ist. Sie vermitteln durch persönliches Beispiel eine alternative Vision der Realität, eine alternative Art, das Leben zu leben.« Zwar verstand ich es, als Außenseiterin in den Bergen von Kentucky zu leben, aber ich wusste nicht, wie ich als Außenseiterin in einer konventionelleren Welt überleben und Erfolg haben konnte.

Wie viele künstlerisch tätige Außenseiter:innen wandte ich mich der Welt der Bohème-Kultur, der Schriftsteller:innen und Künstler:innen zu, um dort eine neue Lebensform für mich zu finden, eine Anleitung, wie ich alternativ, hip und cool sein konnte. Diese Welt stand dem geografischen Außenseitertum genauso wenig positiv gegenüber wie die konservative Welt mit ihren konservativen Vorurteilen und Hierarchien. Ein ›Landei‹ zu sein, eine ›Bauern-Mentalität‹ zu haben, war in hippen Kreisen genauso uncool wie in der Mainstream-Kultur. Es ist bezeichnend, dass die Welt der hedonistischen Coolness das Engagement für Wahrheit, Ehrlichkeit und ein integres Leben ebenso verachtete wie die Kultur der Kannibal:innen. Nachdem ich mich als Dichterin und Künstlerin in der Welt der Coolness etabliert hatte, verspürte ich das Bedürfnis, all diese in Kentucky verwurzelten Werte tief in meiner eigenen persönlichen und privaten geografischen Subkultur verborgen zu halten.

Die feministische Bewegung legte damals ihren Fokus auf die Aufarbeitung der Frauengeschichte und das Erzählen von Frauengeschichten. In diesem sozialen und politischen Kontext wurde gefordert, dass wir Frauen unsere individuelle und kollektive Stimme wieder erheben sollten. Damit war unweigerlich auch eine höhere Wertschätzung von Differenz und eine größere Anerkennung volkstümlicher Kultur verbunden. Es war unmöglich, die Stimmen der Vorfahrinnen heraufzubeschwören, ohne in ihren Geschichten und ihren Worten die Nuancen der Hügel von Kentucky zu hören, die starken Akzente der Volkssprache, die verborgenen Wurzeln des alten Englisch und des Tonfalls der Appalachen zu vernehmen. Um wieder zur Stimme der Urmutter zurückzufinden, musste ich zu meiner eigenen volkstümlichen Sprache aus Kentucky zurückkehren. Die Stimme, die ich im College nie verwendet hatte, war die Stimme, die ich brauchte, um meine Verbindung zur Heimat zu bekräftigen.

Kentucky als die Heimat meines Geistes und meines Herzens ist sowohl real als auch mythisch und unterscheidet sich von der konkreten Erfahrung des Lebens im Bluegrass-Staat. Das Kentucky, das ich im geografischen Exil beschwor, war immer süßer als die reale Lebenswelt der Hillbillys. Als ich von zu Hause wegging, habe ich intensive und nachhaltige Erinnerungen an die althergebrachte Form der Religion und an den unermüdlichen Kirchgang mitgenommen, aber ich habe an meinen neuen Wohnorten keine kirchlichen Einrichtungen aufgesucht. Ich identifizierte mich mit den Outlaws in den abgelegenen Hügeln meiner Jugend, die jede Vorstellung davon ablehnten, dass der Heilige Geist und die Spiritualität institutionalisiert werden könnten, und so pflegte ich meine spirituelle Praxis im Privaten, abseits des konventionellen Blicks der patriarchalen Religion und des Göttlichen Vaters.

Als sich meine Karriere als Schriftstellerin entwickelte und ich durch die vielen Interviews immer bekannter wurde, fragte mich niemand, ob ich mich als Autorin aus Kentucky sah. Ich schrieb vor allem Sachbücher, meist politische und gesellschaftskritische, die keinen direkten geografischen Bezug aufwiesen, weshalb mein Werk nur selten als etwas angesehen wurde, das eine vitale Verbindung zu der Region hatte, in der ich aufgewachsen war. Als ich anfing, Kulturkritiken zu schreiben und dabei oft persönliche Erfahrungen als Rahmen nutzte, begann ich offen über meine Vergangenheit in Kentucky zu schreiben, aber selten habe ich meinen Heimatstaat direkt genannt. Für mein Lesepublikum war und bin ich einfach eine Person, die über ihre ›südlichen‹ Wurzeln schreibt. Wäre mein Schreiben belletristisch, wäre vielleicht eher wahrgenommen worden, welche Rolle meine Herkunft für die Entwicklung meines Einfühlungsvermögens als Schriftstellerin gespielt hat, wie sehr sie Ausgangspunkt und Ort meiner Widerständigkeit gewesen ist.

Je bekannter ich als Denkerin und Schriftstellerin wurde und gerade, weil ich nicht als Angehörige einer privilegierten Gruppe zu schreiben begann, desto mehr wurde ich gebeten, zu erklären, wie ich zu der Autorin geworden bin, die ich bin. Für mich sind die ganzen Jahre, in denen ich in Kentucky zur jungen Frau heranwuchs, und in denen ich immer wieder nach Hause zurückkehrte, die Grundlage für all das, was mich als Kritikerin und Schriftstellerin ausmacht. Die ganze exzentrische Gefühlswelt der Hillbillys in Kentucky, ihre Nuancen und besonderen Geschmacksrichtungen, gemischt mit all den anderen gesammelten Erfahrungen, machen mich zu dem, was ich bin. Wie Poke eine Spezialität aus Kentucky ist, die ihren Geschmack verändert, je nachdem, ob sie mit Rüben, Kohl oder Senf zubereitet wird, so ist die Hillbilly-Kultur, das Hillbilly-Ethos die besondere Zutat, die mich prägt und formt. Es ist diese Grundvoraussetzung, die mich dazu bringt, die Tatsache, dass ich wahrlich eine Schriftstellerin aus Kentucky bin, von ganzem Herzen anzunehmen.

16 Die Rückkehr zur Wunde

Als ich am Berea College zu unterrichten begann, behandelte ich in meinem ersten kurzen Seminar das Werk des Schriftstellers Wendell Berry aus Kentucky. Durch das Lesen und Schreiben von Gedichten bin ich auf sein Werk gestoßen. Als ich in meinen späten Teenagerjahren einen Schriftsteller aus Kentucky entdeckte, dessen Werk eine innere Landschaft darstellte, die ich sehr gut verstand, war ich derart begeistert, dass ich mich von ganzem Herzen darauf stürzte. Als ich Berrys kraftvolle Zeilen las, wie »wir verletzen einander und werden verletzt und wir haben einander, um uns zu heilen«, bedeutete das für mich, diesen Raum zu betreten, wo Worte den Geist erneuern und es uns ermöglichen, am Leben festzuhalten. Nachdem ich das Werk von Wendell Berry entdeckt hatte, las ich alles, was ich von ihm finden konnte.

Seine Vision einer Kultur der geografischen Verortung war für mich ein Leitstern. Er sprach davon, wie man ein Zuhause in einer Welt findet, die in der Achtung vor allem Leben, der Natur und der Gemeinschaft gegründet ist, wie man die Schönheit der Erde feiert und sich einfachen Freuden hingeben kann. Meine Entwicklung als Intellektuelle, kritische Denkerin, Dichterin, Essayistin und ›Schriftstellerin‹ ist dem von Berry vorgezeichneten Weg gefolgt. Wie Berry schreibe ich Gedichte, Essays, Belletristik und Kulturkritiken. Sogar unsere Bewegungen in die Welt hinaus haben einen ähnlichen Verlauf genommen: Schreiben und Lehren an der Stanford University in Kalifornien, Arbeiten in New York City, und schließlich die Rückkehr nach Kentucky, um in unserer Heimat für immer heimisch zu werden. Zwanzig Jahre trennen unsere Erfahrungen. Als Wendell nach Kentucky zurückkehrte und im Frühjahr 1964 eine kleine Farm kaufte, war ich immer noch ein typisches Kentucky-Gewächs: Ich hatte meinem Heimatort noch nie verlassen, und ich hatte damals keine Vorstellung davon, dass man überhaupt an einem anderen Ort leben könnte.

Mit Blick auf seine Rückkehr berichtet Wendell:

»Diese Rückkehr führte mich endgültig ins Exil, heraus aus dem pompösen Europäismus, der bei den meisten Menschen in Amerika noch immer als In-

> begriff von Kultur gilt. Was ich getan hatte, warf meinen Geist gewaltsam auf seine Ursprünge zurück: meine ländliche Heimat, meine eigenen Leute und meine eigene Geschichte … Mir wurde klar, dass es einen anderen Maßstab für mein Leben gab als die Menge oder gar die Qualität meines Schreibens. Ich dachte, ein Mensch muss danach beurteilt werden, wie gerne und ernsthaft er da sein kann, wo er ist, wie sehr er sich in seinem Teil der Welt zu Hause fühlen kann. Ich begann, unbedingt lernen zu wollen, zu meinem Ort zu gehören.« Meine Sehnsucht nach Zugehörigkeit, mein Streben nach einer Kultur der Verortung wurde zutiefst von den Worten und der Weisheit Wendell Berrys geprägt. Er ist für mich und viele andere Leser:innen eine prophetische Stimme. Als er in einem Interview gefragt wurde, ob er damit einverstanden sei, auf diese Weise gesehen zu werden, antwortete er: »Wir alle sollten Prophet:innen sein, in dem Sinne, dass wir die Wahrheit sehen und sie sagen sollten.«

Zu den bittersten Wahrheiten unserer Nation gehören der tief verwurzelte Rassismus und die weiße Vorherrschaft, die nach wie vor die Tagespolitik bestimmen. Als es den Bürgerrechtsinitiativen nicht gelang, ein Programm zur systematischen Ausrottung des Rassismus in Theorie und Praxis zu schaffen, begannen viele Bürger:innen unseres Landes zu glauben, dass *race* und Rassismus Themen waren, die einfach nicht offen diskutiert werden sollten. Dies galt nicht für Wendell Berry. Im Gegenteil: Als Reaktion auf den Bürgerrechtskampf zur Beendigung des Rassismus schrieb er *The Hidden Wound*. Dieses Werk von Berry behandele ich regelmäßig in meinen Seminaren. Es gibt so gut wie keinen öffentlichen Diskurs über Rassismus im Bundesstaat Kentucky. Der Grund dafür ist, dass die Erinnerungen an die vergangene und gegenwärtige Beherrschung und Unterwerfung von Schwarzen durch Weiße beschämend sind und zu einem tiefen Schweigen geführt haben. Dieses Schweigen muss immer wieder aufs Neue gebrochen werden, wenn wir hier in unserer Heimat jemals eine Welt schaffen wollen, in der der Rassismus nicht jeden Tag neue Wunden schlägt und uns alle trifft. *The Hidden Wound* ist sowohl Autobiografie als auch kritische Reflexion zum Stand von *race* und Rassismus. Berry behauptet: »Es scheint mir, dass der Rassismus unmöglich nur eine mechanische Trennung zwischen den beiden ›Ethnien‹ vorgenommen haben kann; zumindest in Amerika hat er das nicht. Er birgt eine emotionale Dynamik, die das Herz der Gesellschaft als Ganzes und jedes Einzelnen in dieser Gesellschaft erschüttert hat. Er hat zur Trennung nicht nur zwischen weißen und Schwarzen Menschen, sondern auch zwischen Schwarzen Männern und Schwarzen Frauen, zwischen weißen Männern und weißen Frauen geführt; er hat sich zwischen weiße Menschen und ihre Arbeit und zwischen weiße Menschen und ihr Land gedrängt. Er hat sowohl unsere Gesellschaft als auch unsere Psyche gespalten.« Um dieser Spaltung entgegenzuwirken, müssen wir uns konfrontieren und uns konsequent gegenseitig herausfordern, um die rassistische Vorherrschaft zu beenden, den Rassismus nach innen und außen zu überwinden. *The Hidden Wound* zu schreiben, war für Berry eine Möglichkeit, sich am Kampf um die Bürgerrechte zu beteiligen, indem er ein komplexeres Verständnis der sozialen Beziehungen zwischen Schwarzen und Weißen bot, die selbst inmitten extremster rassistischer Apartheid entstanden.

Dieses Werk ist ein wichtiges Zeugnis: Lange bevor die zeitgenössischen Kulturwissenschaften die Untersuchung des ›Weißseins‹ zu einer entscheidenden Disziplin machten, begann Berry sich mit genau diesem Thema kritisch auseinanderzusetzen. Dies war notwendig, um ein umfassendes Verständnis der Art und Weise zu gewinnen, wie der Rassismus unser Nationalbewusstsein geprägt hat. In *The Hidden Wound* präsentiert er eine kritische Betrachtung darüber, wie das Weißsein als eine in der Herrschaft verwurzelte Identität konstruiert wird. Diese konstruierte Identität erfordert ein ausgebeutetes und unterdrücktes ›Anderes‹, und verzerrt die Realität für Weiße und Schwarze gleichermaßen. Ein wichtiger Punkt ist, dass Berry seine Dekonstruktion des Weißseins damit beginnt, seine Familiengeschichte zu untersuchen, die Beziehungen zwischen ihm und den Schwarzen, die Teil seiner Kindheit in Henry County, Kentucky, waren. Er zeichnet ein intimes Porträt seiner Beziehung zu zwei Schwarzen, die auf dem Land seiner Familie als Teil einer größeren Gemeinschaft lebten und arbeiteten. In seinen Erinnerungen an die soziale Interaktion mit Nick Watkins und Tante Georgie versucht Berry zu zeigen, dass die Dominanzkultur und die von ihr aufrechterhaltene rassistische Apartheid das Entstehen von Intimität zwischen Schwarzen und Weißen nicht verhindern konnten. Und er betont, dass eine solche Intimität immer humanisierend wirkt, auch wenn sie sich in einem entmenschlichenden sozialen Rahmen abspielt.

In seiner Beschreibung der Beziehungen zu Nick und Tante Georgie in seiner Kindheit ist Berry sich bewusst, dass das weiße Privileg seine Sichtweise möglicherweise beeinflusst, dass er diese beiden Menschen vielleicht so beschreibt, wie sie es selbst nicht getan hätten. Obwohl seine persönlichen Reflexionen zweifellos manchmal sentimentale Schilderungen über die Verbundenheit eines Jungen mit zwei Schwarzen Menschen enthalten, ist er stets bestrebt, ihre grundlegende Menschlichkeit herauszustellen. Er möchte den

Leser:innen begreiflich machen, dass diese sozialen Beziehungen zwischen Schwarzen und Weißen trotz des fortbestehenden Rassismus auf gegenseitiger Anerkennung beruhten, dass es im Leben mehr gab als nur die Hautfarbe, was einzelnen Schwarzen und Weißen ermöglichte, einander zu lieben. Vor dem Hintergrund des Lebens dieser beiden augenscheinlich geknechteten Schwarzen beschwört er eine Welt voller emotionaler Intelligenz herauf – eine Welt, in der das Bewusstsein stark genug ist, Herrschaft zu überwinden, indem es die Gleichheit von Sehnsüchten und Wünschen zum Wertmaßstab macht und nicht die Hautfarbe. Er erklärt: »Ich habe also ... so ausführlich aus meiner Erinnerung an Nick und Tante Georgie geschrieben, um das zu durchdenken und zu klären, was für mich eine moralische Ressource und einen Teil des vitalen und prägenden Erbes meiner Kindheit darstellt. Die Erinnerung an sie war eine der beständigsten Kräfte in meiner Bewusstseinsbildung. Wenn ich gegen den Rassismus in mir angekämpft habe, dann vor allem deshalb, weil ich mich an mein altes Gefühl der Zugehörigkeit zu ihnen erinnerte. Dass ich in meine Heimat zurückgekehrt bin, um dort im Einklang mit ihrer Natur und ihren Möglichkeiten zu leben, liegt zum Teil an bestimmten Dingen, die ich von den beiden gelernt habe und die sie mir vorgelebt haben.« Es ist kein Zufall, dass mich die Porträts, die Berry von Nick Watkins und Tante Georgie zeichnet, an die Menschen erinnern, mit denen ich in der segregierten Welt meiner Kindheit aufwuchs.

Berry war einer der ersten Schriftsteller aus Kentucky, der das besondere oppositionelle Bewusstsein der unterdrückten Schwarzen, über das ich oft schreibe, in Sachtexten darstellte. In den vielen Aufsätzen, die ich über Familie und Gemeinschaft geschrieben habe, beschwöre ich ebenfalls eine Kultur der Zugehörigkeit, in der Leute wie Nick und Tante Georgie die Norm sind. Berry stellt anerkennend fest, dass beiden eine tiefe Verbundenheit mit der natürlichen Umwelt, mit Nachhaltigkeit und mit einem metaphysischen Kosmos jenseits von Rassismus eigen war. Er möchte, dass die Leser:innen verstehen, dass Nick und Tante Georgie trotz der Macht des Rassismus in hohem Maße ein von ihnen selbst geschaffenes Eigenleben führten. Die Werte und Überzeugungen, die für die Welt, die sie sich schufen, bestimmend waren, prägten ihr Handeln ebenso sehr, wenn nicht sogar mehr, als die Zwänge der rassistischen Herrschaft. Als ich begann, mich an die einzigartigen älteren Schwarzen, die meine Lebensauffassung geprägt hatten, zu erinnern und über sie zu schreiben, erkannte ich die Bedeutung von Wendells Aufzeichnungen über das Leben von Nick Watkins und Tante Georgie.

Da die Geschichte so vielen armen und entrechteten Bürger:innen unseres Landes, unabhängig von ihrer Hautfarbe, eine Stimme verweigert hat, sind alle Beiträge wichtig, die die diversen Erfahrungen dokumentieren und ihnen eine Stimme verleihen. Ich musste die Geschichten von Nick und Tante Georgie mit meinen Geschichten von Baba, Daddy Gus, Sister Ray, Daddy Jerry und so vielen anderen Schwarzen, die das Land in Kentucky bewirtschafteten, die uns die Bedeutung der Natur, des Zuhörens und des Glaubens an den göttlichen Geist lehrten, zusammenbringen. Dass wir alle Schwarz sind, bedeutet nicht, dass die Geschichten, die ich über ihr Leben schreibe, die gleichen wären, die sie erzählen würden, wenn ihre Stimmen selbst die Geschichten erzählt hätten. Nichtsdestotrotz ist es entscheidend, dass ihre Visionen, ihr Wille, ein Leben nach höheren Vorstellungen von Freiheit und Lebenschancen zu führen, aufgezeichnet werden. Ohne ihr Zeugnis wäre ich nicht das, was ich heute bin. Wendell bekräftigt dieses Gefühl, wenn er von Nick und Tante Georgie erzählt.

Wenn ich auf meinen Reisen durch unser Land die Menschen befragt habe, welche Kraft sie am meisten darin bestärkt hat, sich der Dominanzkultur zu widersetzen, gegen rassistische Herrschaft und Unterdrückung zu kämpfen, lautete die Antwort bemerkenswerterweise fast immer: die Liebe. In meinen kritischen Schriften zur Beendigung des Rassismus habe ich über die Rolle der Entscheidungsfreiheit gesprochen, darüber, Gerechtigkeit zu lieben und sich auf der Grundlage dieser Liebe zu engagieren. Wichtig ist, dass ich mich gegen jede Vorstellung wende, dass Rassismus nicht zu ändern sei, dass er ein kulturelles Absolutum darstelle. In diesem Zusammenhang habe ich auf weiße Kinder aufmerksam gemacht, die sich in ihren frühen Jahren weigern, den Mythos des weißen Privilegs zu akzeptieren und sich den Rassismus zu eigen zu machen. Ein entscheidender Aspekt von *The Hidden Wound* ist, dass Berry von seiner eigenen Überzeugung in der Kindheit erzählt, dass es keinen Grund gibt, Menschen aufgrund ihrer Hautfarbe zu trennen. Bereits als Kind verstand er die Politik der rassistischen Segregation ganz genau und musste mit ihr leben, doch in eben dieser Kindheit lernte er bereits, Widerstand zu leisten.

Ich werde oft von engagierten Weißen, die ernsthaft dem Rassismus ein Ende setzen wollen, gefragt, ob ich ihnen einen Plan geben könne, was sie tun könnten. Meine Antwort ist immer, dass sie es selbst sind, die ein kritisches Bewusstsein in ihre Lebenswelt bringen und dort herausfinden müssen, was zu tun ist. Wendell erzählt in *The Hidden Wound* von einem solchen Moment, in dem er sich dem Privileg der Weißen verweigert und sich für Liebe und Gerechtigkeit einsetzt: Seine Großmutter plant eine Geburtstagsparty für ihren Enkel, aber sie lädt Nick nicht ein, da die rassistischen Sitten ihrer Zeit missbilligten, dass Schwarze und Weiße offiziell miteinander verkehrten. Als der Junge seinen geliebten Freund Nick zu der Party einlädt, spürt er das Unbehagen, das durch das Bewusstsein entsteht, dass er »die Wunde des Rassismus aufgekratzt« hat und dass alle um ihn herum den Schmerz spüren. Er erinnert sich: »Mir war plötzlich klar, dass Nick weder ins Haus kommen wollte noch konnte, um Gast auf der Party zu sein ... Wenn Nick keinen Platz auf meiner Party hat, dann hätte ich dort auch keinen Platz; mein Platz wäre dort, wo er war.«

Durch die Entscheidung, das weiße Privileg aufzugeben, war der Junge in der Lage, jenseits rassistischer Grenzen einen Raum der Mitmenschlichkeit zu schaffen, in dem »wir über die uns zugewiesenen Rollen« hinausgehen. Dieser kleine Akt des Widerstands, als der Junge sich weigerte, sich mit dem Rassismus zu arrangieren und einen Weg des Widerstands einschlug, durch den er abseitsstand, ist die wahre Bedeutung von Solidarität. Genau das ist es, was dem Rassismus zum Verhängnis wird: eine solche Solidarität zu leben. Wohl deshalb kann Wendell bezeugen, was er in diesem Moment empfand: »Ich war erfüllt von einem Gefühl von Loyalität und Liebe, das mir mehr Klarheit über mich selbst verschaffte als alles andere zuvor.« Wenn ich *The Hidden Wound* im Seminar behandle, fordere ich die Studierenden auf, darüber nachzudenken, wie diese einfache Geschichte einer Geste der Freundschaft dazu beiträgt, beide Personen menschlicher zu machen, die sonst durch die rassistischen Praktiken entstellt und beschädigt worden wären. Um den Rassismus zu beenden, müssen die Weißen, die die unverdienten weißen Privilegien akzeptiert haben, bereit sein, auf diese Vergünstigungen zu verzichten und ihre Solidarität mit denjenigen bekunden, die die unmittelbarsten Opfer rassistischer Gewalt und Unterdrückung sind.

In dem Buch *The Hidden Wound*, das erstmals 1968 veröffentlicht wurde, erwies sich Wendell Berry mit seiner hellsichtigen Kritik des Weißseins als Vordenker, denn als einer der ersten bekannten Kulturkritiker erkannte und benannte er öffentlich den Zusammenhang zwischen weißer rassistischer Vorherrschaft und der Zerstörung der Umwelt. Er beschönigte nichts in seiner Kritik und verkündete kühn:

> »Die weiße Bevölkerung in Amerika hat mehr von der Fruchtbarkeit der Erde in kürzerer Zeit vermarktet und vernichtet als jede andere ›Ethnie‹, die

je gelebt hat. Zumindest in der Gegend, in der ich lebe, ist dies größtenteils auf die rassistisch geteilte Naturerfahrung zurückzuführen. Der weiße Mann, der sich mit den Abstraktionen der wirtschaftlichen Ausbeutung und des Besitzes von Land beschäftigt, war für das Land zwangsläufig eine zerstörerische Kraft, eine ökologische Katastrophe, weil er die harte Arbeit, und damit die Möglichkeit der intimen Kenntnis des Landes, einer Gruppe von Menschen zuwies, die er als ›rassisch minderwertig‹ betrachtete. Indem er so die Arbeit entwertete, verbaute er sich die Möglichkeit eines vernünftigen Umgangs mit der Erde.«

Berry erkannte, dass die in der Landwirtschaft tätigen geknechteten Schwarzen durch die Landbearbeitung in der Lage waren, »Ressourcen in Bezug auf Charakter, Religion und Kunst zu entwickeln, die eine gewisse Ähnlichkeit mit denjenigen der alten Welt haben«. Für die vertriebenen Afrikaner:innen war die Landarbeit einer der wenigen Bereiche, in denen die Verbindung zur Landschaft ihrer Herkunft auf eine Art wieder hergestellt werden konnte.

Auf der Suche nach Freiheit in der Stadt durch die Massenmigration aus dem agrarisch geprägten Süden begannen die meisten Schwarzen, sich die Denkweise der Herrschenden über die Erde zu eigen zu machen. Berry behauptet:

»Der Umzug vom Land in die Stadt beraubt sie darüber hinaus ihrer Kompetenz, für sich selbst zu sorgen. Es ist keine Übertreibung zu sagen, dass auf dem Land die meisten Schwarzen in den Künsten des Selbermachens und der Selbstversorgung bewandert waren … Sie wussten, wie man Lebensmittel anbaut, erntet und zubereitet. Sie wussten, wie man wilde Früchte, Nüsse und Kräuter sammelt. Sie wussten, wie man jagt und fischt … In den Städten war all dieses Wissen plötzlich wertlos. … Auf dem Land besaßen sie trotz der Einschränkungen, die ihnen durch Segregation und Armut auferlegt wurden, eine gewisse Freiheit in ihren Fähigkeiten, Dinge zu tun, aber sobald sie in der Stadt waren, war Freiheit unausweichlich mit der Fähigkeit verbunden, Dinge zu kaufen.«

Natürlich sind nicht alle Schwarzen in die Städte gezogen. Und es ist die Erinnerung an eine fortbestehende oppositionelle und lebendige Subkultur, wie Berry sie beschreibt, die gegenwärtig einen Hoffnungsschimmer bietet. Daher ist es wichtig, die kollektive Entfremdung der Schwarzen von unserer agrarischen Vergangenheit zu thematisieren und Schritte zu unternehmen, um den wahren Kern einer Kultur des Dazugehörens aufzudecken, aber auch das Trauma zu beleuchten, das sich ereignet hat, als das Landleben an Bedeutung und Sichtbarkeit verlor.

Diese Entfremdung von unserer agrarischen Vergangenheit, dieser Bruch, kann nur durch die vollständige Anerkennung dieses Erbes und dessen sinnvollen Gebrauch in der Gegenwart geheilt werden. Die Erinnerung an Nick Watkins und Tante Georgie (und ähnlichen Leuten) ist eine Möglichkeit, gegen das kollektive Vergessen in unserem Land einzuschreiten. Eine der Leerstellen in Berrys Erzählungen ist darauf zurückzuführen, dass er mit der stärker ausgeprägten und deutlicher formulierten Verantwortung der Schwarzen in Kentucky für das Land nicht vertraut ist. Er erfährt einiges über diese Subkultur der Schwarzen aus seinen Gesprächen mit dem afroamerikanischen Schriftsteller Ernest Gaines aus den Südstaaten. In Berrys Kurzgeschichte »Freedom«, einem fiktionalen Bericht über Nicks Beerdigung, vermittelt er aus zweiter Hand präzises Wissen über die einzigartige Art und Weise, wie viele Schwarze mit dem Tod umgehen.

In *The Hidden Wound* zeigt Berry zweifellos ein ausgeprägtes Bewusstsein wie auch einen tiefen Respekt vor der humanisierenden Kultur, die die Schwarzen inmitten von Bedrängnis hervorgebracht haben. Im Nachwort, das 1988, zwanzig Jahre nach der Erstveröffentlichung, hinzugefügt wurde, erkennt er zu Recht immer noch an, dass »die Freiheit und der Wohlstand des Volkes« nicht losgelöst von der Frage nach »der Gesundheit des Landes« gesehen werden kann und dass »die psychischen Wunden des Rassismus unweigerlich zu Wunden im Land selbst geführt haben.« Berry kann zwar sagen, dass er damals wie heute glaubt, »dass die Wurzel unserer Probleme in Amerika nicht Rassismus ist«, sondern »unser maßloser Wunsch, überlegen zu sein«. Wäre Berry ein Student von mir, würde ich ihn ermutigen, mehr über die Ideologie der weißen Vorherrschaft nachzudenken, die sich nachweislich auf die Psyche der Weißen aller Klassen, aber auch auf die von People of Colour, insbesondere von Schwarzen, auswirkt, so dass diejenigen von uns, die ihren Verstand nicht dekolonisiert haben, sich mitschuldig machen, die Strukturen der rassistischen Vorherrschaft aufrechtzuerhalten. Es war für unsere Gesellschaft weitaus einfacher, sich von vielen der äußeren Erscheinungsformen rassistischer Ungleichheit zu befreien, als dieses Land von dem westlichen metaphysischen Dualismus zu befreien, von dem die Vorstellungen über die weiße Vorherrschaft ihren Ausgang nahmen.

Wie Berry voraussah, hat die rassistische Segregation der Arbeits- und Lebenswelten oftmals jede Chance auf zwischenmenschliche Begegnungen, die Vorurteile und Stereotypen infrage stellen würden, zunichtegemacht und dadurch nur zu einer Intensivierung der weißen Vorherrschaft im Denken und Handeln geführt. Die jüngsten öffentlichen Diskussionen über Rassismus zeigen, dass der Begriff *race* wenig zur Beendigung des Rassismus beigetragen hat. Und selbst, wenn es mehr als offensichtlich ist, dass die Gesetzgebung für mehr Gleichberechtigung zwischen den ›ethnischen‹ Gruppen gesorgt hat, so hat sich doch wenig an der Art der sozialen Beziehungen zwischen ihnen verändert. Eines ist klar geworden: Nur die Erziehung zu kritischem Bewusstsein in Verbindung mit einem antirassistischem Aktivismus, der darauf abzielt, unser gesamtes Denken so zu verändern, dass wir unsere Identität und Gemeinschaft auf der Grundlage von Offenheit, gemeinsamem Kampf und inklusiver Zusammenarbeit konstruieren, bietet uns die Möglichkeit, den Rassismus dauerhaft auszulöschen. Der Kampf zur Beendigung von rassistischer Diskriminierung und Vorherrschaft muss erneuert werden. Und eines der wirksamsten Mittel, um dem Rassismus entgegenzutreten und ihn zu überwinden, ist der Wille, das eigene Denken und Fühlen zu ändern, anders zu leben.

The Hidden Wound bietet nach wie vor eine nützliche Anregung, über das wichtige Thema Rassismus nachzudenken, gerade weil wir dazu aufgerufen sind, People of Colour und insbesondere Schwarze Menschen, nicht nur als Opfer zu sehen. Für Schwarze war es ungemein schädlich, die Vorstellung zu verinnerlichen, dass wir immer und ausschließlich Opfer sind. Es gibt viel zu gewinnen, wenn wir das Leben älterer Schwarzer Menschen studieren, die eine oppositionelle Weltsicht und eine Kultur des Dazugehörens entwickelt haben, die sowohl menschlich als auch spirituell aufbauend war, eine Kultur, die uns zu verstehen hilft, dass wir immer mehr sind als unser Schmerz.

Eine der aufschlussreichsten Ideen, die in *The Hidden Wound* dargelegt werden, ist die Erkenntnis, dass das Zusammenleben von Menschen verschiedener Hautfarben, selbst in problematischen Strukturen rassistischer Hierarchien, eine konkrete reale Basis des Wissens und der potenziellen Gemeinschaft schafft, die einfach da sein wird, wenn alles, was Weiße und Schwarze voneinander wissen, aus den Medien stammt, und das sind in der Regel stereotype Darstellungen von Schwarzen und Weißen. Die Liebe, die in Berrys Herz für Nick aufblühte, eine Liebe, die so tief war, dass er in einem anderen Roman, der auf dieser Beziehung basiert, schrieb: »Wenn er mich so liebte, wie ich ihn liebte, war ich wirklich gesegnet«. Wir alle sollten so gesegnet sein, dass wir uns in sozialen Beziehungen engagieren können, die nicht von der verkehrten Politik rassistischen Denkens und Handelns verdorben und verzerrt sind.

Wie Wendell Berry glaube ich, dass wir unsere Hoffnung auf eine Welt, in der es keinen Rassismus mehr gibt, neu beleben können, indem wir Gemeinschaften bilden, in denen das Selbstwertgefühl nicht aus dem Gefühl der Überlegenheit gegenüber einer bestimmten Gruppe erwächst, sondern aus der Beziehung zum Land, zu den Menschen, zu einem bestimmten Ort, wo immer das sein mag. Wenn wir liebevolle Gemeinschaften schaffen, Umgebungen, die antirassistisch und inklusiv sind, muss es keine Rolle spielen, wie divers diese Räume sind. Wichtig ist nur, dass Differenz, wenn sie in die Welt der liebevollen Gemeinschaft eintritt, einen Ort des Willkommens und des Dazugehörens finden kann.

17 Ein heilendes Gespräch

An den beiden Tagen, an denen ich zusammen mit meiner Freundin Timi Reedy (Nachhaltigkeits- und ganzheitliche Lebensberaterin) Wendell Berry in Port Royal, Kentucky, besuchte, schien die Sonne hell und der Himmel war von einem atemberaubenden Blau. Während wir fuhren, ging mir ein Lied im Kopf herum, das wir in der Grundschule gesungen haben: »Ich schaue den Himmel an, die Wolken, die vorbeiziehen, das Blau, wie kein Blau auf Erden sein kann. Ich grüße die Luft und flüstere ein Gebet, denn Gott schuf diese Herrlichkeit für mich.« Und als das Lied in meinem Kopf endete, wiederholte ich laut eine Gedichtzeile: »Die Welt ist erfüllt von der Erhabenheit Gottes.« Diese beiden Fahrten waren himmlisch. Ich war auf dem Weg zu einem Treffen und Gespräch mit Wendell Berry, dem Dichter, Essayisten, Romanautor, Kulturkritiker und Landwirt, einem Landsmann aus Kentucky, dessen Werk meine intellektuelle Entwicklung so sehr beeinflusst hat. Mir war geradezu schwindelig. Bei unserem ersten Besuch dort saßen wir mit Wendell und Tanya, seiner langjährigen Ehefrau, an ihrem Küchentisch, aßen Kuchen, tranken Tee und redeten. Es gab jede Menge Spaß, viel Lachen und einige Albernheiten, aber auch viele ernste und tiefgründige Gedanken wurden geäußert. Es gab keinen Kassettenrekorder, der unser Gespräch aufgezeichnet hätte. In der Vergangenheit habe ich mich oft über Leute lustig gemacht, die nirgendwo hingehen können ohne einen Fotoapparat, ein Aufnahmegerät oder eine Videokamera – ohne irgendein Gerät, um etwas für die Zukunft zu dokumentieren. Jetzt, da ich den tiefen Schmerz und die Trauer miterlebt habe, die durch Gedächtnisverlust, durch Krankheit, Demenz und Alzheimer hervorgerufen werden können (meine Mutter begann kurz vor meinem ersten Besuch im Berry-Haushalt in eine Welt tiefer Vergesslichkeit zu fallen), schätze ich den Wert einer Dokumentation für spätere Zeiten. Ich weiß aus eigener Erfahrung, was für ein Segen es ist, eine Aufzeichnung zu haben – eine Möglichkeit, sich zu erinnern, die über das Gedächtnis der einzelnen Person hinausgeht.

Als ich das zweite Mal nach Port Royal fahre, sind wir nur zu dritt: Wendell, Timi und ich. Diesmal sitzen wir auf der Veranda, reden und nehmen auf. Unser Gespräch ist nicht mehr so magisch wie beim ersten Mal. Wir sind ernster. Über unsere Unterschiede in Alter, Hautfarbe und Geschlecht hinweg reden wir miteinander. Fast zwanzig Jahre trennen uns voneinander. Als Schwarzes Mädchen, das in den Hügeln von Kentucky und später in einem kleinen segregierten Teil einer Kleinstadt aufwuchs, waren meine Erfahrungen ganz anders als Wendells, der weiß, männlich und privilegiert aufwuchs. Doch hier waren wir, zwei Schriftsteller:innen aus Kentucky, der eine alt, die andere noch nicht so alt, und fanden eine Nähe, trotz allem, was uns trennte und trennen könnte. Wir denken nicht in allen Dingen gleich, aber es gibt so viel gemeinsames Verständnis, dass unsere Worte zusammenzugehören scheinen, wenn wir in unserer heimischen Umgebung miteinander reden. Obwohl ich mit Wendell endlos über Poesie, Schreiben, Landwirtschaft und Schönheit hätte sprechen können, entschied ich mich, mit ihm über Rassismus zu sprechen – ein Thema, das nicht oft angesprochen wird, wenn die Leute Wendell interviewen. Ich hatte die Hoffnung, dass unsere Worte das tiefe rassistische Schweigen durchbrechen würden, das im öffentlichen Diskurs zu diesem Thema herrscht, ein Schweigen, das gebrochen werden muss, wenn wir wirklich Wege finden wollen, den Rassismus zu beenden.

Ich treffe mich mit Wendell Berry, spreche und lache mit ihm und bin dankbar, dass wir die Grenzen überschreiten können, die uns normalerweise daran hindern, miteinander zu reden, einander zu kennen: rassistische und klassistische Barrieren sowie unterschiedliche Erfahrungen. Wenn wir miteinander reden, hören wir einander zu und erkennen hinter unseren Worten die Möglichkeit liebevoller Gemeinschaft. Wir erleben, wie wir uns über die Grenzen der Hautfarbe hinweg aufeinander zubewegen, wie wir miteinander reden können und unsere Herzen sprechen lassen.

bh: Wendell, Sie waren einer der ersten Denker, die nachdrücklich darauf hingewiesen haben, dass wir weder an Körper, Geist noch Seele gesunden können, wenn wir keine gesunde Beziehung zum Land haben. Sie sind einer der wenigen älteren weißen männlichen Autoren, die den Zusammenhang zwischen dem Fortbestehen des Rassismus und der Zerstörung von Land und Menschen immer wieder betonen. Sie erinnern uns daran, dass wir nicht in einer Welt leben können, in der die Natur nachhaltig geschützt wird, solange die Gewalt der weißen Vorherrschaft und des Rassismus aufrechterhalten bleibt.

WB: Ich hoffe, wir sind mehr als nur einige Wenige. Ihre Zusammenfassung der allgemeinen Situation ist in der Tat richtig. Wir sind verpflichtet, uns um alles zu kümmern, und man kann nicht punktuell agieren, wenn man sich um alles kümmern will.

bh: Ihr Buch *The Hidden Wound* ist nach wie vor ein nützlicher Beitrag zu den Diskussionen über Rassismus in unserem Land. Es ist für mich deshalb besonders relevant, weil Sie einer der wenigen Autor:innen sind, der die agrarisch geprägte Geschichte der afroamerikanischen Bevölkerung in diesem Land versteht.

WB: Ein Schriftsteller, der sich mit diesem Thema wirklich auskennt, ist der afroamerikanische Autor Ernest Gaines.

bh: Auf jeden Fall. Ich habe über sein Werk geschrieben und beziehe mich dabei auf die Bemerkungen, die Sie in Ihrem Essay »American Imagination and The Civil War« machen und wo Sie Folgendes über Gaines schreiben: »Er hat sich vorgestellt, wie seine Leute an einem bestimmten Ort in Gemeinschaft leben und dabei auch deren Nöte in dieser Gemeinschaft bedacht. Er hat sich die Zugehörigkeit der Gemeinschaft zu ihrem Ort ausgemalt, die Häuser, die die Namen von Menschen trugen, die blumenbepflanzten Vorgärten, die Kirche, den Friedhof, die gemeinsame Geschichte und Erfahrung, die erzählten Geschichten, die Gespräche der alten Leute auf den Terrassen an den Sommerabenden und die jungen Leute, die diesen Geschichten lauschen. Er hat sich auch den Verlust dieser Dinge vor Augen geführt. ... Er hat gezeigt, dass das Lokale durch bloße Vorstellungskraft zum Universellen werden kann«. Gaines schreibt so ergreifend über diesen Verlust, wenn er in *Eine Zusammenkunft alter Männer* eine Szene beschreibt, in der die Weißen darüber reden, wie sie die Gräber der Schwarzen umpflügen wollen – als Metapher für die Auslöschung der Geschichte der Schwarzen Farmer:innen und jeglichen Beweises dafür, dass Schwarze sich jemals um das Land gekümmert haben.

WB: Dass sie jemals eine intime Beziehung zum Land hatten. Wussten Sie, dass Ernie dort unten, wo er aufgewachsen ist, Land gekauft hat? Und er hat die Kirche gekauft, das Gebäude, das von seiner Gemeinde und der Schule genutzt wird, und hat sie auf sein Grundstück verlegt.

bh: Ja, er war ein Vorbild für mich und andere Schwarze, die aus dem Norden in den Süden zurückkehrten. Wie ich wurde er wahrscheinlich von Wendell

Berry beeinflusst. Ich weiß, dass Ihr Vorbild mich veranlasste, mein Land in Kentucky zu kaufen, um dafür Verantwortung zu übernehmen. In meinem Fall geht es nur darum, Grünflächen zu erhalten und das Land vor Bebauung zu schützen. Ich bin nämlich keine Landwirtin. Ich habe keinen grünen Daumen, aber ich weiß, dass ich fünfzehn Hektar Land habe, das ›für immer grün‹ bleiben wird.

WB: Nun, jetzt müssen Sie vielleicht die Möglichkeit in Betracht ziehen, dass ich von Ernie beeinflusst wurde. Sie wissen, dass Ernie und ich zusammen angefangen haben.

bh: Erzählen Sie mir mehr. Das habe ich nicht gewusst.

WB: Wir waren beide Stegner-Stipendiaten im Studiengang ›Kreatives Schreiben‹ in Stanford im Jahr 1958. Da waren wir, zwei junge Männer, ein Weißer und ein Schwarzer, mit all diesem gemeinsamen Wissen. Wir wussten beide Dinge, die niemand sonst in unserem Kurs wusste. Dann kam die Zeit, in der Ernie und ich uns unterhalten mussten und alles unter uns klären. Sie wissen ja, dass man nicht alles auf Anhieb versteht – man wächst in das Verständnis hinein. Die beiden Menschen, die ich in diesem Seminar zu verstehen begann, waren Stegner selbst und Ernie.

bh: Glauben Sie immer noch, Wendell, wie Sie 1968 schrieben, dass das Leben der Weißen durch das Leben der Schwarzen bestimmt wird, dass es eine ständige »emotionale Abhängigkeit« gibt?

WB: Nun, wenn Sie eine Gruppe von Menschen auf eine Reihe von Stereotypen reduzieren, schadet das Ihrem Verstand, und genau das war 1968 in Stanford der Fall. Die Universität hatte einige Schwarze Studierende eingeladen, sich zu immatrikulieren. Das war nicht lange nach den Unruhen in Watts. Die Schwarzen Studierenden riefen die Weißen auf dem Campus an einen Ort namens White Plaza. Die Weißen sagten dann: »RIGHT ON«. Ich dachte damals: »Da kann nichts Gutes dabei herauskommen«, denn es gibt zwei Arten von rassistischen Stereotypen. Wenn du davon ausgehst, dass alle guten Menschen auf der einen Seite und alle schlechten Menschen auf der anderen Seite sind, verkennst du einfach, was es bedeutet, Mensch zu sein. Das heißt, wir sind alle eine Mischung von Gut und Böse, weshalb wir eine gewisse Form von Urteilsvermögen, Mitgefühl und Vergebung benötigen. Kennen Sie Stanford?

bh: Ich kenne es gut. Ich war dort als Bachelorstudentin. Ich studierte dort ›Kreatives Schreiben‹. Ich war bei vielen Demonstrationen auf der White Plaza.

WB: Nun, eines Tages stand ich auf dem Platz und es fand irgendeine Demonstration stattfand. Ich sagte zu meinem Freund: »Was zum Teufel ist da los?« Ein weißer Junge, der vorbeiging, bemerkte meine »Südstaatensprache«, drehte sich um und sagte wutentbrannt: »Das solltest du gefälligst herausfinden!« Ich dachte, Schuld und Wut seien die falschen Motive für ein Gespräch über Rassismus. Was meiner Meinung nach fehlte, war Liebe. Und ich dachte an Nick und Tante Georgie, ein Schwarzes Paar, mit dem ich als Junge befreundet war. Ich konnte nicht für sie sprechen. Ein weißer Mann kann sich nicht hinstellen und der Welt sagen, dass diese alten Schwarzen ihn in den 1940er-Jahren geliebt haben. Aber ich wusste, dass ich sie liebte.

bh: Die Art und Weise, wie die Liebe Sie dazu bringt, sich für Gerechtigkeit und Solidarität einzusetzen, ist ein Teil Ihrer Erinnerungen, den Sie in *The Hidden Wound* schildern und der mich besonders berührt. In den letzten fünf Jahren hat sich ein Großteil meiner Arbeit über Rassismus auf die transformative Kraft der Liebe konzentriert, die uns zu sozialem Wandel führen kann. Ich bin immer wieder angerührt von dem besonderen Moment in Ihrem Buch, wo Sie eine Geburtstagsparty feiern und Nick nicht ins Haus kommen kann, weil Schwarze und Weiße nicht miteinander gesellig sein dürfen. Sie beschließen, das Haus zu verlassen, um bei ihm zu sein. Das ist geradezu ein perfektes Sinnbild dafür, was es bedeutet, unverdiente weiße Privilegien aufzugeben.

WB: Nun, es ist kompliziert. Ich habe nur meine Manieren angewandt, und es waren Manieren, die mir meine weißen Eltern und Großeltern beigebracht hatten.

bh: Und doch haben Sie diese Manieren angewandt, um in eine Situation einzugreifen, die mit der versteckten Gewalt des Rassismus aufgeladen war. Und ob Sie sich dessen bewusst waren oder nicht, haben Sie gezeigt, was weiße Menschen tun können, um diese Gewalt zu hinterfragen und zu verändern. Aus diesem Grund ist *The Hidden Wound* immer noch ein wertvolles Buch. Sie verdeutlichen die Komplexität der Beziehungen zwischen Weißen und Schwarzen, die sicherlich durch die Umstände der Unterdrückung und Ausbeutung geprägt waren. Wie Sie in diesem Werk zeigen, schloss das jedoch nicht die Möglichkeit tiefer und beständiger, fürsorglicher Beziehungen zwischen Weißen und Schwarzen aus, selbst angesichts der herrschenden Strukturen.

WB: Nun, es gab die Konvention, eine offizielle Struktur namens Segregation. Wir haben sie nicht so genannt. Ich glaube, wir haben sie überhaupt nicht benannt. Für die meisten Menschen war es eben einfach so, wie es war. Bestimmte Vorannahmen standen im Raum, bestimmte Urteile wurden gefällt, das war sozusagen der Hintergrund, aber was tatsächlich geschah, war, dass die Leute meistens als Individuen miteinander umgingen und es alle möglichen Ausnahmen gab.

bh: Damit meinen Sie, dass die Leute sich nicht an die starren Grenzen hielten, die der Rassismus ihnen gesetzt hatte. Sie blieben nicht an ihrem Platz.

WB: Es sind bemerkenswerte Dinge passiert, die Ausnahmen von der Regel waren. Freundlichkeit war hier und dort zu finden, und Gemeinheiten gab es immer wieder zwischen Einzelpersonen, zwischen realen Menschen. Es ist also nicht so, dass die abstrakte Struktur [der Segregation] eine Ordnung war, in das man alles Leben der damaligen Zeit schematisch reinpressen konnte.

bh: Diese Wahrnehmungen von menschlicheren Beziehungen, die manchmal die durch die rassistische Herrschaft auferlegten Zwänge in den Hintergrund drängten, wurden von den Schwarzen vielleicht nicht in dem Maße geteilt, da sie leicht zur Zielscheibe rassistischer Übergriffe werden konnten, wenn sie nicht ›an ihrem Platz blieben‹. Diese Perspektive mag durch das weiße Privileg geprägt sein. Doch sicherlich, ich bin zwar in einer Welt aufgewachsen, die von extremer rassistischer Apartheid und Segregation geprägt war, aber ich weiß, dass Weiße und Schwarze Wege gefunden haben, sich zu treffen und trotz des Irrsinns der rassistischen Vorherrschaft Beziehungen aufbauten. Mit Beziehungen meine ich die Art von Anerkennung und Verständnis, die die Grundlage für Liebe sein kann. Das ist die Verbindung, die Sie in *The Hidden Wound* herstellen.

WB: Damals erzählten sich die Weißen komische Geschichten über die Schwarzen, und die Schwarzen erzählten sich komische Geschichten über die Weißen. Segregation fand statt, aber sie wiederfuhr jeder Person in ganz unterschiedlicher Weise, je nachdem, was für ein Mensch diese Person war und in welcher Situation sie sich befand. Ich habe das in dem Aufsatz, den Sie vorhin zitiert haben, »The American Imagination and the Civil War«, wieder aufgegriffen. Darin geht es um die Art und Weise, wie das Alltagsleben vor Ort durch Stereotypen aller Art, die bis in die Zeit des Bürgerkriegs zurückreichen, verzerrt wird.

bh: Ich stimme Ihnen zu, dass wir uns kein umfassendes Gesamtbild davon machen können, wie die Segregation wirklich funktionierte, wenn wir uns nur auf die Opfer-Täter-Dichotomie konzentrieren, aber wir müssen auch aufpassen, dass wir den Einzelfall nicht überbewerten, nicht so zu tun, als ob die menschlichen Interaktionen zwischen Weißen und Schwarzen die gesamte ausbeuterische und unterdrückerische Struktur untergraben hätten. Dennoch glaube ich wie Sie, dass wir Rassismus besser verstehen können, wenn wir nicht nur betrachten, wie Menschen zu Opfern wurden, sondern auch, wie sich stärkende Bindungen der Fürsorge, Zuneigung und sogar Liebe im Kontext der rassistischen Segregation entwickelten – diese gegenseitige emotionale Abhängigkeit, von der Sie schreiben. Diese positiven Beziehungen fallen in sich zusammen, wenn die Vorstellung dominiert, dass Weiße überlegen seien und es daher verdienten, über eine als minderwertig angesehene Klasse von Bediensteten zu herrschen.

WB: Diese Abhängigkeit war bis zu einem gewissen Grad praktischer Natur. Wir waren darauf angewiesen, oder so dachten wir zumindest, dass diese Leute für uns arbeiteten. Was nicht zur Kenntnis genommen wird, ist, dass die Weißen heute dasselbe mit den Mexikaner:innen machen. Als eine rassistisch markierte, untergeordnete Klasse werden diese Leute eingestellt, um die Arbeit zu erledigen, für die wir uns ›zu schade‹ sind. Wir wollen bestimmte grundlegende Arbeiten nicht für uns selbst erledigen. Das empfinden wir als entwürdigend. Die Situation ist jetzt noch schlimmer, weil es keine engeren Beziehungen zwischen den verschiedenen ›ethnischen‹ Gruppen mehr gibt. Man hört die Leute sagen: »Mein Mexikaner« oder »die Mexikaner von So-und-so«.

bh: Ja, es ist gerade so, als ob sie über unbelebte Objekte sprechen und nicht von Menschen, so wie Sie »mein Haus« oder »mein Auto« usw. sagen. Bei anderen ›ethnischen‹ Gruppen, Menschen aus Asien und Mexiko, die die neue dienende Klasse darstellen, gibt es kaum Beziehungen zwischen diesen Gruppen und den weißen Welten, denen sie dienen oder dienen müssen. Weiße Menschen sind von den Mexikaner:innen nicht so fasziniert, wie sie es historisch vom Schwarzsein waren.

Ganz gleich, wie sehr die Leute mexikanische Musik mögen, sie wird nie so einen nachhaltigen Einfluss auf die amerikanische Kultur haben, sie wird nie eine kulturelle Revolution auslösen, wie es die afroamerikanische Musik in all ihren Erscheinungsformen getan hat. Diese symbiotische Verbindung zwischen dem Schwarzen und weißen Amerika ist immer noch einzigartig. Heutzutage scheint sie jedoch vor allem seelischen Schmerz zu erzeugen. Der Rassismus verstärkt sich, weil negative Stereotype die einzige, leider von den meisten beschrittene Herangehensweise sind, die oder den »Andere:n« wahrzunehmen und mit ihm in Kontakt zu kommen. Wir haben das während der Hurricane-Katrina-Katastrophe gesehen, als die beeindruckende Kultur, die die Schwarzen, insbesondere die Armen, in New Orleans geschaffen haben, nicht beachtet und die Armen in den Medien nur als hilflose Opfer dargestellt wurden – oder als plündernder Mob, der erfolgreich bekämpft werden konnte.

WB: Nun, die Katastrophe schien eine ideale Bühne für Stereotype zu sein und nicht für echte Menschen.

bh: Ob wir nun über entrechtete arme Schwarze sprechen oder über Wanderarbeiter:innen, von denen einige immer noch Schwarz sind, es geht darum, dass sich die herrschende Kultur schlicht weigert, ihre Menschlichkeit anzuerkennen. Arme arbeitende Mexikaner:innen sind jetzt die Zielscheibe für diese brutale Entmenschlichung.

WB: Die Arbeitsmigrant:innen genießen nicht einmal den gleichen rechtlichen Schutz wie das Eigentum. Wenn sie Eigentum wären, würden die Leute sich wahrscheinlich um sie kümmern.

bh: In dem Maße, in dem sie als Objekte betrachtet werden, sind sie entbehrlich. In der segregierten Welt des amerikanischen Südens waren Schwarze nicht entbehrlich, weil sie als lebensnotwendig angesehen wurden. Zudem wissen wir, dass die Weißen die mexikanischen Arbeitskräfte nicht als integralen Bestandteil ihres Lebens und ihrer Kultur betrachten. Normalerweise gibt es dort keine emotionale Bindung – keine Fürsorge. In der Dominanzkultur sind es meist die Leute, die am wenigsten haben, die sich um die kümmern, die am meisten haben. Kürzlich wurde meine Mutter für einen kurzen Aufenthalt in einem Pflegeheim untergebracht. Die meisten Bewohner:innen waren weiß. Eine Art Plantagenkultur herrschte dort, mit einer Schwarzen Bedienstetenklasse und den bedienten Weißen. Fast alle, die die Bewohner:innen pflegen sowie an- und ausziehen, Körper waschen, Hintern abwischen und den Dreck wegmachen, sind Schwarz. Die Leute hingegen, die Anweisungen erteilen, ob als hochrangige Verwaltungsangestellte oder als Pflegebedürftige, sind weiß. Als ich Mama im Pflegeheim besuchte, beobachtete ich die rassistische Hierarchie: Weiße an der Spitze, Schwarze unten; Weiße geben Befehle, Schwarze nehmen sie entgegen. Doch auch hier ist dies nur das oberflächliche Bild – die Realität ist komplexer. Denn hier an diesem Ort der Krankheit und des Todes gibt es eine tiefe Abhängigkeit von Weißen, die Schwarze brauchen, von Weißen, die auf die Freundlichkeit fremder Schwarzer angewiesen sind. Unter der Oberfläche gibt es eine Kultur, in der Verbindungen geknüpft werden, in der die Menschen über die Grenzen ihrer Hautfarbe hinweg miteinander reden. Trotzdem ist vielerorts in unserer Gesellschaft eine eher unmenschliche Plantagenkultur (in der die Weißen die Schwarzen und andere Gruppen dominieren) die Norm. Es scheint, als hätte unser Land einen modernen Kontext für die Sklaverei geschaffen. Glauben Sie, dass die Sklaverei ein Ende gefunden hat, oder hat sie einfach nur neue Formen angenommen?

WB: Nun, ich denke, sie hat neue Formen angenommen. Viele Weiße sehen sich selbst als Versklavte, und einige von ihnen sind ›erfolgreiche‹ Menschen. Wir haben eine ganze Gesellschaft, die sagt: »Gott sei Dank. Heute ist Freitag.« Sie sehen sich selbst als unfreiwillig Dienende, die an ihrer eigenen Fesselung mitschuldig sind.

bh: Vielleicht mögen sie so denken, sie haben jedoch wenig Interesse oder Einfühlungsvermögen für Leute, die am unteren Ende der wirtschaftlichen Rangordnung stehen und tatsächlich wie Versklavte für unzureichende Löhne arbeiten müssen. Wanderarbeiter:innen sind das Paradebeispiel.

WB: Warum haben wir diese Wanderarbeiter:innen? Weil wir [Weiße] denken, dass wir zu gut für harte Arbeit und die unweigerlich damit verbundene körperliche Anstrengung sind.

bh: Und viele sozial Aufsteigende unter den Schwarzen sehen das genauso. Deshalb wollen sie nicht an unsere agrarische Vergangenheit erinnert werden oder an die Notlage der Schwarzen, die zu den arbeitenden Armen gehören, die ihren Lebensunterhalt mit körperlicher Arbeit verdienen müssen.

WB: Es gibt einige Gruppen von Weißen, wie zum Beispiel die orthodoxen Amish, die Verantwortung für sich selbst übernehmen. Man hat mir erzählt, dass, wenn eine amische Person stirbt, die jungen Frauen den Leichnam vorbereiten und die jungen Männer das Grab graben. Den jungen Leuten, die diese Arbeit tun, werden bestimmte wesentliche Dinge vermittelt. Ich denke, wir [nicht-amische Weiße] sind ein Menschenschlag, der schon immer Leute brauchte, auf die wir herabschauen können und die das tun, was wir früher »N:«-Arbeit nannten. Andererseits gab es bei uns auch das Sprichwort: »Ich würde nie jemanden bitten, etwas zu tun, was ich nicht selbst tun würde.« Unter den Farmersleuten hier in der Gegend wurde dieser Spruch direkt auf die rassistische Gesellschaftsstruktur bezogen. Mit anderen Worten: Ich bin stolz darauf, dass ich von anderen Menschen nicht verlangen werde, sich zu erniedrigen, um etwas zu tun, wofür ich mir selbst zu schade bin.

bh: Für Weiße, die bestimmte Arten von Arbeit als unter ihrer Würde ansehen, muss es immer eine untergeordnete Klasse geben, die die Drecksarbeit macht, unabhängig davon, ob diese Klasse eine rassifizierte oder ›ethnische‹ Identität hat. Leider ist es so, dass viele entrechtete Schwarze und weiße arme Menschen diese Logik akzeptieren und glauben, sie seien ›zu gut‹ für bestimmte Formen der Arbeit. In der Zeit, in der ich aufwuchs, waren sich die Älteren und meine modernen Eltern einig, dass ›alle ehrliche Arbeit gute Arbeit ist‹. Wir alle haben gelernt, dass jede gut gemachte Arbeit menschlicher macht, egal, ob es das Aufräumen einer Scheune ist, das Plumpsklo zu putzen, zu kochen oder zu servieren – Hauptsache, gut gemacht. Diese Einstellung zur Arbeit machte die Schwarzen damals stark, weise und rechtschaffen. Die auf dem Land aufgewachsenen Schwarzen waren hart arbeitende, großzügige, bescheidene und anständige Leute. Ich sehe diese Weisheit in den Porträts von Nick und Tante Georgie in *The Hidden Wound*.

WB: Das ist richtig. Die Schwarze Landbevölkerung war damals ein Menschenschlag mit wunderbarem Wissen, wirklich essentiellem Wissen. Sie wussten, wie man sich durchschlägt, wie man am Rande der Gesellschaft lebt. Die Köchin Alice Waters hat in unserer Zeit eine Art Revolution ausgelöst, indem sie die Menschen daran erinnert hat, dass gute Küche von guten Zutaten abhängt. Auf den Farmen hier in der Gegend, als Tante Georgie noch lebte, wären die Leute überrascht gewesen zu hören, dass es so etwas wie schlechte Zutaten geben könnte – Schwarz und weiß: Alle hatten gute Zutaten. Die Küche war überall ungewöhnlich gut, aber die Schwarzen wussten, wie man die Schweinefleischstücke verwertet, die die Weißen nicht essen wollten.

bh: Ich vergleiche das mit einem kulinarischen Recycling. Ich erinnere mich, wie meine Großmutter darüber lachte, was die Weißen alles wegwarfen, und dass sie daraus etwas Leckeres und Köstliches zauberte.

WB: Denken Sie nur an die Schönheit ihrer Verbundenheit mit dem materiellen Leben, das sie lebten. Sie hatten nicht viel, aber alles, was sie hatten, schätzten sie. Tante Georgie war eine großartige Stickerin und eine ebenso großartige Quiltmacherin.

v: Zum Glück hatte ich in meinem Leben eine Gemeinschaft von Leuten wie Nick und Tante Georgie. Den letzten Rest dieser ganzheitlichen, naturverbundenen Welt habe ich mit meinen Großeltern kennengelernt. Ich wuchs in dieser Welt der Landwirtschaft, des Pachtbetriebs auf. Baba hielt Hühner, machte Butter, stellte Seife und Wein aus unseren Trauben her. In meiner kindlichen Vorstellung war ihre Welt ein Paradies. Sie arbeiteten hart. Sie liebten ihr Land. Und sie gaben diese Liebe weiter. Als ich unsere kleine Stadt in Kentucky verließ und nach Stanford ging, traf ich all die Schwarzen, die sich für zu gut hielten, um einfache Arbeiten zu verrichten, und ich konnte mit diesen Menschen nichts anfangen. Die städtische Schwarze Kultur war gerade erst dabei, die Maßstäbe dafür zu setzen, nach denen alles, was mit Schwarzsein zu tun hatte, definiert werden sollte. Alle als relevant erachteten Aspekte unserer Identität und Kultur kamen aus der Stadt. Vorbei war eine Welt, in der Schwarze die Grenzen der weißen Macht kannten. Daddy Jerry, mein Großvater väterlicherseits, sagte, während er mit seinem Maultier pflügte: »Siehst du die Sonne? – Der weiße Mann kann sie nicht aufgehen lassen, kein Mensch kann sie aufgehen lassen. Der Mensch ist nicht alles.« Daddy Jerry wusste, dass der Macht der Weißen, wie der menschlichen Macht insgesamt, Grenzen gesetzt waren. Gegenwärtig leben wir in einer Welt, in der viele Schwarze und andere People of Colour das Gefühl haben, die weiße Macht sei absolut. Sie sehen sich als Opfer. Sie erleben permanente Niederlage und Verzweiflung. In der Kultur des Schwarzseins im Süden und der Farmkultur in Kentucky, an die Sie und ich uns erinnern, konnten die Schwarzen Integrität, Würde und Schönheit inmitten von Ausbeutung und Unterdrückung bewahren. Sie haben sich nicht dem Kummer hingegeben. Das heißt nicht, dass sie nicht trauerten, denn auch die Trauer hatte ihren Platz. Das Wichtigste aber war, am Leben festzuhalten.

WB: Ich denke, das ist das Authentischste an *The Hidden Wound*: die Erkenntnis, dass Nick und Georgie bewundernswerte Menschen waren.

bh: Sie waren integre Menschen. Die Grundbedeutung von Integrität ist Ganzheitlichkeit. Und sie sind die Menschen, die meine Lehrer:innen sind, die mir durch ihr Beispiel helfen, ganz zu sein. Gewiss hat die Liebe zu diesen beiden

Schwarzen dem kleinen Jungen, der Sie waren, geholfen, zu einem ganzen Mann zu werden. Sehen Sie, was Intimität und echte Liebe bewirken können.

WB: Nun, es geschehen seltsame Dinge. Ich hatte eine Tante, die hier unten aufgewachsen ist, und sie zog nach Indianapolis. Sie und ihre Nachbarin ›teilten‹ sich ein Schwarzes Hausmädchen. Die Nachbarin meiner Tante deckte immer für das Dienstmädchen mit, und sie saßen zusammen und aßen zu Abend. Wenn sie in das Haus meiner Tante kam, aß zuerst meine Tante und dann die Schwarze Frau. Eines Tages war die Nachbarin bei meiner Tante zu Hause, und das Hausmädchen erhielt einen Anruf, dass es einen Todesfall in der Familie gab. Sie war völlig aufgelöst, so wie es die Leute eben sind. Meine Tante nahm sie einfach in die Arme und tröstete sie. Die Nachbarin, die immer mit dem Hausmädchen gemeinsam aß, fragte: »Wie konntest du nur diesen N: umarmen?« So verquer ist das alles.

bh: Das ist der Grund, warum es so schwierig ist, ehrlich über Rassismus zu sprechen. Wir sind von einem tiefen Schweigen über das Thema umgeben, und das öffentliche Gerede, das wir darüber hören, ist häufig nur wie Öl ins Feuer zu gießen. Das allermeiste trägt nicht dazu bei, Rassismus zu beenden. So leben wir in tiefem Schweigen, weil uns eine Sprache fehlt, die komplex genug ist. Unsere Aufgabe als Menschen, die Gerechtigkeit lieben, ist es, diese Sprache zu schaffen sowie die sozialen Kontexte zu stärken, in denen sich Weiße und Schwarze über die Schranken des Rassismus hinweg verbinden können.

WB: Ich weiß, dass es Situationen gibt, die von gegenseitigem Respekt geprägt sind, und solche, in denen es kein Zusammenkommen gibt. Die Kirchen sind immer noch getrennt.

bh: In der Kirche zu sein, hat auch etwas damit zu tun, wie der Mensch sich mit dem eigenen Körper fühlt. Die Religion bestimmt oft, welcher Körper als heilig, als lebenswert angesehen wird. Das führt uns direkt zurück zur Erde, denn in gewisser Weise ist es genau diese paradoxe Beziehung, die viele Menschen in Kentucky zum Land haben. Die Menschen, viele von ihnen christlich, können sagen, dass sie Kentucky lieben … seinen »ungezügelten Geist«, aber sich dann passiv gegenüber der Sprengung von Bergkuppen verhalten, während sie die ganze Zeit von der Schönheit der Hügel Kentuckys und der Erhabenheit unserer Berge schwärmen. Und die Menschen außerhalb Kentuckys verstehen das kaum. Viele von ihnen haben noch nie von der Abtragung ganzer Bergkuppen gehört – und, wie viele Amerikaner:innen denken überhaupt über Kohle nach – woher sie kommt und wofür sie verwendet wird? Deshalb ist alles, was Sie über die industrielle Landwirtschaft schreiben, so wichtig. Deshalb ist auch *The Unsettling of America* immer noch ein Buch, das uns die Augen öffnet.

WB: In einem Interview mit Rose Berger ...

bh: Oh, ja, das mit dem Titel »Heaven In Henry County« (gemeinsames Lachen).

WB: ... habe ich Folgendes gesagt: »Es ist irgendwie normal, sich zu wünschen, dass solche Dinge nicht mehr vorkommen, und es ist entmutigend zu sehen, dass sie weiterhin aktuell sind. Man wünscht sich, dass ein Buch wie *The Unsettling of America* veraltet sein würde, aber es ist heute relevanter denn je. ... Schauen Sie sich z. B. die Art und Weise an, wie wir Kohle abbauen. Sehen Sie sich die Art und Weise an, wie wir die Wälder abholzen. Das sind keine nachhaltigen Verfahren. Es sind keine schonenden Verfahren.«

bh: In *The Hidden Wound* sprechen Sie von Rassismus als einer »Störung des Herzens«, und das ist eine wunderbare Art, diese Pathologie zu benennen. Genau dieses Gefühl der Unordnung bestimmt das Verhältnis der meisten unserer Bürger:innen zum Land und zu seiner wirtschaftlichen Erschließung. Genauso wie der verinnerlichte Rassismus der Schwarzen viele von uns mitschuldig an diesem Herrschaftssystem macht, kann der Rassismus die Schwarzen nicht davor bewahren, dem ökologischen Wahnsinn des Mainstreams zu folgen. Sicherlich haben sich Schwarze mitschuldig gemacht an der Auslöschung unserer agrarischen Vergangenheit. George Washington Carver ist immer noch einer der visionärsten Naturschützer. Er widmete sein Leben dem Thema Nachhaltigkeit und wollte allen Menschen, vor allem aber denen in der Landwirtschaft, weißen wie Schwarzen, vermitteln, wie man den Boden pflegt, wie man Nutzpflanzen richtig anbaut. Er wollte die Lebensweise der Kleinbäuer:innen, egal welcher Hautfarbe, retten und bewahren.

WB: Booker T. Washington hatte auch seine Schwierigkeiten bei dem Versuch, den Leuten beizubringen, das Land zu schätzen. Erinnern Sie sich an die Aussage, die ihm die Leute übel nahmen: »Gießt eure Eimer dort aus, wo ihr seid.«

bh: Washington war anders als Carver, der ein Praktiker war. Carver war zupackend. Jeden Tag seines Lebens ging er hinaus in die Natur und bearbeitete die Erde. Seine scheinbar mystische Verbundenheit mit der Natur war ein Weg, sich vom göttlichen Geist leiten zu lassen. Washington wurde von der Politik geleitet. Wenn wir Carver lesen, spricht er über die Arbeit mit dem Land, aber er spricht auch darüber, Frieden in der Verbundenheit mit der Natur zu finden. Er spricht über den Geist des Landes und was passieren wird, wenn wir lernen, das Land auf eine Weise zu nutzen, die nicht auf Zerstörung hinausläuft. Heute kennen nur wenige Schulkinder den Namen Carver und wissen, was er mit der Erdnuss und der Süßkartoffel getan hat, um eine Revolution für die Farmer:innen im tiefen Süden auszulösen. Die Auslöschung dieses Wissens stärkt die weiße Vorherrschaft. Umweltschützer:innen, meist Weiße, werden sagen, dass sie Schwarze nicht dazu bringen können, sich für Ökologie oder Nachhaltigkeit zu interessieren. Dies ist jedoch nur ein weiteres rassistisches Gerede. Wie viele Schwarze Menschen wurden sozialisiert, Landarbeit abzuwerten – auf die Landwirtschaft herabzusehen? In wessen Interesse liegt es, unsere agrarische afroamerikanische Vergangenheit zu leugnen? An welchem Punkt haben wir aufgehört, den Schwarzen Farmer:innen zuzuhören? Ich bin mit ihrer Sprache aufgewachsen. Was mit dieser Sprache geschehen ist, ist eine systematische Zerstörung! Es war im Interesse des imperialistischen weißen kapitalistischen Patriarchats, allen, insbesondere den Schwarzen, beizubringen, dass es nur eine Welt gibt, die zählt – die Welt der Stadt, des Konsums und der gekauften Dinge. Deshalb bringe ich *The Hidden Wound* so oft wie möglich in meinen Seminaren an, weil es diese agrarische Vergangenheit dokumentiert. Es gibt dann immer eine gewisse Spannung im Kurs, wenn einige Studierende wissen wollen, warum ich glaube, dass dieses Buch heute noch relevant ist. Ich möchte vor allem, dass die Studierenden über die Schwarzen älteren Menschen lesen, die Sie als Junge gekannt und geliebt haben, und über deren ausgeprägten Sinn für ein anständiges Leben. Das ist etwas, was die meisten Amerikaner:innen, auch die Schwarzen, nicht kennen.

WB: Die Menschen schämen sich für diesen Teil unseres Erbes, und ihn zu leugnen, ist ein Fehler. Wenn wir unsere Vergangenheit jemals vollständig begreifen, werden wir erkennen, wie sehr wir einander brauchen. Eines der Dinge, an die ich mich erinnere, ist, wie gut die Schwarzen auf dem Land diese Gegend nachts kannten, weil sie damals jagten. Niemand erwartete von ihnen, dass sie nachts arbeiteten, also waren sie frei. Vielleicht jagten sie, um etwas zu essen auf den Tisch zu bringen, oder sie gingen einfach hinaus, um zu hören, wie ihre Hunde einen Fuchs aufstöberten. Nick hatte immer einen Jagdhund oder zwei.

bh: Einen Foxterrier und einen Bärenhund, Daddy Jerry liebte es, die Nacht zu durchstreifen. Wenn der Dichter schreibt: »Ich war vertraut mit der Nacht«, denke ich zuerst an die aus der Sklaverei Geflüchteten, dann an die Schwarzen männlichen Farmer, die die Dunkelheit als einen Ort zum Herumstreunen, als einen Ort der Freiheit empfanden. Daddy Jerry versuchte immer, seine Enkelkinder dazu zu bringen, im Dunkeln rauszugehen, »um die Dunkelheit kennenzulernen« – um ihre Annehmlichkeiten und ihren Trost zu erleben. Wir können das tun und lernen, uns in der Dunkelheit und der Schönheit unserer Haut wohl zu fühlen. Keiner kann uns diesen Geist der Zugehörigkeit nehmen. Diese Kraft, das Schwarze zu lieben, war in meiner Kindheit vorhanden, und ich habe diese Lektionen von Schwarzen und weißen Menschen gelernt. Die Welt der gemeinsamen Arbeit brachte die Menschen über die rassistischen Schranken hinweg zusammen. Wir hören wahre Geschichten von Bergarbeitern und ihren Familien, die sagen: »Wenn wir in die Grube fuhren, war es egal, ob man Schwarz oder weiß war, denn wir waren alle Schwarz. Wir kamen alle Schwarz heraus.« Menschen, die nicht wissen, dass Schwarze Männer und Frauen in den Minen arbeiteten, müssen nach Lynch, Kentucky fahren. Wie gesagt, diese Arbeit gab den Menschen ein Gefühl für die Dramatik von Leben und Tod, sodass im Angesicht des Todes falsche Konstruktionen wie *race* keine Rolle mehr spielten. Heute leben wir in einer Kultur, in der diese Dramatik nicht anerkannt wird. Die Menschen glauben, dass sie alles unter Kontrolle haben, dass sie entkommen können. Sie glauben wirklich, sie können die Natur zerstören und Erfolg damit haben. Sie glauben, dass sie trotzdem überleben und gedeihen können. Das ist der Wahnsinn, mit dem wir leben.

WB: Wenn Schwarze und Weiße gemeinsam Kohle abbauen, unterhalten sie für beide Seiten nützliche Beziehungen zueinander. Sie sind aufeinander angewiesen. Dieses Verhältnis ist mitunter sehr intensiv. Wenn Weiße und Schwarze auf derselben Farm lebten, sah man dasselbe. Jemand, wer auch immer er war, bekam den Ruf, ein guter Arbeiter zu sein, egal, wo er eingesetzt wurde. Man brauchte sich keine Sorgen um ihn machen. Er würde da sein.

bh: Und er hat lange und hart gearbeitet. Als ich die Hörsäle an der Stanford University betrat, hörte ich Geschichten über Schwarze Männer, ihre Faulheit und ihre Verkommenheit. Ich empfand das alles als surreal. Ich kannte nicht allzu viele Schwarze Männer, die so waren wie die, die sie beschrieben. Jeder Schwarze Mann, den ich bis dahin in meinem Leben gekannt hatte, war ein Landarbeiter gewesen, der sehr hart arbeitete. Als Kind war ich fasziniert von den Händen meiner Großväter. Es waren Hände, die pflügten, pflanzten und beteten, Hände, die mich beschützen würden, die mich umarmten und liebkosten, wenn die Arbeit des Tages getan war. Ich wollte jede einzelne Stelle dieser großen, schwieligen schwarzen Hände berühren. Als ich also aufs College ging und all diese negativen Stereotype über Schwarze Männer hörte, war ich fassungslos. Die Erkenntnis, dass es die Erfahrung dieser glorreichen Schwarzen Männer auf dem Lande wieder in Erinnerung zu rufen gilt, hat meiner Arbeit Auftrieb gegeben; es ist meine Art, ihnen Tribut zu zollen. Deshalb denke ich, dass Kentucky mein Schicksal ist. Es ist meine Berufung, an ihre harte Arbeit zu erinnern und zusammen mit anderen ihre Geschichten zu erzählen.

WB: In dieser Art von Arbeit steckt eine gewisse Ekstase. Ernest Gaines versteht das. Er weiß, was diese Leistung bedeutet. Eine andere Sache ist, dass Schwarze Männer auf dem Land oft ihre eigenen Haustiere hatten. Wenn man in diesem Teil des Landes ein Schwarzer Arbeiter war und auf der Farm eines anderen lebte, vielleicht als Tagelöhner, Erntehelfer arbeitete, oder was auch immer man tat, man arbeitete immer im Team. Es gibt eine komplexe Beziehung zwischen einer Person und einem Team. Es kann eine beglückende Beziehung sein, wenn man sich an sein Team wendet und das Team das tut, was Sie von ihm erwarten, und zwar auf hervorragende Weise. Das ist von großer Schönheit. Es ist furchtbar, dass es all diese Menschen gibt, die zu nichts zu gebrauchen sind. Wenn ich Leute auf Laufbändern sehe, denke ich: Wenn man diese menschliche Kraft auf einem Bauernhof zur Verfügung hätte, könnte man vielleicht eine Zaunreihe ausreißen.

bh: Die meisten Leute glauben, dass die Schwarzen, die auf dem Land arbeiteten, nur Opfer waren, die für wenig Geld schufteten und ein Hungerleben führten. Wir wissen beide, dass das Leben auf einer kleinen Farm furchtbar hart sein kann. Was Außenstehende selten sehen, ist der spirituelle Lohn – die Kraft des erlösenden Leidens. Wenn wir in einer kapitalistischen Kultur leben, die uns sagt, dass alle Formen des Leidens schlecht sind (nimm diese Pille, diese Spritze, lass dich operieren, dann gehen die Schmerzen weg), dann gehen das Geheimnis und die Magie des erlösenden Leidens verloren. Als ihre Kinder verkauft wurden, konnte Sojourner Truth verkünden: »Als ich mit dem Kummer einer Mutter schrie, hörte mich niemand außer Jesus.« Sie weint in den Wäldern. Sie ist auf den Knien, umgeben von einer mächtigen natürlichen Welt. Und dort, im Augenblick ihrer tiefsten Trauer findet sie Trost. Es ist ein mystischer Moment der Vereinigung mit dem Göttlichen. Vieles von dem, was unser Land verloren hat, ist dieses Bewusstsein, dass die Erde für uns ein Ort der spirituellen Erneuerung sein kann, nicht nur ein Ort, an dem wir in einem Park spazieren gehen, in einem Wald wandern oder Land finden, um Ressourcen auszubeuten, sondern dass sie ein Ort ist, an dem wir verwandelt werden können. Wenn Schwarze sich auf das Beispiel von Nick und Tante Georgie und anderen lebenden und toten Schwarzen zurückbesinnen, können wir ihrer gedenken und von ihnen lernen. Ihre Stärke kam aus dem Wissen, dass sie auf die Berge blicken und geheilt werden konnten – dass ihnen ungeachtet aller tödlichen Taten der Menschen die Erde als ewige Zeugin bleiben würde.

18 Lebt eure Träume – Verändert die Gegenwart

Ich bin immer einmal wieder nach Kentucky zurückgekehrt, aber nur zu Besuch. Jetzt bin ich nach Hause gekommen, um zu bleiben. Für immer zu bleiben ist das, wovon ich träume, obwohl ich weiß, dass sich Träume jeden Tag ändern können. Wenn ich ein- oder zweimal im Jahr in meine Heimat zurückkam, wie ich es dreißig Jahre lang getan habe, in die eigensinnige, seltsame Welt dieser Kleinstadt in Kentucky, wurde ich mit offenen Armen empfangen, und dieselben Arme versuchten mich festzuhalten, wenn ich abreiste. In all diesen Jahren hatten wir dieses ganz bestimmte, langsame Abschiedsritual: Rosa Bell und Veodis, Mama und Daddy, gingen mit mir zur Tür hinaus auf den Hof. Dort standen sie und hielten sich an ihrem Lebewohl fest, wie Musizierende einen Ton bis zum Ende halten – bis die, die gehen, und die, die zurückbleiben, sich nicht mehr sehen können. Die ganze Zeit über ging ich weg und kehrte zurück, nie an einem Ort bleibend, während vor meinem geistigen Auge diese Momentaufnahme meiner Eltern erscheint, die an ein und derselben Stelle stehen, in ihrer mehr als fünfzigjährigen Ehe, in ihrem vertrauten Zuhause. In der Welt, in der wir aufwuchsen, galt es als lebensnotwendig für das eigene Wohlbefinden, an einem Ort zu bleiben. Der Dichter Gary Snyder sagt, dass es eine Zeit im Leben gibt, wo man »irgendwo anhalten« muss. Ich habe hier in der Kleinstadt Kentucky Halt gemacht. Ich bleibe an einem Ort.

Ein wahres Zuhause ist der Ort – jeder Ort –, an dem persönliche Entwicklung stattfinden kann, und der zugleich Beständigkeit bietet. So sehr wir uns auch immerzu verändern, ob wir es wollen oder nicht, so sehr haben wir doch ein Bedürfnis nach Beständigkeit. Unser erstes Zuhause ist die Erde, und dorthin werden wir zurückkehren, um für immer zu ruhen, an unserem endgültigen Heimatort. Die rote Tonerde, die ich als Kind aß und von der man mir sagte: »Du musst Dreck essen, bevor du stirbst«, sollte mich schon damals mit dem Sterben vertraut machen. Als ob das Essen von Erde eine Vorbereitung darauf sei, sich im Grab zu Hause zu fühlen. Diese rote Erde, die der Grund meines Seins und Werdens war, hatte eine Farbe, die sonst eher im Südwesten und anderen Wüstenregionen zu finden ist. Hier in Kentucky war sie etwas Besonderes und Heiliges, Teil einer magischen Landschaft.

Wenn ich im nassen Schlamm hinter meinem Haus in den Hügeln herumlaufe, wird mir schwindlig vor Freude und ich fühle mich auf diesem Kentucky-Boden so ekstatisch wie als Kind in der unschuldigen Vorstellung, dass die Erde ein riesiger Spielplatz sei. Umgeben von Bäumen (auf Bäume zu klettern war ein Kindheitsvergnügen) stolpere ich den Hügel hinunter und werde an jenen Moment in meiner Kindheit erinnert, als unser Bruder mich und meine jüngere Schwester überredete, uns hinzulegen und uns so klein und rund zu machen, dass wir wie ein Ball den Hügel hinunterrollen konnten. Meine jüngere Schwester trägt die Narben dieses Abenteuers bis heute mit sich herum. Ich sitze jetzt wie damals als Kind oben auf einem Hügel und bin dankbar, dass diese wunderbaren Erfahrungen der heilenden Kraft der Natur nicht nur nostalgische und sentimentale Betrachtungen über die Vergangenheit sind, sondern dass ich gegenwärtig diese heilende Kraft noch einmal erleben darf.

Wenn wir in unserer Kindheit nicht in den Hügeln unterwegs waren, spazierten und spielten wir auf den Wiesen. Eine weitläufige offene Wiese war das Feld meiner Kindheitsträume. In dieser Weite der Landschaft und der Magie der sprießenden Pflanzen fühlte ich mich überglücklich, konnte stundenlang sitzen, liegen und den Himmel genießen, die Kühle der Erde auf meinem Rücken und die Wärme der Sonne auf der Vorderseite spüren. Das war der Himmel – diese Welt aus Unkraut, Wildblumen, Waldbeeren und wildem Spargel. Später im Leben weckten die Zeilen aus einem Gedicht von Robert Duncan, »oft ist es mir gestattet auf eine Wiese zurückzukehren«, Erinnerungen an diese Zufriedenheit. Solche Worte beschwören in uns intensive nostalgische Gefühle herauf, und mit Hilfe unserer Vorstellungskraft können wir uns so wieder in die Gefühlswelt zurückversetzen, die wir mit einer bestimmten Umgebung verbinden, selbst wenn wir nicht mehr in der Lage sind, an diesen Ort zurückzukehren. Jetzt in meiner Gegenwart in Kentucky gibt es immer eine Wiese, zu der ich zurückkehren kann, einen Ort zum Sitzen, Staunen und Nachdenken.

Leute, die ihrem Heimatort länger fernbleiben, ohne ihn zu besuchen, schließlich aber doch zurückkehren und sozusagen nach Hause kommen, erleben eine andere psychische Situation als diejenigen, die regelmäßig nach Hause kommen, die ständig im Zwiespalt sind, ob sie gehen oder bleiben sollen. Zum Glück habe ich die Verbindung zu meiner Heimat und Familie aufrechterhalten und dem Drang widerstanden, die Bande zu lösen, als die Familie nicht so war, wie ich sie haben wollte. Ich spürte, dass diese Bindungen mich festhielten und stützten, egal wohin ich in der Welt reiste. Da nicht Gewalt der Grund für die Trennung zwischen mir und meiner Vergangenheit und Familie war, sah ich keine Notwendigkeit, alle Samen der Hoffnung in mir zu zerstören, die den Willen zur Heimkehr nähren könnten. Von zu Hause wegzugehen und wegzubleiben fühlte sich wie Verrat an, besonders wenn meine Großmutter mütterlicherseits, die viele der alten Traditionen verkörperte, mich fragte, wie ich so weit weg von meinen Leuten leben konnte. In Meilen gemessen lebte ich zwar weit entfernt von meiner Familie, doch sie bewohnte dauerhaft die Sphäre meiner Träume. Sie folgte mir überall hin und sagte mir, wie ich leben sollte. Ironischerweise hatte ich gar nicht wirklich ein eigenes Leben. Meine geistigen Ahnen müssen das gewusst haben, denn sie beschützten mich und wachten über meinen Lebensweg, während ich darum kämpfte, mich selbst und meinen Weg nach Hause zu finden.

Auch wenn das Leben in meiner zerrütteten Herkunftsfamilie eine endlose Reihe von Verletzungen und Kummer mit sich brachte, waren all das Wissen und die Weisheit, das mir von den Älteren in unserer Community und auch der Kirche vermittelt wurden, ermutigend und beeindruckend. Von meinen Ältesten habe ich die Charakterstärke bekommen, mit Mut und Aufrichtigkeit zu handeln. Von ihnen lernte ich, wie wichtig es ist, auf die eigene Intuition zu hören und diese als die Botschaft der Ahnen zu verstehen, die uns übermittelt wird und durch uns selbst spricht. Als ich von zu Hause wegging, um dem Seelenmord zu entkommen, der bewirkte, dass ich mich verlassen und unzulänglich fühlte, als ich von Ort zu Ort wanderte und versuchte, mich selbst zu finden, wurde mir klar, dass ich diese kostbaren Gaben, die mir das Überleben und Gedeihen ermöglichten, von den Älteren erhalten hatte. Immer wieder über diese überlieferte Weisheit zu sprechen und zu schreiben, ist für diejenigen von uns wichtig, die sich nicht bloß an die alten Traditionen erinnern wollen, sondern diese Weisheit der Vergangenheit in unsere Gegenwart integrieren wollen. Denn sie bleibt lebenserhaltend, auch wenn viele der weisen Alten längst verstorben sind.

In meiner Herkunftsfamilie standen meine beiden Eltern den alten, traditionellen Lebensweisen ablehnend gegenüber. Sie wollten ein modernes Leben, ein Leben, das nach den Grundsätzen des liberalen Individualismus ausgerichtet war, ein Leben, in dem die Erfüllung der materiellen Wünsche im Vordergrund stand. Sie weigerten sich, den Wert der oppositionellen

Denk- und Lebensweisen, die die Schwarzen in den segregierten Subkulturen Kentuckys und insbesondere der Hillbilly-Kultur geschaffen hatten, anzuerkennen. Mehr als alles andere wollten unsere Eltern, dass ihre Kinder sich anpassten. Ich war fasziniert von der Kultur der Nonkonformität, von der Outlaw-Kultur meiner Großeltern mütterlicherseits. Erstens glaubten sie, dass Integrität der wichtigste Aspekt im Leben eines Menschen sei. Zweitens glaubten sie, dass es wichtig sei, selbstbestimmt und unabhängig zu sein. Sie lebten nach den Grundsätzen der ökologischen Nachhaltigkeit, pflanzten Blumen und bauten ihre Lebensmittel an, hielten Haustiere, gruben Würmer zum Angeln aus, stellten Seife, Wein und Quilts her – und sie waren nie verschwenderisch. Der Schwerpunkt ihres Lebens war die Befriedigung der Grundbedürfnisse und die Bewahrung des Wissens über die ländliche Selbstversorgung. Sie glaubten an den Wert des Landbesitzes, denn der Besitz von Land war es, der Selbstbestimmung ermöglichte. Obwohl ihr Leben oft schwierig war, zumal sie täglich einer Welt begegneten, in der ihre Werte kaum Bedeutung hatten, blieb alles, was sie lehrten und lebten, im Kern wahr.

Alle Älteren, mit denen ich aufgewachsen bin, ob sie nun zur Familie oder zur Wahlverwandtschaft gehörten, waren der Meinung, dass wir unbedingt eine spirituelle Verankerung haben sollten. Während dem Christentum ein Ehrenplatz in der Suche nach religiöser Hingabe eingeräumt wurde, glaubte meine Großmutter väterlicherseits, Sister Ray, an die Macht des Voodoo, der oft als ›Hoodoo‹ verspottet wird. Unabhängig von der gewählten Glaubensrichtung waren unsere spirituell orientierten Ältesten sich einig, dass man mystische Erfahrungen machen konnte, die auf der Verbindung mit dem göttlichen Geist beruhten. Sowohl während der Sklaverei als auch darüber hinaus zogen sich die Menschen auf der Suche nach göttlicher Führung und Intervention oft in die Einsamkeit zurück. In der afroamerikanischen Geschichte ist Sojourner Truth eine der bekanntesten Freiheitskämpferinnen gegen die Sklaverei, die von ihren spirituellen Visionen und mystischen Erfahrungen berichtete. Durch ihre Vereinigung mit der Natur haben Schwarze Menschen auf dem Land, auch wenn sie nicht bewusst nach einer inneren mystischen Erfahrung suchten, einen Bewusstseinswandel erlebt. Dadurch konnten sie die Einheit mit der gesamten Schöpfung spüren, was ihnen ein Gefühl des Wohlbefindens, der Glückseligkeit und eine weise Einsicht in die Tatsache der Vergänglichkeit vermittelte. Dieses erweiterte spirituelle Bewusstsein ging weit über die Beschränkungen des christlichen Denkens und der Kirchendoktrinen hinaus. Es rief die Gläubigen auf, sowohl die psychischen Kräfte und die Intuition als auch die Macht des Unbewussten anzuerkennen.

Als ich aufwuchs, hörten wir die Erwachsenen über bestimmte Frauen erzählen, die die Zukunft vorhersagen und Dinge für andere geschehen lassen konnten. Sie waren Seherinnen und Heilkundige und konnten dir die Bedeutung deiner Träume erklären. Viele unserer Älteren, wie Sister Ray, glaubten an die Bedeutung von Träumen und Traumdeutung und waren von der Kraft des Geistes wie des Unterbewusstseins überzeugt. Sie glaubten, dass wir im Alltag Orientierung finden können, wenn wir auf die Botschaften hören, die uns in Träumen gegeben werden. Auch glaubten sie an die Bedeutung der Intuition. Von Intuitionen geleitet konnte man die zukünftige Realität vorhersehen und entsprechend proaktiv handeln. All diese Überzeugungen, die Einsicht in die Einheit allen Lebens und in die Notwendigkeit eines spirituellen Bewusstseins ebenso wie die Bereitschaft, der göttlichen Führung zu folgen, unterstützten sie im Glauben an die Transzendenz und an ein kosmisches Bewusstsein, das mächtiger ist als der Mensch. Es waren solche Vorstellungen, die die inmitten der rassistischen Apartheid lebenden Schwarzen davor bewahrten, von Verzweiflung überwältigt zu werden. Denn sie sorgten dafür, dass sie sich nicht immer und ausschließlich als Opfer sahen. Der Glaube an Transzendenz verlieh der Hoffnung eine konkrete Grundlage, um sich daran zu erinnern, dass Veränderung immer möglich ist. Diese ermächtigenden Aspekte des afroamerikanischen Lebens im Süden, die in den segregierten Schwarzen Gemeinden weit verbreitet waren, begannen ihre Anziehungskraft zu verlieren, als die Menschen versuchten, sich in die Mainstream-Gesellschaft zu integrieren und Teil der Dominanzkultur zu werden.

Während meine Großeltern die meisten Weißen kritisch beäugten und sie überwiegend als krankhaft narzisstisch ansahen, führte die sogenannte ›Rassen‹integration dazu, dass viele Schwarze versuchten, so zu leben wie die Weißen, so zu sein wie sie. Natürlich sprachen Schwarze, wenn sie solche Sehnsüchte äußerten, nicht davon, das zu haben, was arme Weiße hatten, sondern sie setzten Weißsein mit Privilegien gleich. Demgegenüber waren normative Maßstäbe des Seins und Werdens, die nicht in dem Bestreben wurzelten, zu haben, was die Weißen hatten, Teil des oppositionellen Denkens. Es förderte die Herausbildung eines alternativen Lebensgefühls, das andere Möglichkeiten des Denkens und Seins bot. Paradoxerweise haben die Älteren in der Zeit der Segregation zwar unter intensiverer rassistischer und klassistischer Ausbeutung und Unterdrückung gelitten als die meisten Schwarzen heute, aber sie hatten eine bessere Grundlage für ein gesundes Selbstwertgefühl als diejenigen von uns, die in einer Welt der sogenannten ›Rassen‹integration und größerer wirtschaftlicher Möglichkeiten aufgewachsen sind. Das Leben unserer Älteren war in vielerlei Hinsicht hart, und doch verfügten sie über Möglichkeiten, Freude und Frieden zu erfahren, die viele Schwarze Menschen in der heutigen Zeit nicht kennen.

Es kann nicht genug betont werden, dass das Gefühl des Einsseins mit der Natur, das ein transzendentales Lebensgefühl vermittelte, in dem der Mensch nur ein kleiner Teil des ganzheitlichen Bildes war, der Schwarzen Landbevölkerung half, die rassistischen Vorstellungen von weißer Überlegenheit zu relativieren. In der von rassistischer Segregation geprägten Welt, in der ich aufwuchs, dachten die Schwarzen keinesfalls, dass die Weißen allmächtig seien. Wir wurden dazu erzogen, die Ausbeutung und Unterdrückung jeglicher Gruppe von Menschen als ein Zeichen moralischer Verkommenheit anzusehen. Weiße Menschen wurden allgemein weder bewundert noch beneidet. Es war zwar klar, dass sie in der Regel materiell besser gestellt waren oder einen leichteren Zugang zu wirtschaftlicher und sozialer Mobilität hatten, aber niemand glaubte, dass sie ein besseres Leben hätten. Folglich sahen sich die meisten Schwarzen auch nicht als Opfer, die keine Möglichkeit hatten, die Qualität ihres Lebens selbst zu bestimmen. Den Widrigkeiten mit Beharrlichkeit zu begegnen und zu lernen, mit ihnen umzugehen, formte den Charakter eines Menschen – und der Charakter bestimmte das eigene Schicksal.

Inmitten aller Widrigkeiten Freude zu empfinden, war eine wichtige Überlebensstrategie. Frieden und Glück waren oft in der Freude am Einfachen zu finden: dem Genuss von reifem Obst, einer guten Tomate, dem Rauchen von Tabak, den man selbst angebaut, getrocknet und zu Zigaretten gedreht hatte, der Jagd oder dem Fischfang. Diese einfachen Genüsse bildeten die Grundlage für Zufriedenheit. Die Erinnerung an diese früheren Zeiten im Leben und in der Kultur der Afroamerikaner:innen ist keine sentimentale Geste oder Ausdruck sinnentleerter Nostalgie, sondern soll diejenigen, die sich in der Gegenwart mit Selbstfindung und Identitätskonstruktion herumschlagen, daran erinnern, dass wir ein Erbe an positiven Überlebensfähigkeiten haben, auf das wir zurückgreifen können und das uns lehren kann, wie wir unabhängig von unseren Lebensumständen mit größtmöglichem Wohlbefinden leben können. Die Unterdrückung dieser Erkenntnisse und die Auslöschung der agrarischen Wurzeln der afroamerikanischen Bevölkerung war eine Strategie der Beherrschung und Kolonisierung, die von imperialistischen, rassistischen, weißen Kapitalist:innen angewandt wurde, um es den Schwarzen unmöglich zu machen, sich für Selbstbestimmung zu entscheiden. Die Gleichsetzung von Freiheit allein mit wirtschaftlichem Erfolg und materiellem Wohlstand war eine Lebensauffassung, die die Schwarzen auf dem Land dazu brachte, sich von ihrer agrarischen Vergangenheit zu distanzieren. Dieser Prozess des Vergessens der Vergangenheit wurde schließlich durch die Erfindung der Soziologie als akademische Disziplin vorangetrieben, denn sie brachte Studien über das Leben der Schwarzen hervor, die Schwarze Identität ausschließlich in Beziehung zur städtischen Lebenswirklichkeit definierten. Entsprechend kehrten die meisten Schwarzen auf der Flucht vor ihren agrarischen Wurzeln jenen oppositionellen Werten den Rücken, obwohl sie eine Kraftquelle und eine Kultur des Widerstands darstellten, die auf alternativen Lebensweisen beruhte und die emotionale Intelligenz besonders wertschätzte.

Die sogenannte ›Rassen‹integration zerstörte die Schwarzen Subkulturen, indem sie die Anpassung an die dominante Mainstream-Kultur erzwang. Diese Strategie der Akkulturation begann mit der Bildung. Vor der Integration der Schulen gab es eine gewisse Verbindung zwischen den Werten, die Schwarze in unserer Gemeinschaft pflegten und denen, die in den Schulen vermittelt wurden. In den segregierten Schwarzen Schulen unserer Kindheit wurde die Weisheit der älteren Schwarzen gewürdigt, und die Lehrkräfte verwiesen auf die im Elternhaus vermittelten Normen. Als die Schulen integriert wurden, haben uns voreingenommene Lehrpersonen Glauben gemacht, dass nur Weiße Zugang zu metaphysischem Wissen und Verständnis hätten. Die ökologisch orientierte, ganzheitliche Metaphysik unserer Vorfahr:innen hatte keinen Platz in den ›weißen Schulen‹. Oft erlebten intelligente Schwarze Kinder, die sich der Sozialisierung in den ›weißen Schulen‹ widersetzten, permanent psychologische Traumata, hervorgerufen durch den ständigen Konflikt mit der weißen Macht. Einerseits musste man ›eine Maske tragen‹, um erfolgreich zu sein, während man andererseits versuchte, an der ganz eigenen Kultur des Widerstands, die sich in einer ausschließlich Schwarzen Umgebung entwickelt hatte, festzuhalten.

Ironischerweise begann ich in der Zeit, in der ich von zu Hause fort war und mich in einer überwiegend weißen Bildungslandschaft bewegte, viele der als Kind gelernten alternativen Denk- und Lebensweisen wiederzuentdecken und für mich zu beanspruchen. Zu diesem Zeitpunkt war ein Großteil der oppositionellen Kultur, die ich schätzte, bereits ausgelöscht. Die Kultur des Dazugehörens war in den Schwarzen Subkulturen nicht mehr weit verbreitet.

Das war eine direkte Folge der Bestrebungen, in der Dominanzkultur erfolgreich zu sein, was aber nur gelang, wenn man das Verhalten der Herrschenden nachahmte. Oftmals sahen Schwarze, die sich nicht anpassen konnten, keine andere Alternative als sich in die Sucht zu flüchten. Die Fokussierung auf die weiße Macht überschattete das uralte Verständnis, dass wir alle mehr sind als nur unsere Hautfarbe und dass es Kräfte gibt, die mächtiger als der Mensch sind. Das Fehlen dieses Widerstandsbewusstseins rief ein weit verbreitetes Gefühl der Verwundbarkeit hervor, was wiederum dazu führte, dass viele Schwarze begannen, sich in erster Linie als Opfer zu sehen.

Als Instrument der Gehirnwäsche spielte das Fernsehen eine wichtige Rolle bei der Kolonisierung des Schwarzen Bewusstseins. Es war das Fernsehen, das die Dominanzkultur in die Häuser der Schwarzen brachte und uns den liberalen Individualismus vorgaukelte. Kein Wunder also, dass die Schwarzen die Denkweise der herrschenden Kultur übernahmen, dass viele der gesünderen und, für eine Kultur des Widerstands wichtigen Lebensweisen nicht mehr als wertvoll erachtet wurden. Gerade in den südlichen Teilen unseres Landes, wo der Rassismus viel offenkundiger und extremer war, hatte dies fatale Folgen. Schwarze Identität wurde mehr und mehr mit städtischer Erfahrung gleichgesetzt, und die komplexeren und vielfältigeren Lebenserfahrungen der Afroamerikaner:innen im Süden von der Mainstream-Kultur wurden kaum noch oder gar nicht mehr gewürdigt. Das Bild, das in den turbulenten Jahren der Bürgerrechtsbewegung von der Schwarzen Erfahrung im Süden gezeichnet wurde, war oft das einer menschenunwürdigen, bitteren Armut. Erst als Schwarze Schriftstellerinnen im Rahmen der feministischen Bewegung nationale Aufmerksamkeit erlangten, boten Autorinnen wie Zora Neale Hurston, Alice Walker, Toni Morrison und Gloria Naylor vielschichtigere Perspektiven auf das Leben der Schwarzen in den Südstaaten.

Hurston beschreibt das Leben im rassistisch segregierten Florida, das trotz der widrigen Lebensumstände, trotz materiellen Mangels und scheinbar endloser harter Arbeit unter bedrückenden Umständen ein beeindruckendes Kunstschaffen, insbesondere im Bereich von Musik und Tanz, aufwies. In ihrem anthropologischen Werk hebt Hurston die schwarzen Volksmärchen des Südens hervor und zeigt die Art und Weise, wie sie genutzt wurden, um alternative Denk- und Lebensweisen gegenüber der herrschenden Kultur zu vermitteln. Walker schreibt Essays über die Schönheit der Gärten ihrer Mutter und über den Anbau von Gemüse. In ihrem ersten Roman, *Sehr blaue Augen*, stellt Morrison die Erfahrungen des Südens denen des Nordens gegenüber und beschwört eine Südstaatenkultur herauf, in der die Schwarzen ihre Menschlichkeit in der Natur finden, eine Kultur, die sinnlich und lebensbejahend ist. Das Leben der Schwarzen in den Südstaaten, wie sie es beschreibt, wird durch Luminosität bereichert. In der natürlichen Umgebung ist alles lebendiger, strahlender. Morrisons Figur Miss Pauline erinnert sich an ihr Leben in den Südstaaten durch Farben:

> »Wie ich Cholly zum erstenmal gesehen habe, da muss man wissen, daß es so war wie all' die Farbfleckchen von damals zu Hause, als wir Kinder nach einem Begräbnis alle Beeren pflücken gingen, und ich tat welche in die Tasche von meinem Sonntagskleid, und sie wurden zermatscht und machten Flecke auf meinen Hüften. Mein ganzes Kleid war purpurrot befleckt und es ging nie wieder raus. … Ich konnte dieses Purpurrot tief in mir fühlen. Und dieser grüne Blitz, den die Junikäfer auf den Bäumen machten … All die Farben waren in mir. Sie saßen einfach da.«

Die Beziehung zur Natur, die sie beschreibt, ist eine, in welcher Verbundenheit einfach mit allem, mit der Einheit allen Lebens zu spüren ist.

Walkers unvermutet menschliche Darstellung des despotischen Schwarzen Mannes »Mister« in ihrem Bestseller *Die Farbe Lila* beginnt damit, dass er die Wunder der Natur, die Schönheit der Bäume und Blumen erlebt. Als er über den Sinn des Lebens nachdenkt, sagt er: »Ich glaube, wir sind hier, um zu staunen. Um zu staunen. Um uns zu wundern. Und beim Staunen über die großen Dinge lernt man fast zufällig etwas über die kleinen Dinge. … Je mehr ich staune«, sagt er, »desto mehr liebe ich.« Durch die Rückkehr zur Natur kann er »Wunder« erleben und träumen und dadurch sein Herz öffnen. Gloria Naylors *Mama Day* schildert, wie eine erfolgreiche Schwarze Geschäftsfrau zu ihren südlichen Wurzeln zurückkehrt, um Heilung und Glück zu finden. Unter Rückgriff auf die Tradition der »Erleuchtung« erforscht Naylor fiktiv die Art und Weise, wie alternative spirituelle Rituale mit traditionellen christlichen Bräuchen kombiniert und von Generation zu Generation weitergegeben werden. Der Schwarze Romanautor Ernest Gaines erlangte landesweit Aufmerksamkeit, als sein Roman *Eine Zusammenkunft alter Männer* in den Oprah Book Club aufgenommen wurde. In seiner fiktiven Schilderung der Bemühungen der Schwarzen, ihr agrarisches Erbe zu bewahren und ihre Verantwortung für das Land aufrechtzuerhalten, beleuchtet Gaines die Rolle der Schwarzen Farmer:innen und den Versuch der Dominanzkultur, diese Geschichte auszulöschen.

In jüngster Zeit hat sich die Kunstwelt auf die Quilts konzentriert, die in den Schwarzen Communitys von Gee's Bend, Alabama, hergestellt wurden, denn diese bieten Einblicke in eine Widerstandskultur, die sich inmitten ständiger materieller Entbehrungen und schwieriger allgemeiner wie privater Lebensumstände entwickelte. Die wunderschönen Kunstbände, die die Arbeit der Quilterinnen von Gee's Bend zeigen, verwenden autobiografische Erzählungen einzelner Schwarzer Frauen, um ihre Lebensweise zu vermitteln, nämlich die in ihrem Umfeld übliche Kultur des Schenkens und Teilens, die Fähigkeit, einfach zu leben, sich selbst zu versorgen, hart zu arbeiten und trotz aller Widrigkeiten Schönheit zu schaffen. In allen Erzählungen der Schwarzen Künstlerinnen von Gee's Bend gibt es eindrucksvolle Berichte darüber, wie ein spirituelles Bewusstsein die Grundlage für eine Lebensauffassung bildete, die sich in kreativer Energie und künstlerischem Ausdruck manifestierte. Es ist unmöglich, ihre Selbstzeugnisse zu lesen, ohne von der Leidenschaft und dem Können beeindruckt zu sein, die diese Frauen in das künstlerische Schaffen einbrachten und einbringen, auch wenn es bis heute wenig oder gar keine finanzielle Vergütung für die wundervollen Visionen gegeben hat, die sie aus Stoffresten geschaffen haben.

Wenn die Mainstream-Kultur die Kultur und die Traditionen der Schwarzen in den Südstaaten hervorhebt, dann meist, um ihre Schönheit zu zeigen, dann aber auch sogleich ihr Aussterben zu beklagen. Selten kommt jemand auf die Idee, dass es für eine einzelne Schwarze Person heute von Vorteil sein könnte, sich auf ihre ländlichen Wurzeln zu besinnen, dass sie den Umzug von der Stadt aufs Land möglicherweise als heilsam empfinden könnte, dass es gut wäre, in alternativen spirituellen Praktiken seelische Stärkung zu erfahren oder durch die Rückkehr zu einer Ernährung mit selbst angebauten und selbst zubereiteten Lebensmitteln schlichtweg die Gesundheit zu erhalten. Stattdessen wird die traditionelle Schwarze Volkskultur des Südens nur als eine Art flache, sentimentale Nostalgie betrachtet, was sich in der Regel darin äußert, dass die Dinge ›früher‹, in der Vergangenheit viel besser waren, ohne jedoch zu versuchen, alles Konstruktive und Positive der Vergangenheit in unser gegenwärtiges Leben zu integrieren.

Für Schwarze, ob sie nun auf dem Land oder in der Stadt leben, war und ist es besonders schwierig, aufzuhören, das goldene Kalb der irdischen Marktwirtschaft anzubeten und zu glauben, dass allein der Zugang zu größeren materiellen Ressourcen das Leben schöner macht oder machen wird. Selbst wenn wir einzelne Schwarze sehen, die einen nie dagewesenen, enormen Reichtum erlangt haben und dennoch einen Mangel an Sinn und Richtung in ihrem Leben verspüren, klammert sich die große Mehrheit der Schwarzen (wie fast alle in unserer Kultur) immer noch an die Vorstellung, dass wirtschaftlicher Erfolg der Schlüssel zu einem guten Leben sei. Hingegen scheint das Zelebrieren der volkstümlichen Wurzeln und Traditionen eher bei wohlhabenden, radikalen und/oder New-Age-Weißen Anklang zu finden als bei jeder anderen Gruppe. Die in den späten 1960er-Jahren aufgekommene alternative Lebensweise und die New-Age-Spiritualität sind zwar bis in die Gegenwart hinein aktuell geblieben, jedoch stoßen sie bei der Masse der Menschen in unserem Land auf wenig Interesse. Sie existieren neben und manchmal auch in Konkurrenz zur materialistischen Weltanschauung.

New-Age-Spiritualität, alternative Therapien sowie die Sorge um Ernährung und Umwelt sind die Bereiche, in denen Menschen ermutigt werden, zurück aufs Land zu ziehen, um ein einfaches Leben zu führen. Leider sind diese kulturellen Schauplätze nicht stark von People of Colour bevölkert. Zwar gibt es einzelne Schwarze, die von der Stadt aufs Land zurückkehren, die den Norden verlassen und in den Süden ziehen (diese Bewegungen sind in anthropologischen und soziologischen Arbeiten über die Rückwanderung dokumentiert), aber es gibt nicht viele öffentliche Foren, in denen unsere Leidenschaft für die Umwelt, für die lokale Lebensmittelproduktion, für spirituelles Bewusstsein und ein einfaches Leben Gehör finden. Diese Anliegen mit dem traditionellen Wissen, das wir von den weisen Älteren erhalten haben, zu verbinden ist für einige von uns wichtig, und wir versuchen, an diesen Ort der Weisheit zurückzukehren. Wir wissen, dass viele wichtige Werte aus unserer Vergangenheit Gefahr laufen, völlig verloren zu gehen, wenn wir uns nicht wieder auf sie besinnen und sie bewahren.

Eine der wichtigsten Methoden der Kolonisierung bestand darin, die Behauptung zu verbreiten, dass arme Menschen (insbesondere Schwarze) weder die Neigung noch die Zeit hätten, sich um die Verbesserung ihrer Lebensqualität zu kümmern. Natürlich ist dies eine der Unterstellungen, die sich als völlig falsch erweisen würde, wenn es mehr Informationen über unsere agrarische Geschichte gäbe. Die Massenmedien sind sicherlich ein Forum, das wir nutzen können, um die Menschen zu informieren und zu erinnern. Filme wie Julie Dashs *Daughters of the Dust* und John Sayles› *American Beach* lenken die Aufmerksamkeit auf das Engagement der Schwarzen für das Land, für Umweltbelange und für das globale Thema der Nachhaltigkeit.

Es bleibt zu hoffen, dass immer mehr schwarze Denker:innen, Schriftsteller:innen und Künstler:innen unser Engagement für den Umweltschutz und die lokale Lebensmittelproduktion (als Konsumierende wie als Produzierende), die Verantwortung für das Land, das einfache Leben und unsere vielfältigen spirituellen Praktiken teilen. So können wir einen Weg aufzeigen, dem andere folgen werden. Die Rückkehr an den Herkunftsort ist nicht für alle eine Option. Das bedeutet aber nicht, dass sinnstiftende Traditionen und Werte der Vergangenheit nicht dort, wo auch immer das neue Zuhause sein mag, eingebunden werden können. In Bill Holms Buch *The Heart Can Be Filled Anywhere On Earth* erzählt er von seinem eigenen Versuch, nach Jahren der Abwesenheit nach Hause zurückzukehren. Nachdem er viele Orte im In- und Ausland wieder verlassen hatte, erkannte er, dass er eine Sehnsucht nach einem Gefühl des »Von-hier-Seins« hatte, »wie unbequem es auch sein mag«, und dass dieser Sehnsucht »der Wunsch nach Verbundenheit« zugrunde lag. Am Ende der Einleitung zu seinen Essays spricht er über die Absicht, die er mit seinen Texten verfolgt:

> »Zunächst legen sie dar, dass wir verloren sind durch die Gier – durch ein wahnwitziges Konsumverhalten, eine Manie, zu kaufen, was wir weder brauchen noch begehren; durch die Angst – vor dem ‹Fremden›, was nur ein Deckmantel für die Angst vor uns selbst und unserer eigenen Geschichte ist; durch die Technik – die uns, da wir sie missbrauchen, indem wir ihr zu viel Vertrauen schenken, entfremdet und entwurzelt, uns sowohl von der Natur als auch voneinander trennt; und schließlich durch die verrückte Vorstellung, dass wir uns selbst definieren und erfinden können, und zwar ohne jegliches Gefühl des Dazugehörens und der Verbundenheit.«

Ob bei der Lektüre von Bill Holm oder des neueren Werkes von Barbara Kingsolver, *Animal, Vegetable, Miracle*, für viele von uns bedeutet die Rückkehr in die Heimat ein Ende der Isolation. Wir sind verbunden. Und diese Verbindungen, vergangene wie gegenwärtige, spenden uns Trost, begeistern uns für das Geheimnisvolle und bringen uns Freude.

19 Herzensangelegenheiten

Mein ganzes Leben lang habe ich nach einem Ort zum Dazugehören gesucht, einem Ort, der mein Zuhause werden würde. Da ich in einer kleinen Stadt in Kentucky aufwuchs, wusste ich schon in früher Kindheit, was ein Zuhause ist, wie es sich anfühlt. Daheim war der sichere Ort, an dem man sich darauf verlassen konnte, nicht verletzt zu werden. Es war der Ort, an dem alle Wunden versorgt wurden und an dem das eigene Ich von Bedeutung war. Zuhause war der Ort, nach dem ich mich sehnte, aber nicht der, an dem ich lebte. Das erste Haus meiner Familie, an das ich mich erinnere, ein Haus aus Betonformsteinen mit Betonboden auf einem Hügel, stand wie nackt vor der prächtigen Kulisse einer üppigen Naturlandschaft: Bäume, Geißblattranken, Brombeersträucher und Walderdbeeren ließen das Betonhaus deplatziert erscheinen. Es war, als ob es die Natur bezwingen wollte, aber nicht in der Lage war, die Welt der üppigen wilden Dinge zu erobern, da es fest und unveränderlich dastand, während die natürliche Landschaft unerbittlich weiterwuchs.

In dieser Wildnis, in der ich mich anfangs bewegte, in der ich lebte und mein Dasein genoss, war ich die Natur und die Natur war ich. Sie war die vertraute Wegbegleiterin meiner Kindheit. Wenn das Leben in dem Betonhaus schmerzhaft und unerträglich war, gab es immer noch das Draußen. Es gab stets einen Platz für mich in der Natur.

Immer wieder ermahnten uns die Erwachsenen, die Wildnis zu achten und uns zugleich vor ihr in Acht zu nehmen, zu verstehen, dass sie sowohl freundlich als auch feindlich sein konnte. Unsere wichtigste Aufgabe war, unser Unterscheidungsvermögen zu schulen, in der Natur als Natur zu sein und die Grenzen der natürlichen Welt sowie des menschlichen Körpers in dieser Welt zu begreifen. Die Großzügigkeit der Natur gestattete uns das Vergnügen, durch Wiesen und Felder mit selbst angebautem Gemüse zu spazieren, die Freude, frische gelbe und rote Tomaten direkt von der Pflanze in den Mund zu stecken. In diesen frühen Kindertagen erlebte ich hautnah all das, was der Dichter Gerard Manley Hopkins meint, wenn er schreibt, dass »die

Natur niemals verbraucht ist«, dass ihr »die liebsten, frischesten, tiefsten Dinge« innewohnen. Als kleines Kind glaubte ich, dass die Wildnis um mich herum einen ganz besonderen Duft hat, dass, wenn ich mich nur lange genug draußen aufhielt, dieser Duft in mich hineinströmte und mit mir ins Haus kam, der Duft einer üppig grünen Welt wilden und unbändigen Wachstums.

Als ich durch die Hügel von Kentucky streifte, lebte ich im Paradies. Ich war sicher, dass ich dort hingehörte, im Vertrauen auf meinen Platz und meine Bestimmung. In dieser Kultur des Dazugehörens lernte ich die Bedeutung der göttlichen Vorsehung kennen. Als ich hinter Daddy Jerry, dem Vater meines Vaters, einem Farmer und Pächter, herlief, wurde mir beigebracht, dass der Mensch nicht alles tun kann, nicht dafür sorgen kann, dass die Ernte wächst oder der Regen fällt. Ich lernte, dass wir Menschen uns zwar von anderen Tieren unterscheiden und etwas Besonderes sind, dass wir aber von höheren Mächten regiert werden. Daddy Jerry sagte oft: »Solange der Mensch seinen Platz in der Natur kennt, ist alles in Ordnung, aber wenn er das vergisst und sich für Gott hält, gibt es Ärger.«

Dieser tiefe Glaube an die göttliche Ordnung ermöglichte es Daddy Jerry, Ganzheitlichkeit und Integrität zu erfahren, auch wenn er von Ausbeutung und Unterdrückung durch die weiße Vorherrschaft umgeben war. Seine Liebe zur Erde, der Trost, den er in der Natur fand, schenkte ihm einen offenen Geist und ein fröhliches Herz. Trotz der Leiden, denen er in der Jim-Crow-Welt der Segregation unterworfen war und der grausamen Launen eines rassistischen patriarchalen Regimes, fand er eine Kultur des Dazugehörens in der natürlichen Welt, mit der Erde als seiner Zeugin. Es war diese Kultur, die er mit mir teilte, als ich, seine erste Enkelin, hinter ihm herlief, während er Samen in die Erde warf oder die Früchte seiner Arbeit erntete. In *Rebalancing the World* erklärt Carol Lee Flinders, dass es sinnvoll ist, die Werte der Zugehörigkeit als eine Art Herzensangelegenheit zu betrachten. Tatsächlich trug ich in jenen frühen Jahren der Kindheit ein Gefühl von Vollkommenheit in meinem Herzen.

Um ihr Verständnis von einer Kultur des Dazugehörens näher zu erläutern, schreibt Flinders: »Die Werte des Dazugehörens sind letztlich nur die Symptome einer bestimmten Art, in der Welt zu sein. Zusammen bilden sie ein dynamisches Ganzes – ein Syndrom, wenn man so will, eine Orientierung oder ein Ethos. Innerhalb dieses Ganzen verstärkt jeder Wert die anderen und impliziert die anderen, und die Quelle ihrer Kraft als Konstellation ist die Synergie zwischen ihnen.« Flinders bittet die Leser:innen, sich die Werte des Dazugehörens als »Punkte auf einem Kreis, Fenster zu einer einzigen Realität« vorzustellen. Sie zählt die Merkmale dieser Kultur auf und erklärt Folgendes:

> »Grundlegend für die Kultur des Dazugehörens ist eine innige Verbindung mit dem Land, zu dem man gehört, eine empathische Beziehung zu den Tieren, Selbstbeherrschung, bewahrender Konservativismus, überlegtes Handeln, Balance, Klarheit, Ehrlichkeit, Großzügigkeit, Egalitarismus, Gegenseitigkeit, Affinität zu alternativen Denkweisen, Verspieltheit, Inklusion, gewaltfreie Konfliktlösung und eine Offenheit des Geistes.«

Die Werte des Dazugehörens, die mir in meinen jungen Jahren als Naturkind vermittelt wurden, standen im Widerspruch zu den Werten und Überzeugungen, die in unserem patriarchalen Haushalt vorherrschten. In das Betonhaus gehörte ich nicht, dort war mein Geist fremd, dort war ich seelenmordenden Angriffen ausgesetzt. Als unsere Familie aus den Hügeln fortzog, vom Land in die Kleinstadt, war dies eine Veränderung, die unsere Mutter veranlasst hatte – aus dem Wunsch heraus, uns zivilisierter zu machen, uns vom Makel des Hillbilly-Daseins, des Landlebens zu befreien. Sie kam aus einer Hillbilly-Familie, die das Land bearbeitete, ihre Bio-Lebensmittel selbst anbaute, Gemüse einkochte, Hühner hielt, Seife und Wein herstellte, doch Mama wollte so weit wie möglich vom Landleben wegkommen. Dass dieser Umzug vom Land in die Stadt meinen inneren Frieden zerstörte, war der einzige Beweis, den sie brauchte, um ihr Argument zu untermauern, dass das Leben in den Hügeln ihre Kinder seltsam machte. Für mich war dieser Umzug traumatisch. Gefangen in meinem Kummer darüber, die natürliche Landschaft meiner Kinderjahre zu verlassen, wurde ich eine ziemlich gestörte Person in der Stadt; meine Traurigkeit war unendlich und allgegenwärtig. In der städtischen Welt wurde ich mit der Politik von *race*, Klasse und Geschlecht konfrontiert. In den Hügeln war ich umhergestreift und hatte mich frei gefühlt. – Jetzt in der Stadt lernte ich, dass Mädchen, wenn sie sich sicher fühlen wollten, am besten still, eingesperrt und eingeschränkt waren. Ich lernte, dass ich, um in der Welt des Schwarzseins sicher zu sein, mich an bestimmte Grenzen halten musste, die Schranken nicht durchbrechen durfte, die Schwarz von Weiß trennten. Ich lernte, dass das Tragen von selbstgemachter Kleidung und abgetragenen Sachen ein Zeichen der Schande waren. Das Vertrauen, dass ich in die Welt gehörte, war dahin. Verschwunden war der Geist der Wildheit, der jeden Tag in meiner Seele aufgestiegen war wie Wind, wie Atem, wie das Sein. In seiner Essaysammlung *Hunting For Hope* führt Scott Russell Sanders aus: «Wie die Tricksterfiguren, die in den Geschichten überall auf der Welt auftauchen, hat die Wildnis viele Gesichter, aber die wichtigsten davon sind Schöpfer:in und Zerstörer:in ... Jede Form, die sich bildet, löst sich schließlich auf, jede Zelle, jeder Stern ... Jedes Herz, das schlägt, wird eines Tages aufhören zu schlagen. Da wir dies wissen, haben wir die Wahl, Wildheit, die Bedingung unseres Seins, in erster Linie nach dem zu beurteilen, was sie uns wegnimmt, oder nach dem, was sie uns gibt.» Es war die Großzügigkeit der Wildnis, die mich aufgenommen, mir erlaubt hatte, ganz zu sein, und die mich nun dazu brachte, ihren Verlust in meinem jungen Leben zu beklagen.

In einer Welt, in die ich nicht gehörte, suchte ich nach Strategien um zu überleben. In der Welt der Dominanzkultur, sowohl in unserer Familie als auch darüber hinaus, fand ich Zuflucht in Büchern, in neuen Sichtweisen auf die Welt, die mein Bewusstsein erweiterten und dazu führten, dass ich mehr vom Leben wollte, als ich es in der sich verändernden Landschaft Kentuckys für möglich hielt. Denn Schwarze verließen die Hügel, die abgelegenen Wälder und das Land, weil sie sich ein besseres Leben in den Städten erhofften, oder sie verließen die Gegend ganz, um in die Städte des Nordens zu ziehen.

Auch wenn der Kampf um die Bürgerrechte unsere Highschool zu einer integrierten Schule gemacht hatte, fanden die Klassentreffen immer für Schwarze und Weiße getrennt statt. Als unser zwanzigstes Klassentreffen anstand, wurde beschlossen, dass es keine Segregation mehr geben sollte. Es war an der Zeit, dass wir uns gemeinsam erinnerten. Ich saß am Tisch mit den mutigen weißen Freund:innen, die es gewagt hatten, die rassistischen und klassistischen Grenzen zu überwinden, um Gemeinschaft zu schaffen. Sie erzählten mir, sie hätten immer gewusst, dass ich gehen und nicht zurückkommen würde, dass meine Seele zu groß war für die Welt unserer Kindheit, für Kentucky. Kalifornien und New York schienen ihnen die richtigen Orte für mich zu sein, weil sie mir erlaubten, anders und frei zu sein. Wie meine guten Schwarzen Freund:innen akzeptierten sie, dass ich ab und zu nach Hause kam, aber nie für immer blieb. Ann, die weiße Freundin, über die ich sowohl in *Bone Black* als auch in *Wounds of Passion* geschrieben habe, lebt immer noch in unserer Stadt. Ken, unser weißer Kumpel, hat nicht weit entfernt ein Haus, in dem er zeitweise lebt und in dem er sich mit seiner Familie irgendwann zur Ruhe setzen will. In ihrem Erwachsenenleben pflegen sie keine so engen Freundschaften mit Schwarzen mehr, wie es in unserer Jugendzeit der Fall war. Die Tatsache, dass sie ein stärker segregiertes Leben führen, tut ihnen nicht mehr so weh wie damals, als wir jung waren und uns nach einem Leben in Gemeinschaft sehnten.

Oft sind Schwarze, die ihre Wurzeln im Süden verlassen haben, in gewissem Sinne auch weggelaufen, um dem alltäglichen Rassismus, der sie einschränkt und begrenzt, zu entkommen – einem Rassismus, der irgendwie schlimmer erscheint als der, der einem anderswo begegnet, weil er ein ganz intimer Terrorismus ist, der nicht von Fremden, sondern von denen, mit denen man am meisten vertraut ist, verübt wird. Als ich vor mehr als dreißig Jahren Kentucky verließ, fühlte ich mich wie im Exil, als wäre ich gezwungen worden, die Gegend, aus der ich stamme, meine Heimat, zu verlassen, weil sie mir nicht erlaubte, mich zu entwickeln und voll zu verwirklichen. Sowohl die innere Welt meiner gestörten Familienverhältnisse als auch die äußere Welt des herrschenden Systems drohten meinen Geist zu ersticken. Paulo Freire schreibt in *Pedagogy of the Heart* über das Exil Folgendes:

> »Das Exil zu erleiden bedeutet, zu erkennen, dass man seinen Ursprungskontext verlassen hat; es bedeutet, Bitterkeit zu erfahren, die Klarheit eines wolkenverhangenen Ortes, an dem man die richtigen Schritte machen muss, um durchzukommen. Das Exil kann nicht erlitten werden, wenn es nur aus Schmerz und Pessimismus besteht. Das Exil kann nicht erlitten werden, wenn es nur Vernunft ist. Man erleidet Exil, wenn der bewusste Körper, die Vernunft und das Gefühl – der ganze Körper – berührt wird. ... Um ein Projekt für die Zukunft zu haben, lebe ich nicht nur in der Vergangenheit. Vielmehr existiere ich in der Gegenwart, wo ich mich auf die mögliche Rückkehr vorbereite.«

Das Exil hat für mich all das deutlich hervortreten lassen, was an der Welt von Kentucky, in der ich aufwuchs, lebenswichtig und lebenserhaltend war. Sie war das Feld der Träume, das ich erforschte, um die gegenhegemoniale Kultur des Dazugehörens zu entdecken, die mich verändert und befähigt hatte, radikal offen zu sein. Es war auf dem Boden von Kentucky, wo ich zum ersten Mal das Zusammenspiel von Rassismus, Sexismus und Klassismus erfuhr. Dort lernte ich die Bedeutung der ineinandergreifenden Herrschaftssysteme kennen. Dieses Erfahrungswissen wurde zu einer wichtigen Ressource, als ich begann, kritische Theorie zu schreiben.

Obwohl Kentucky und unsere Mundart die Sprache meiner Träume waren, konnte ich mir nicht vorstellen, nach Kentucky zurückzukehren und dort zu leben. Immer wieder besuchte ich es und stellte fest, dass sich so wenig verändert hatte. Als erwachsene Frau hatte ich das Gefühl, dass hier noch weniger Platz für mich war als damals, als ich noch ein Kind war. Der Rassismus schien unverändert und noch tiefer verwurzelt zu sein. Die Plantagenkultur schien immer noch Normalität zu sein. Engstirniges und irrationales fundamentalistisches religiöses Denken war weiterhin vorherrschend. Fein säuberlich dargelegte Rechtfertigungen für die rassistische Herrschaftskultur waren an der Tagesordnung.

Für mich war die Heimkehr oft wie eine Zeitreise. Und viele der Gelegenheiten, zu denen ich zurückkehrte, waren Momente, in denen ich Trauer über den Verlust der guten alten Sitten, der alten Kultur und der alten Leute empfand. In meiner gesamten Arbeit, sowohl in der bildenden Kunst als auch beim Schreiben, habe ich auf meine Kindheitserinnerungen an das Leben in Kentucky zurückgegriffen, um das Bewusstsein für die Kraft einer Kultur des Dazugehörens zu wecken. Um irgendwo ganz dazuzugehören, muss man den Grund des eigenen Seins verstehen, und dieses Verständnis führt unweigerlich in die Kindheit zurück. In *The Hidden Wound* schreibt der Schriftsteller Wendell Berry aus Kentucky: »Ich bin in meine Heimat zurückgekehrt, um dort im Bewusstsein ihrer Natur und ihrer Möglichkeiten zu leben.« Auch wenn Berry die meiste Zeit seines Lebens in Kentucky verbracht hat, helfen mir seine Reflexionen über die Vergangenheit bei meinen Bemühungen um Heilung und Ganzwerdung, die für das Projekt meiner Selbsterneuerung unerlässlich sind. Fernab meiner Heimat zu leben, die Vergangenheit zu erforschen und kritisch über sie zu schreiben, war ein ständiges Ritual der Rückbesinnung. Es war eine rituelle Handlung des Erinnerns, die nicht nur frühere Zeiten heraufbeschwor, sondern sie zu einem zentralen Bestandteil der Gegenwart machte. Es war, als hätte ich Kentucky nicht wirklich verlassen, denn es war in der Vorstellung immer da – der Ort, an den ich zurückkehrte, der Grund meines Seins.

Die Anthropologin Carol Stack hat die Rückwanderung von Afroamerikaner:innen aus den Städten in den ländlichen Süden untersucht. Sie erklärt, dass die von ihr befragten Menschen nach Hause kommen und dadurch »Zugehörigkeit und Gemeinschaft zurückgewinnen wollen, die sie an anderen Orten nicht gefunden haben. Gleichzeitig sehnen sie sich danach, in der Welt, in der sie aufgewachsen sind und die ihnen so unverändert vorkommt, auf einen Wandel hinzuwirken.« Sie führt aus: »Niemand sucht das zeitlose Paradies; und niemand, wie nostalgisch er oder sie auch sein mag, will die Uhr zurückdrehen ... Was die Menschen suchen, ist nicht so sehr die Heimat, die sie zurückgelassen haben, sondern einen Ort, den sie glauben verändern zu können, einen Ort, an dem ihr Leben und Streben etwas bewirken können – einen Ort, an dem sie sich ein Zuhause schaffen können.« Besessen von dem Projekt, ein Zuhause zu schaffen, bin ich viele Male umgezogen, bevor ich mich entschied, in den Süden zurückzukehren. Schlussendlich wollte ich an den Ort zurückkehren, an dem ich mich selbst als Teil einer Kultur des Dazugehörens empfand – an einen Ort, an dem ich mich zu Hause fühlen konnte, eine Landschaft der Erinnerung, der Gedanken und der Phantasie.

In den mehr als dreißig Jahren, in denen ich nicht in Kentucky lebte, war die Heimkehr zu meinen Eltern immer ein Ritual, das meine Verbundenheit mit der Welt meiner Kindheit erneuerte. Meine Eltern sind jetzt alt. Ich kann nicht mehr darauf zählen, dass sie die Kraft sind, die mich nach Hause ruft. Jetzt verlangt die Kraft in mir, dass ich meinen eigenen Anspruch auf diesen Grund und Boden in Kentucky geltend mache. Die Landschaft des erinnerten Dazugehörens ruft mich dazu auf, mich mit der Welt meiner Kindheit zu verbinden, mit der natürlichen Wildheit, die mir geblieben ist. Verbundenheit mit der Natur ist ein wesentlicher Aspekt einer Kultur des Dazugehörens. In seinem Buch *Callings: Finding and Following an Authentic Life*, betont Gregg Levoy: »Die Natur ist ein geeigneter Rahmen für die Rückkehr zu uns selbst, zu unserer Quelle, zu unserem Ursprungsort. Es ist der Ort, an dem die Welt erschaffen wurde, wo unsere Vorfahr:innen herkamen ...«

Wenn ich die Einsamkeit suche, findet mein Geist Trost in der Natur. Dort kann er die Realität der lebenden und sterbenden Dinge, des Vergehens des Alten und der Wiederauferstehung erfassen. Das Nachdenken über das Sterben und die kommenden Tode ist noch ein weiterer Weg, der mich wieder nach Hause geführt hat. Der Quäker William Penn gab im siebzehnten Jahrhundert folgenden Ratschlag: »Und dies ist der Trost der Guten, dass das Grab sie nicht halten kann, und dass sie leben, sobald sie sterben. Denn der Tod ist nichts anderes als der Übergang von der Zeit zur Ewigkeit. Der Tod ist also Schlüssel zum Leben und Bedingung des Lebens. Wir können es nicht lieben zu leben, wenn wir es nicht ertragen, zu sterben.« Und so ist es das Wissen um meine eigene Vergänglichkeit, das mich an den Ort zurückkehren lässt, an dem ich das erste Mal richtig und gut gelebt habe.

Die Konfrontation mit dem Tod, die Erfahrung des 11. Septembers, aber auch generell der Tod von fremden und geliebten Menschen, die an Krankheiten und Katastrophen sterben, Jung und Alt, wie auch die Tatsache, dass ich mit den Grenzen meines alternden Körpers konfrontiert werde – all das hat in mir eine tiefe Sehnsucht danach geweckt, neue Kulturen des Dazugehörens zu erleben, auch wenn sie nur in Ansätzen existieren oder nur als zarte Pflänzchen, die versuchen, inmitten der Dominanzkultur zu überleben.

Meine Rückkehr in meine Heimat führte mich nach Berea, einer kleinen Stadt im östlichen Kentucky mit einer fortschrittlichen Geschichte und Tradition. Das Berea-College wurde 1858 von einem visionären Abolitionisten gegründet, der an die Freiheit für alle glaubte, für Frauen und Männer. Es wurde nach einer biblischen Stadt im Neuen Testament benannt, »wo die Menschen das Wort mit aller Bereitschaft des Geistes« aufnahmen. Fee gründete das Berea-College mit dem ausdrücklichen Ziel, Männer und Frauen, Schwarze und Weiße aus den Appalachen in Kentucky, insbesondere arme Leute, weiterzubilden. Er wollte, dass sie in einem Umfeld lernen konnten, das die Prinzipien von Freiheit, Gerechtigkeit und Gleichheit verkörperte. So engagierte er sich für die Schaffung einer nachhaltigen Kultur des Dazugehörens. Es ist passend, dass ich mich entschlossen habe, mich an diesem Ort niederzulassen, Teil einer Gemeinschaft zu sein, die eine Kultur des Dazugehörens schaffen möchte. Berea bietet vieles, was ich in meiner Kindheit als wunderbar empfand.

Die Welt meiner Kindheit war jedoch eine Welt der Kontraste: auf der einen Seite eine üppige grüne Landschaft mit schnellen Pferden, natürlichen Wasserfällen, Tabakpflanzen und roten Vögeln; auf der anderen Seite eine Welt der gierigen Ausbeutung mit großen Häusern und kleinen Hütten, eine Welt der Angst und der Herrschaft des Menschen über die Natur und der Weißen über die Schwarzen, eine Welt mit einem Oben und einem Unten. In meiner Kindheit träumte ich von einer Kultur des Dazugehörens. Ich träume diesen Traum noch immer. Ich stelle mir vor, wie unser Leben aussehen würde, wenn wir wüssten, wie man Bewusstsein kultiviert, achtsam und friedlich lebt; wenn wir Verhaltensweisen erlernen würden, die uns näher zusammenbringen, die uns helfen, liebevolle Gemeinschaft aufzubauen. In meiner Arbeit, die ihre Wurzeln in meinem Heimatort in Kentucky und den Werten hat, die ich dort als Kind gelernt habe, versuche ich, eine Sprache der Heilung, der Hoffnung und der Möglichkeiten zu finden, eine Sprache der Träume und des Dazugehörens.

Als ich in mein neues Zuhause in Kentucky zog, erwachte ich nachts und wurde von einem vertrauten Geräusch aufgeschreckt, dem Geräusch eines Zuges, das mich an meine Kindheit erinnerte. Als wir vom Land in die Stadt zogen, wohnten wir nur ein paar Häuser von den Bahngleisen entfernt. Jede Nacht lag ich in der Stille der Dunkelheit und lauschte den Zügen, die kamen und gingen, und stellte mir meine eigene Lebensreise vor, die Orte, die ich besuchen, die Menschen, die ich treffen würde. Das Geräusch der Züge tröstet mich heute wie damals, denn ich weiß, dass ich nach Hause gekommen bin. Ich bin in die Welt meiner Kindheit zurückgekehrt, in die Welt, in der ich zum ersten Mal die Samen meines Werdens und Seins gesät habe. Ich bin eine Suchende auf dem Weg, eine kontemplative Intellektuelle, die die Einsamkeit und die Reflexion gewählt und sich für das kritische Denken entschieden hat. Hier an meinem Heimatort umarme ich die kreisförmige Bewegung des Heiligen: Der Ort, an dem ich beginne, ist auch der Ort, an dem ich enden werde. Ich gehöre hierher.

20 Eine Gemeinschaft der Fürsorge

Wenn ich über meine Vergangenheit in Kentucky schreibe, erzähle ich nur wenig über Rosa Bell, meine Mutter, und Veodis, meinen Vater, und doch hat auch ihre Anwesenheit in Kentucky mich nach Hause geführt. Mit einem Wort: Sie werden immer älter und kommen dem Tod näher, und ich wollte Zeit mit ihnen verbringen, während sie sich auf den letzten Weg machen. Mein Vater verglich den Lebensabschnitt, in dem man beginnt, alt zu werden, mit der Zeit, in der wir nicht mehr den Berg hinaufgehen. »Glory«, sagt er dann zu mir, »ich werde nie mehr den Berg hinaufgehen, ich gehe den Berg hinunter. Ich bin auf dem Weg nach Hause.« Seine Metaphorik verblüfft mich, denn sowohl Rosa als auch Veodis wollten sich von Bergen und Hügeln abwenden, sich vom Landleben, in das sie hineingeboren worden waren, verabschieden, um das Moderne und Neue zu suchen. Keine Landwirtschaft mehr, keine körperlich anstrengende Schufterei auf dem Land. Sie wollten beide das Leben in der Stadt. Und ich, die ich ein Landkind bin, lag von Geburt an mit ihnen im Streit. Mama, manchmal scherzhaft und manchmal voller Wut, schimpfte über unsere vielen Differenzen und wetterte: »Ich weiß nicht, woher ich dich habe, aber am liebsten würde ich dich zurückgeben!« Und wie sehr sehnte ich mich zurück, um mit meinen Großeltern zu leben, mit denen ich eine größere geistige Resonanz verspürte. Mama und Daddy hätten das niemals erlaubt.

Sie wollten, dass ich ein Stadtmensch werde; von allen meinen Geschwistern sollte ich diejenige sein, die kein ›Landei‹ sein würde. Und doch bin ich in vielerlei Hinsicht so richtig vom Land, meinen Großeltern ähnlicher als ihnen. Ich spreche sogar die Sprache meiner Großeltern, die Sprache des Schwarzen Dialekts von Kentucky, aber ich spreche auch die Sprache der Stadt, eine Sprache, die neutral ist, ohne Bezug zu einer bestimmten Region oder Ortschaft. Für meine Eltern war es ein Trost, mich die Sprache der Stadt sprechen zu hören – das heißt, bis ich eine abweichende Stimme entwickelte, eine, die sie schockierte und aufrüttelte, eine Stimme, die ihnen nicht geheuer war. Für sie stellte jede Widerrede gegen die Autoritäten, gegen das, was ich Herrschaftskultur nennen würde, ein Risiko dar, weshalb es besser war zu schweigen. Mein Reden machte ihnen Angst. In gewisser Weise waren sie froh, als ich das Haus verließ und in die Welt der Städte ging, wo sie mich nicht reden hören mussten. Sie konnten nie begreifen, dass ich in vielerlei Hinsicht einfach nur ein Landkind war und dass keine noch so große Menge an Buchwissen, Bildung oder schriftstellerischer Ruhm daran etwas ändern würden.

In den *Citizenship Papers* behauptet Wendell Berry kühn: »Ich glaube, dass dieser Wettstreit zwischen Industrialismus und Agrarkultur heute die grundlegendste menschliche Differenz darstellt, denn er trennt nicht nur zwei fast gegensätzliche Konzepte von Landwirtschaft und Landnutzung, sondern auch zwei nahezu entgegengesetzte Arten, uns selbst, unsere Mitgeschöpfe und unsere Welt zu verstehen.« Dieses Zitat erinnert mich zutiefst an die Spaltung zwischen mir und meinen Eltern. Sie vertraten die Stadt und die Kultur des Neuen: »mehr Geld verdienen, mehr Dinge kaufen, Dinge wegwerfen, es gibt ja genug«. Meine Großeltern, sowohl mütterlicher- als auch väterlicherseits, repräsentierten das Land, die Kultur des Alten: keine Verschwendung, alles wird aufgebraucht, wiederverwendet und recycelt. Jetzt sind Rosa Bell und Veodis selbst Teil der Kultur der Alten geworden. Vater ist mit seinen achtundachtzig Jahren einer der letzten Überlebenden der Schwarzen Infanterie, der er im Zweiten Weltkrieg angehörte. Mama ist zehn Jahre jünger, aber der Verlust ihres Gedächtnisses hat sie von hier in die Ewigkeit fortgetragen. Mehr noch als Papa hat sie das Gefühl, dass sie keinen wirklichen Platz unter den Lebenden hat, dass sie nicht dazugehört. Im Gegensatz zu Papa ist sie der Meinung, dass es besser wäre zu sterben.

Der Verlust des Gedächtnisses durch Demenz oder Alzheimer ist eine Form des Sterbens. Es bringt den Menschen an einen Ort, an dem er keine Verbindungen mehr herstellen und nicht mehr bewusst kommunizieren kann. Worte haben nicht mehr viel Gewicht. Die Sprache hat wenig Bedeutung. Die Kluft zwischen Stadt und Land existiert nicht mehr. Die Zeit kann nicht mehr auf lineare Weise verstanden werden, sondern holt sich selbst ein. Vergangene Tage fallen leicht in die Gegenwart, und Jahre fallen in sich zusammen. Auch Gesichter geraten in Vergessenheit, während Beziehungen, die früher einmal die Welt bedeuteten, nur noch undeutliche Schatten sind. Mama erwacht und sagt von ihrem Mann, mit dem sie seit fast sechzig Jahren liiert ist: »Wer ist das?« Als ich ihr sage, wer er ist, sagt sie nur: »Oh!«

Und damit endet es für sie. Später wird sie ihn beim Namen nennen und von dem Ort aus sprechen, wo sie einander sehr gut kennen. Doch dieses klare Bewusstsein wird nicht von Dauer sein.

Mama weiß immer noch, wer ich bin. Sie hört meine Stimme und weiß, dass Gloria Jean anruft. Sie hört meine Stimme und weiß, wie es mir geht. Einmal rief ich an und sie sagte: »Ich habe mir gerade eines deiner Bücher angesehen.« Als ich das letzte Mal zu Hause war, hatte sie eines meiner Bücher in der Hand und las immer wieder den Teil auf der Rückseite, der die Autorin beschreibt. Immer wieder las sie ihn mir laut vor, immer und immer wieder. Als sie fertig war, war sie zufrieden, dass sie einen Teil von mir, ihrer schreibenden Tochter, begriffen hatte. Und doch war mein Schreiben eine Quelle des Schmerzes für Mama, denn es enthüllte der Öffentlichkeit vieles, was sie lieber für sich behalten, geheim gehalten hätte. Auch wenn sie mir einmal gesagt hat, dass meine Arbeit ihr so viel Schmerz bereitet, dass sie auf die Knie fallen und beten muss, ist sie doch stolz auf mein Schreiben. Meine Eltern haben beide die Stürme, die meine Arbeit verursachte, durchgestanden. So schwierig unsere Familie auch sein mag, sie haben ihre Fürsorge und ihr Verantwortungsgefühl für alle ihre Kinder – für die Familie – beibehalten. Und während ich in die Mitte meines Lebens hineingewachsen bin, habe ich gelernt, die Disziplin zu schätzen, die nötig ist, um ein solches Engagement über mehr als fünfzig Jahre aufrechtzuerhalten. Ich habe fast so viele Jahre meines Lebens allein verbracht, wie ich mit Partner:innen zusammengelebt habe; Ehen und Partnerschaften (heterosexuelle wie homosexuelle) kamen und gingen, und sie zerbrachen beim kleinsten Anlass, nämlich wenn Differenzen auftauchten und für unüberbrückbar gehalten wurden. Deshalb weiß ich die Stärke zu schätzen, die es braucht, um eine Bindung aufrechtzuerhalten.

Ich begreife und schätze die Vision von der Ehe als Sakrament. P. Travis Krocker bringt sehr schön zum Ausdruck, was das bedeutet, wenn er von einem christlichen Standpunkt aus sagt, dass »sich in der Ehe zu verschenken, ein Anlass zur Freude ist – wir feiern es, weil wir als Menschen für die innige Gemeinschaft mit Gott und mit allem Lebendigen geschaffen sind.« Weiter führt er aus: »Das Sakrament der Ehe ist also alles andere als ein privater, exklusiver Akt. Es ist immer auf die größere Gemeinschaft bezogen, deren Teil es ist. Eine der großen Gefahren der romantischen Liebe ist, dass sie die Liebe privatisiert und ihr wesentliche Nährstoffe entzieht. Eine blühende Ehe braucht die Gemeinschaft, um sie zu stützen, und baut ihrerseits die Gemeinschaft und das Leben der Welt auf.« Tatsächlich sehe ich dies deutlich in der langen Ehe meiner Eltern und in der mehr als siebzigjährigen Ehe meiner Großeltern mütterlicherseits. Leider waren diese beiden Ehen nicht besonders liebevoll oder freudvoll. Dennoch waren die Voraussetzungen für Liebe vorhanden: Fürsorge, Verbindlichkeit, Wissen, Verantwortung, Respekt und Vertrauen; doch alle Beteiligten entschieden sich einfach dafür, sie nicht in ihrer Gänze zu würdigen. Stattdessen konzentrierten sie sich auf Fürsorge und Verbindlichkeit. Als Zeugin ihres Lebens kann ich bestätigen, dass sie gute und disziplinierte Beispiele für diese beiden Aspekte der Liebe abgaben. Und trotz des Mangels an nachhaltigem Glück in ihren Ehen bin ich immer noch fasziniert und beeindruckt von der Kraft ihres Willens, sich zu binden. Ich sehne mich nach einer solchen lebenslangen Bindung im Kontext einer Liebesbeziehung.

Es ist nicht zu verkennen, dass diese beiden Ehen gerade deshalb so lange hielten, weil sie innerhalb eines Gemeinschaftsrahmens geführt wurden. Sie wurden gestützt durch das ständige Zusammenspiel des Lebens in der Großfamilie, der Kirche, der Arbeit und einer bürgerlichen Welt – eines Lebens in Gemeinschaft. Als ich begann, meine harsche Kritik an der Ehe meiner Eltern, an ihrer Dysfunktion, hinter mir zu lassen, konnte ich die positiven Aspekte ihrer Bindung sehen. Ich konnte sogar Neid empfinden. Was ich an ihrem Leben am meisten bewunderte und bewundere, ist ihre Fähigkeit zu disziplinierter Verbindlichkeit, ihr Engagement bei der Gestaltung und Aufrechterhaltung eines Lebens in Gemeinschaft. Und auch wenn sie für sich selbst keine liebevolle Bindung geschaffen haben, haben sie den Boden für die Liebe bereitet, indem sie zwei wichtige Samen säten, nämlich Fürsorge und Hingabe, die meines Erachtens für jegliche Bemühungen, Liebe zu schaffen, unerlässlich sind. Deshalb bin ich dankbar, dass sie mir und all ihren Kindern durch ihre Lebenspraxis ein Verständnis dafür vermittelt haben, wie nachhaltiges Sich-Einlassen und Fürsorge aussehen.

Ich bin besonders gesegnet, dass ich lange genug gelebt habe und Eltern habe, die noch am Leben sind und denen ich meine Dankbarkeit für ihr Geschenk der Fürsorge und Hingabe aussprechen kann. In seinem aufschlussreichen Essay »An Economy of Gratitude« bekräftigt Norman Wirzba dieses Verständnis: »Im praktischen, alltäglichen, nachhaltigen Engagement für einen Ort und eine Gemeinschaft werden die Zeichen der Dankbarkeit ... deutlicher hervortreten«. Er definiert diese Zeichen als »Zuneigung, Aufmerksamkeit, Freude, Freundlichkeit, Lob, Geselligkeit und Reue«. All diese Merkmale sind vorhanden, wenn ich mit unseren Eltern an unserem Heimatort, in ihrem Haus in Kentucky, zusammenkomme. Vorbei ist es mit den Konflikten und Streitereien, die jahrelang unsere Begegnungen prägten. Indem sie uns wissen ließen, dass es keinen Konflikt gibt, der stark genug wäre, um die Bande der Fürsorge und Hingabe zu zerreißen, haben es unsere Eltern, insbesondere unsere Mutter, möglich gemacht, dass es immer einen Ort der Versöhnung gibt, einen Ort, an dem man zusammenkommt, einen Weg, um nach Hause zurückzukehren.

Krocker betont, wie wichtig die Schaffung einer »Gemeinschaft der Fürsorge« ist, damit unsere Beziehungen zueinander »eher von Geselligkeit als von Misstrauen, eher von Lob als von Tadel« bestimmt werden. Und weiter: »In einer Gemeinschaft der Fürsorge sind die Menschen einander zugewandt. Sie haben den falschen, immer wieder enttäuschenden Traum aufgegeben, dass das Glück irgendwo anders, bei anderen Menschen liegt.« Und dazu gehört auch, dass wir unsere Eltern umarmen, sie so akzeptieren, wie sie sind und nicht so, wie wir sie haben wollten oder wollen. Weiter erklärt Krocker: »Wenn wir mit anderen zusammenarbeiten und versuchen, sie kennenzulernen, lernen wir sie in ihrer Tiefe und Integrität zu schätzen und erkennen ihr Potenzial und ihre Bedürfnisse. Wir sehen sie als die einzigartigen Geschöpfe, die sie sind, und beginnen, uns der Komplexität, der Schönheit und dem Geheimnis eines jeden Dinges und jeder Person zu nähern. Die Liebenswürdigkeit dessen, was sie sind, beginnt uns zu dämmern und löst in uns eine Reaktion der Liebe und des Frohsinns aus.« Genau diese Erfahrung habe ich sowohl in meiner Beziehung zu meinen Eltern und der Gemeinschaft, in der ich aufgewachsen bin, gemacht, als auch jetzt in Bezug auf den Ort in Kentucky, der mein Zuhause ist.

Gemeinschaften der Fürsorge werden durch Rituale der Wertschätzung aufrechterhalten. Das gemeinsame Essen war ein zentraler Aspekt der Familienzusammenkünfte in unserem Haushalt. Bei Tisch berichten wir über die Erlebnisse des Tages, lachen miteinander und genießen die schiere Freude an köstlichem, selbst gekochtem Essen. Unsere Mutter war eine großartige Köchin. Ich teile mit Krocker folgende Überzeugung: »Rund um den Tisch schaffen wir die Voraussetzungen für Geselligkeit und Lob. Durch das Teilen der Mahlzeit bringen wir unsere Dankbarkeit konkret zum Ausdruck. Wir bekommen einen Vorgeschmack auf den Himmel.« Das traf zweifellos auf die Küche im Haus unserer Mutter zu. Leider kocht Mama in ihrem aktuellen Zustand des verlorenen Gedächtnisses nicht mehr und findet auch keine Freude mehr an leckerem Essen. Sie muss überredet werden, an den Tisch zu kommen. Das ist oft der Fall bei Menschen, die an Demenz oder Alzheimer leiden. Neue Rituale der Zuwendung sind nötig. Vor ihrem Gedächtnisverlust war Mama immer auf den Beinen, arbeitete, kochte, putzte und kümmerte sich um die Bedürfnisse der anderen. In ihrer patriarchalen Ehe bediente sie unseren Vater von vorne bis hinten. Jetzt braucht sie uns, um ihr zu dienen; wir müssen uns um ihr Wohlergehen und ihre Pflege kümmern. Dieser Dienst ist ein Ritual der Wertschätzung. Die Hingabe, die sie in ihren Angehörigen weckt, ist ein natürliches Ergebnis der Fürsorge und Zuwendung, die sie allen entgegengebracht hat. Und auch wenn es für Papa schwer war, sich zu ändern und das Ende bestimmter patriarchaler Privilegien zu akzeptieren, von denen er annahm, sie seien sein Geburtsrecht, nur weil er als Mann geboren wurde, lernt er, für sie da zu sein.

Heutzutage verbringt Mama einen Großteil ihrer Zeit im Sitzen. Es gibt schöne und wundersame Aspekte in ihren derzeitigen Formen des Selbstausdrucks und der Identität. Es ist eine Freude, neben ihr zu sitzen, sie in die Arme schließen zu können, ihre Hände zu streicheln, alles Gesten, die früher unmöglich gewesen wären. Sie hätte es für albern gehalten, herumzusitzen und über Liebe zu reden, solange es Arbeit zu erledigen gibt. Wie schön ist es, diese neuen Erfahrungen mit ihr mit den alten zusammenfließen zu lassen, sie so zart, so verletzlich, so frei von Scham und konventionellen Hemmungen zu sehen. Jetzt sehe ich in ihr die Wildheit des Geistes, die sie einst in mir sah und unterdrücken wollte, aus Angst, sie sei gefährlich. Meine Dankbarkeit, dass ich jetzt da sein kann – eine Zeugin ihres Lebens – während sie darum kämpft, den Sinn der nicht zusammenpassenden Dinge zu verstehen, während sie dem Tod entgegengeht, kennt keine Grenzen. Es ist auch gut zu sehen, wie Papa anmutig den Berg hinuntergeht, und ihm ab und zu eine helfende Hand zu reichen. Krocker glaubt: »Wenn wir uns einander widmen, und so täglich und unmittelbar die vielfältigen Gaben erfahren, die unser Leben bereichern, wird die Dankbarkeit ihren rechtmäßigen Platz als Grundhaltung, die unseren Weg lenkt und bestimmt, einnehmen.« Dankbarkeit ermöglicht es uns, Segnungen zu empfangen; sie bereitet den Boden unseres Seins für die Liebe. Und es ist gut zu sehen, dass am Ende – wenn alles gesagt und getan ist – die Liebe gewinnt.

bell hooks

Die Bedeutung von Klasse

4. Auflage | 180 Seiten | 16 €
ISBN 978-3-89771-274-4

bell hooks verknüpft in diesem Buch einen autobiografischen Zugang mit einer grundlegenden Gesellschaftsanalyse und Kulturkritik. hooks denkt Klasse stark vom Alltag und von sozialen Bewegungen her, die sie im Hinblick auf ihre Klassenpolitiken kritisiert und auf ihre Potenziale hin befragt. Ausgangspunkt sind häufig ihre persönlichen Erfahrungen: als Schwarze Frau aus der Arbeiter*innenklasse (»working class«) der Südstaaten der USA und als »Klassenwechslerin«, die sich in einem weißen akademischen Mittelklasse-Umfeld bewegt – und ihren Wurzeln treu bleiben will. Sie schreibt über den Mangel an Wohnraum und Geld als Kind, über die selbstverständliche gegenseitige Unterstützung in ihrem Schwarzen Herkunftsumfeld, über den Stolz auf die Arbeiter*innenklasse und das gleichzeitige Nicht-Reden über Klasse.

»Hooks ist oft erfrischend einfach, weil sie so deutlich sagt, was sie wirklich meint. Kein akademisches Geschwafel oder mystischer Jargon.« – *The Washington Post*

UNRAST

UNRAST Verlag | www.unrast-verlag.de | kontakt@unrast-verlag.de

bell hooks

Feminismus für alle

2. Auflage | 148 Seiten | 14 €
ISBN 978-3-89771-337-6

Locker und leicht verständlich, klar und präzise erklärt bell hooks in *Feminismus für alle*, weshalb es die feministische Bewegung gibt, warum es sie braucht und vor allem, warum sich ihr alle anschließen können und sollten. Denn der Feminismus, für den bell hooks das Wort ergreift, zielt da rauf ab, einen ganzheitlichen Wandel herbeizuführen. Um das Leben aller Menschen, unabhängig von Alter oder Geschlecht, nachhaltig zum Besseren zu verändern, müssen alle sexistischen Verhältnisse nachhaltig abgeschafft werden.

Mit *Feminismus für alle* hat bell hooks genau die kompakte Einführung in den Feminismus geschrieben, die sie selbst gerne längst gelesen hätte: Ein Buch, das ein breites Spektrum an Diskussionen auffächert und zahlreiche Impulse liefert, die einer inklusiven, solidarischen feministischen Bewegung – just zur richtigen Zeit – den Rücken zu stärken vermag.

UNRAST Verlag | www.unrast-verlag.de | kontakt@unrast-verlag.de UNRAST

Natasha A. Kelly (Hg.)

Schwarzer Feminismus

Grundlagentexte

232 Seiten | 16 €

ISBN 978-3-89771-317-8

Schwarze feministische Grundlagentexte erstmals in deutscher Übersetzung

Als Sojourner Truth während ihrer Rede auf einem Frauenkongress in Akron, Ohio, 1851 die Frage stellte, ob sie denn keine Frau* sei, brachte sie eine Debatte ins Rollen, deren Ausmaß nicht abzusehen war. Sie hatte nämlich gleichermaßen weiße Frauen* für den Rassismus und Schwarze Männer für den Sexismus kritisiert, den sie Schwarzen Frauen* jeweils entgegenbrachten. Erst 150 Jahre später, erhielt diese spezifische Form der Mehrfachdiskriminierung einen Namen. Es war Kimberlé Crenshaw, die den Begriff der ›Intersektionalität‹ prägte, der seitdem aus feministischen Diskursen nicht mehr wegzudenken ist.

»Obwohl der Entstehungszeitraum der Texte zwischen 1971 und 1990 liegt, sind sie hochaktuell.« – *Ava Weis, Missy Magazin*

UNRAST Verlag | www.unrast-verlag.de | kontakt@unrast-verlag.de UNRAST